経済学教室 8

財政論

本間 正明・岩本 康志 著者代表

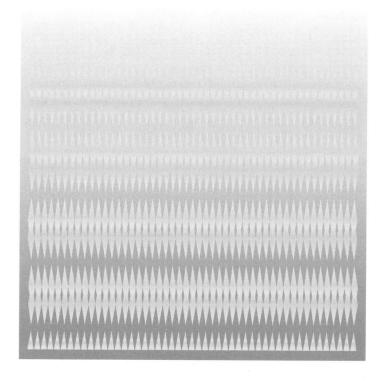

培風館

編　集

丸　山　徹

本書の無断複写は，著作権法上での例外を除き，禁じられています。
本書を複写される場合は，その都度当社の許諾を得てください。

はしがき

　財政学は，政府と公的企業（政府が所有する企業）を併せた公的部門を経済学の分析手法を用いて研究する学問である。われわれは市場を通して取引をおこなう市場経済のなかで経済活動を営んでいるが，市場が適切に機能しない領域においては政府が補正をおこなうことが必要となる。政府がどのような役割を果たすのかを解明することは，経済が健全に働くためには極めて重要である。

　本書は大学生向けの標準的な財政学の教科書として編まれ，ミクロ経済学とマクロ経済学で学んだ手法や概念を使って，財政の諸課題を解説している。通常の大学のカリキュラムでは，財政学を学ぶ前にミクロ経済学とマクロ経済学の入門的な内容を学ぶことから，それら入門的科目で学んでいるだろう概念は簡単な定義をのべるにとどめ，重複を避けた。経済学の分析手法では数学的手法が用いられているが，本書は微分の基本的な知識を前提とするものの，必要以上に難しい数学は用いずに，グラフや文章によって説明することを心掛けた。

　本書では，政府は夜警国家でよいのか，公平な課税原則とは何か，といった古くからの財政の問題に加え，金融政策がゼロ金利制約に直面したときの財政政策はどのような効果をもつのか，我が国で進展する人口の高齢化と少子化が社会保障財政にどのような影響を与えるのか，地球温暖化やリサイクルのような環境問題にどのように対処するのか，という新しい問題も積極的に取り入れるようにした。

　また，財政を理解するには財政制度をよく理解する必要がある。教科書では長く残る知識を教授するために理論偏重になりがちであるが，本書では財

政の現状と課題を，データを使いながら解説している。なお，本書のデータは 2018 年春時点で最新のものを使用した。

　政府の活動としては，収入と支出という経済活動のみならず，規制のような民間の経済活動への介入もその研究対象となり得る。ただし，政府の支出をともなわない規制は産業組織論の研究対象とされているので，その分野の適切な教科書に譲り，本書では割愛することとした。

　第 1 章は，わが国の財政制度を，予算を中心に解説する。第 2 章と第 3 章では，ミクロ経済学の基礎的な理論を使って，市場と政府の役割を学ぶ。市場経済に政府が介入する必要があるのは，外部性，公共財，情報の非対称性のような市場の失敗があり，政府が市場に介入することで生じる失敗が軽微な状況である。第 2 章では，競争市場が資源を効率的に配分することを示した後，市場の失敗として独占，外部性の問題を取り上げる。第 3 章では，別の市場の失敗である公共財を取り上げ，その提供方法について論じる。これら 2 章で取り上げられたのは，政府による資源配分機能であるが，これと並ぶ政府の機能として，所得再分配機能を第 4 章で取り上げ，望ましい所得再分配に関する理論を説明し，租税と社会保障制度による所得再分配の在り方を解説する。

　第 5 章と第 6 章は税制を扱っており，第 5 章は，課税原則，課税ベースの選択，税率の設定，租税の帰着に関わる租税理論を解説する。第 6 章は，わが国の税制の実態と将来の課題を取り扱う。

　第 7 章以降は，マクロ経済学の基礎的な理論を使って，財政の果たす役割を考えていく。第 7 章では，マクロ経済の統計である国民経済計算のなかでの公的部門の扱いを解説して，マクロ経済のなかの財政の姿を明らかにする。第 8 章では，景気循環を平準化するための財政政策の役割を学ぶ。金融政策のスタンスによって財政政策の効果が違うことと，ゼロ金利制約によって金融政策が有効でなくなった場合の財政政策の役割と効果を説明する。

　財政では長期的な課題も重要である。第 9 章では，国債と公的年金がどのように世代間の所得再分配をもたらすかを説明する。第 10 章は，人口の高齢化と少子化が経済と財政に与える影響について分析し，第 9 章で説明された世代重複モデルを用いて年金政策の在り方等を論じる。第 11 章では，経

済の生産能力を規定する公共事業と教育に関する政策課題を説明する。

終章は，われわれが財政学を学ぶことの意義は，民主主義国家のなかで「主権者」，「生活者」，「社会人」としてのリテラシーを向上させ，近代国家の危機を乗り越えることにあることを説明する。また，公共性，政府・国家の捉え方の違いで財政学にも様々な立場があることと，日本での財政学のこれまでの発展を解説して，本書を締めくくる。この終章は，類書では見ることのできない本書の特徴である。

なお，読者の理解を助けるために，各章の冒頭には簡単な導入をつけ，章末には4題程度の練習問題をつけて，読者の理解を深めるようにしている。

最後に，本書の編集作業では，大阪大学の赤井伸郎先生，明治大学の加藤竜太先生には大変なご助力をいただいた。また，出版に際しては，慶應義塾大学の丸山徹先生，培風館の斉藤淳氏に大変にお世話になった。ここに記して厚く感謝したい。

2019年1月

著者代表　本間　正明
　　　　　岩本　康志

目 次

1 財政制度と予算 　　1

1.1 財政とは　　1
経済安定化機能　　所得再分配機能
資源配分機能

1.2 予算から見る日本財政の現状と課題　　6
一般会計　　一般会計の現状　　基礎的財政収支
特別会計予算と政府関係機関予算
予算とは何か：予算原則
予算編成：短期的な課題

1.3 政府の規模　　26

2 政府と市場の役割　　29

2.1 市場機能　　29
市場，完全競争市場，市場の効率性
家計の効用最大化条件
企業の利潤最大化条件
消費者余剰・生産者余剰・総余剰
市場均衡と総余剰

2.2 市場の失敗　　47
政府による市場介入の背景　　不完全競争
外部性

2.3 もう1つの新たな財政の機能　　65

3 公共財の理論　　67

- 3.1 公共財の種類 …………………………………………………… 67
- 3.2 公共財を含むモデル …………………………………………… 70
- 3.3 公共財の最適供給 ── サミュエルソン条件 ……………… 71
- 3.4 公共財が政府供給される理由 ………………………………… 78
- 3.5 公共財の最適供給 ── リンダール均衡 …………………… 84
- 3.6 クラーク＝グローブズ・メカニズム ………………………… 90

4 所得再分配　　95

- 4.1 政府から家計への所得移転政策 ……………………………… 95
    - 一般会計予算の最大項目　　再分配の実態
- 4.2 社会的厚生関数 ………………………………………………… 101
    - ベンサム型社会的厚生関数とロールズ型社会的厚生関数の特徴
    - 所得再分配　　社会的厚生の最大化
- 4.3 公平性と効率性 ………………………………………………… 106
- 4.4 生活保護制度 …………………………………………………… 108

5 租税の理論　　111

- 5.1 租税原則の変遷 ………………………………………………… 111
- 5.2 現代の租税原則 ………………………………………………… 113
    - 公平性　　効率性　　簡素
- 5.3 租税設計の理論 ………………………………………………… 118
    - 包括的所得税論　　支出税論
    - 最適課税論　　二元的所得税論
- 5.4 租 税 帰 着 ……………………………………………………… 124
    - 帰着の概念　　従量税と従価税の違い
    - 課税の超過負担
    - 完全競争市場の下での個別物品税の租税帰着
    - 独占市場での租税帰着

	5.5	法人課税の理論 …………………………………………………	131
		法人実在説と法人擬制説　租税理論からみた法人税とは	

6 租税制度の現状と課題　　135

	6.1	税 収 構 造 ………………………………………………………	135
		税収と負担の現状と推移	
		直接税と間接税	
	6.2	日本の税体系 ……………………………………………………	140
	6.3	所 得 課 税 ………………………………………………………	142
		所得税の仕組み　所得税の課題	
	6.4	消 費 課 税 ………………………………………………………	150
		日本の消費税　消費税の仕組み　益税	
		消費税の課題	
	6.5	法 人 課 税 ………………………………………………………	156
		法人課税　法人税の仕組み　赤字法人	
		法人税の課題	
	6.6	資 産 課 税 ………………………………………………………	160
		相続税　固定資産税について　資産課税の課題	

7 財政とマクロ経済　　167

	7.1	国民経済における公的部門 ………………………………………	167
		公的部門・一般政府とは	
		SNAでみる政府の支出	
		SNAにおける財政収支	
		ストックからみた財政	
	7.2	財政赤字とマクロ経済 ……………………………………………	179
		財政赤字の何が問題か	
		日本と海外諸国の財政状況	
	7.3	政府の成長戦略と日本経済の課題 ………………………………	185

8 経済安定化政策　　190

- 8.1 マクロ経済と財政 …………………………………………… 190
- 8.2 消費への波及効果を含んだ景気刺激策(乗数モデル) ………… 191
  - 消費関数　　政府支出とGDPの関係
  - 減税による景気刺激
- 8.3 民間投資への影響を考慮する場合の財政政策の効果 ………… 196
  - 投資関数　　金融政策
- 8.4 財政政策の有効性 …………………………………………… 199
  - ゼロ金利のもとでの財政政策の効果
  - 金利が正常化したときの財政政策の効果
  - 消費と財政政策の有効性
- 8.5 開放経済での財政政策の効果 ………………………………… 201
- 8.6 短期の経済財政運営と公共投資 ……………………………… 204

9 国債と年金　　207

- 9.1 2期間世代重複モデルの準備 ………………………………… 207
- 9.2 国債の負担 …………………………………………………… 212
  - 伝統的な国債負担論
  - 新古典派による国債負担論 ── ダイアモンドのケース
  - 税と国債 ── リカードの等価定理
  - 国債発行の無効性と課税平準化論
- 9.3 年　　　金 …………………………………………………… 221
  - 公的年金の必要性
  - 積立方式と賦課方式の差異 ── 2期間世代重複モデルでの説明
  - 公的年金の経済効果

10 人口の高齢化と少子化　　232

- 10.1 進行する高齢化と少子化 …………………………………… 232
- 10.2 人口の変化と公的年金 ……………………………………… 237
- 10.3 少子化の背景 ………………………………………………… 245

目　次　　ix

　　　10.4　世代会計の考え方 ………………………………………… 249

11　社会資本と人的資本　254

　　11.1　社　会　資　本 ……………………………………………… 254
　　　　　　社会資本と公共事業予算
　　　　　　社会資本の供給メカニズム ── 政治過程を反映したメカニズム
　　　　　　公共サービスと経済成長
　　11.2　人　的　資　本 ……………………………………………… 266
　　　　　　人的資本構築のための教育予算
　　　　　　人的資本と経済成長

終章　財政論を学ぶということ ── 結びに代えて　274
　　（1）財政は「民主主義の学校」………………………………………… 274
　　（2）財政の二つの「公共(Public)性」………………………………… 276
　　（3）多様な国家・政府像：共同利益型 vs. 自己利益型 …………… 279
　　（4）わが国の三つの財政学 …………………………………………… 283
　　　　　　制度論的財政学：「家父長」型国家・政府観
　　　　　　マルクス主義財政学：階級対立型国家・政府観
　　　　　　近代経済学的財政学：消費者主権型国家・政府観

あ　と　が　き　　289
読　書　案　内　　290
参　考　文　献　　295

索　　　　　引　　301

1
財政制度と予算

 本章では，本書を読み進めるにあたって必要な基礎的な事項をとりあげる。まず，政府の経済活動である財政の3つの機能について説明する。次に，一般会計，特別会計，政府関係予算及び予算の統計を日本の財政の現状と課題について見ていく。次に，予算原則，予算の策定，国・地方間の財政関係について説明をおこなう。最後に，日本の政府の規模の現状について概観する。

1.1 財政とは

 財政とは，政府の経済活動のことである。政府といえば，どのようなものをイメージするだろうか。国の景気対策が家計にどのような影響をもたらすか。第2次安倍内閣がかかげるアベノミクスは家計の収入の増加につながるか。アベノミクスは中央政府(国)がおこなっている財政政策と深くかかわる。また国は安全保障，外交，通商政策なども担当している。

 政府は国民経済計算(System of National Accounts：SNA)上では，中央政府(国)，地方政府(都道府県，市町村)，社会保障基金に分類される[1]。中央政府は司法，外交，防衛などを担っている。地方政府は，上下水道，ごみ

---

[1] SNAは，国際連合によって決められたルールにそって，各国が毎年の経済循環を体系的に明らかにしている統計である。SNAについての詳細は，中村(1999)を参照されたい。日本では，内閣府が作成している。SNAによる政府の分類の詳細については，第7章を参照されたい。

処理，警察，消防などを担っている。社会保障基金は，公的年金や健康保険会計を扱っている[2]。

　政府がわれわれに提供しているサービスの財源は，税金(租税)，社会保険料と公債(政府の債券)によって調達されている。給与収入や事業収入には，所得税(国税)と個人住民税(地方税)が課税されている。サラリーマンであれば，厚生年金の保険料を支払わなければならない。事業者なら国民年金の保険料を支払わなければならない。われわれが何かモノを買うと，消費税がかかる。所有する土地や家屋には固定資産税がかかる。税金は，われわれの生活と離れられない存在である。

　バブル経済崩壊以降，日本の経済が長期的に低迷したことから国と地方には税収があまり入ってこなかった。税収が少ないからといって，公共サービスを低下させるわけにはいかないし，景気対策も必要であった。そこで政府は，公債を発行することで財源をまかなってきた。

　公債は，政府支出の一部を借り入れによってまかなうために発行する債券である。国が発行する公債が**国債**，地方が発行する公債が**地方債**である。国債は，**建設国債**と**特例国債(赤字国債)** に分類できる。財政法第4条では，国会の議決を経て，公共施設の建設費用に充当する建設国債を発行することができるが，経常的な費用に充当する赤字国債の発行は認められていない[3]。しかし，財源不足をおぎなうために，特例として赤字国債を発行しており，それは特例国債と呼ばれている。地方団体は，地方債として都道府県債と市町村債を発行している[4]。2018年現在，国と地方の公債残高は1,100兆円を超えている。政府はこの莫大な借金残高をどのように返済していくのかについて苦悩しているし，世界も注目している。世界第3位の経済大国である日

---

　[2] 社会保障とは，政府が提供する年金，医療，介護，生活保護などを指す。社会保障基金は中央政府，地方政府が取り扱う医療保険や年金の積立金が相当する。

　[3] 財政法第4条では「国の歳出は，公債又は借入金以外の歳入を以て，その財源としなければならない。」とあるが，このあとに「但し，公共事業費，出資金及び貸付金の財源については，国会の議決を経た金額の範囲内で，公債を発行し又は借入金をなすことができる。」とあり建設公債の発行が可能となっている。このため建設公債は，4条国債とも呼ばれる。公債については，第9章でも扱う。

　[4] 地方債は，公共施設の建設資金の一部に充てられるもの(地方財政法第5条による)と，特例法による財政収支の不足分に充てられる臨時財政対策債がある。

本が財政破綻すると，世界経済にも多大な影響が生じるからだ。

これまでを整理すると，財政とは「税，社会保険料と公債による資金調達によって政府がおこなう経済活動のこと」といえる。政府の経済活動は，大きく3つに分類することができる。1つめは**経済安定化機能**である。これには政府がおこなう**裁量的財政政策**(フィスカル・ポリシー)とビルトイン・スタビライザーと呼ばれる財政制度そのものが備えている景気の自動安定化装置が含まれている。2つめは**所得再分配機能**である。所得税と相続税の累進課税制度や社会保障制度がこれにあたる。3つめは**資源配分機能**である。防衛，警察，上下水道，ごみ処理など公共財・サービスに資源を振り向ける機能である。以下では財政の機能についてより詳細に見ていくことにしよう。

1.1.1　経済安定化機能

経済安定化機能は，大きく2つに分類される。1つは，減税や積極的な公共事業といった政府の裁量によっておこなう経済安定化機能で，**裁量的財政政策**(フィスカル・ポリシー)という。もう1つは，財政制度そのものに景気の変動をなだらかに調整する機能が備わっており，この経済安定化機能をビルトイン・スタビライザー(自動安定化装置)という。これを具体的に説明しよう。

市場経済が常に安定的に推移するとは限らない。期間の長さには，差こそあれ，経済状況は好況と不況をくり返す。大災害や大不況といった大きなショックが経済をおそうこともある。1995年の阪神・淡路大震災と2011年の東日本大震災は大災害であったし，リーマン・ショック(2008年)と欧州ソブリン危機(2010年)は外国発の不況であった。これらのような経済ショックは，国内経済における民間需要を大きく下げることになる。

このような景気の変動に対処するために，政府が市場経済に積極的に介入し，需要を喚起させることが裁量的財政政策である。需要を喚起させる方法には，減税や公共事業が挙げられる。減税を実施すれば，手取り所得が増加し，家計の購買力が増加する。公共事業をおこなえば，不況による失業者に対して新たな雇用を生み出すことができる。

一方，景気が過熱してくるような場合に対応するために，財政制度にはビ

ルトイン・スタビライザーが備わっている。具体的には，累進課税制度を有する所得税や法人税がその役割を果たしている。**累進課税制度**とは，所得が上昇するにつれて適用される税率が高くなっていくものだ[5]。景気が過熱すると，インフレーションが起きる。インフレーションが起きると，名目的に家計や企業の収入が伸びる。累進課税制度を有する所得税のもとでは，家計の収入が増加すると税負担額が多くなるので，消費にブレーキがかかることにつながる。企業にとっては法人税の負担額が多くなるので，企業は投資を抑制し，生産量を引き下げることにつながる。これらのことは過熱している民間需要を抑制する方向に進む。これにより景気の過熱が冷まされることになる。

景気が悪化してくるような逆の場合には，財政制度にある失業給付（失業保険）が，ビルトイン・スタビライザーとして機能する。景気の悪化によって失業者には失業給付が支給され，所得が拡大し，民間需要を増大する方向に導く。これによって景気を回復する一助となる。

1.1.2 所得再分配機能

所得再分配機能とは，政府がおこなう格差是正政策である。政府は所得税の累進課税制度によって所得の高い人に多くの税金を納めさせる，あるいは多くの資産を相続した人に相続税を納めさせるなどをして格差の是正をおこなっている。

自由主義経済では，自由な経済活動と財産の私的所有が認められている。自由な経済活動，あるいは競争的な市場では，効率的な資源配分が達成されることになるものの，競争の結果として達成される資源配分には格差が生じることになる。その格差は，初期資産の保有状況の違い，教育機会の違い，能力の違いなどから生じることになる。

財産の私的所有が認められていることから，持つ者と持たざる者の資産の格差が拡大することがある。人は生まれてくる家庭を選ぶことができないので，裕福な家庭に生まれる人とそうでない家庭に生まれる人の間では，教育

---

[5] 累進課税制度についての詳細は，第6章を参照されたい。

1.1 財政とは

投資やその後の資産形成に格差が発生する可能性がある。教育投資の高低は，労働者の能力格差につながる。このような格差の存在は，経済活動へのやる気を阻害する可能性もある。所得の格差は運に依存する場合もある。順調な経済活動の歩みが突然の事故，病気あるいは災害によって閉ざされることもある。

このような格差を放置すると，社会秩序の不安定化にもつながりかねない。そこで政府には，所得再分配機能を果たすことで，経済活動の活性化や治安維持を達成することが求められることになる[6]。政府は，所得税と相続税に累進課税制度を適用することで所得と資産の再分配をおこなっている。また年金，医療，介護，生活保護といった社会保障制度を整備することでも再分配をおこなっている。

1.1.3 資源配分機能

資源配分機能とは，政府が民間では提供することが難しい，国防あるいは警察といった財・サービスを供給することである。これらの財・サービスは通常の財，例えばコーヒーや衣服などと異なり，他の人々の利用あるいは消費を排除することができない[7]。あるいは排除することに莫大な費用がかかる。これを**非排除性**という。もしくは他の人々の利用あるいは消費が自分の利用あるいは消費に影響を及ぼさない。これを**非競合性**あるいは**等量消費**という。こういった特徴をもつ財を**公共財**という。

公共財の例として灯台をあげてみよう。ある船舶 A が灯台からの光を利用したからといって，灯台設置者は船舶 A から利用料金を徴収することは難しい。また灯台設置者は利用料金を支払わないからといって，船舶 A を海上運航させないということはできない。これが公共財の特徴の 1 つである非排除性である。灯台からの光は船舶 A と近くを航海する船舶 B は同じよ

---

[6] 財政の3大機能を最初に提唱したマスグレイブ (Richard Musgrave) は，当初，Musgrave (1959) において「所得と富との分配の調整」（木下監修・大阪大学財政研究会訳 (1951) p.6) としていた。その後，Musgrave and Musgrave (1980) では「所得再分配」（木下監修・大阪大学財政研究会訳 (1983) p.115) と記述されている。税制による所得再分配機能の詳細については第5章と第6章も参照されたい。

[7] コーヒーのような通常の財を私的財という。

うに利用することができる。これが公共財のいまひとつの特徴である非競合性である。

　政府は，民間が提供している財・サービスに補助金を投入することがある。典型的な例としては，教育サービスが挙げられる。政府は私立大学へ補助金を支出している。私立大学に税金を財源とする補助金が投入されている理由は，大学教育による利益が学生本人だけでなく，社会全体にプラスの影響を与えることが期待されているからだ。高等教育による研究開発はイノベーションを引き起こし，生産技術の高まりを通じて経済全体にプラスの影響を及ぼすことになる。これらのことを「正の外部性」という[8]。

　政府は，費用逓減産業への価格規制もおこなっている。**費用逓減産業**とは，固定費用が大きく，生産量を増加させるほど生産量1単位あたりの費用が低下するという規模の経済がはたらいている産業である。例として電力事業への価格規制が挙げられる。発送電には莫大な固定費用がかかり，利用者がある程度の水準に達しなければ，採算がとれない事業である。小規模企業では電力事業に参入することは難しい。これを放っておくと，電力事業には独占が発生して価格が吊り上がってしまう。電力は社会にとって必要不可欠である。したがって，政府は電力事業会社に独占を認めるが，価格規制をおこなっている[9]。ただし，近年では電力を自由化することで，電力にも価格競争を誘導し，消費者の利益を図っている。

1.2　予算から見る日本財政の現状と課題

1.2.1　一般会計

　財政の機能は，これまで述べた3つに集約されるが，それらの機能は予算における歳入と歳出を通じて発揮される。予算は，国会の議決を経なければならない。国の予算は，大きく**一般会計予算**，**特別会計予算**，**政府関係機関予算**の3つに分けられる。まずは，政府の基本的あるいは一般的な収入と支出である一般会計予算からみることにしよう。

---

[8] 外部性についての詳細は第2章を参照されたい。
[9] 独占市場に対する政府の価格規制については，第2章を参照されたい。

1.2 予算から見る日本財政の現状と課題

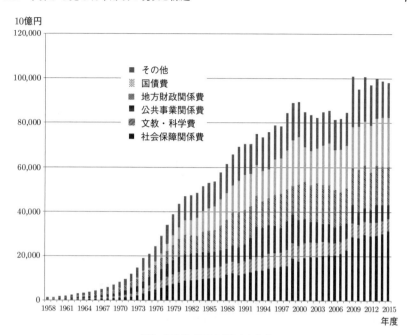

出所：財務省『財政統計』より作成

図 1.1　一般会計歳出の推移

　図 1.1 は，一般会計における主な歳出項目について長期的な推移を描いたものである．日本経済の実質的，名目的な経済成長とともに，歳出額は 2000 年度ぐらいまで増加傾向にあった．その後，2002 年に発足した小泉政権期間は，歳出削減傾向が見られる．その後，リーマン・ショック，欧州危機，東日本大震災といった経済ショックに対応するために，歳出額が増加していく．かつては公共事業関係費のシェアが高かったが，2000 年代から縮小傾向にある．社会保障関係費は経済の高齢化に対応するために高いシェアを占めてきていることがわかる．また，過去の公債発行への元利払いといえる国債費（利払費と債務償還費）が多額になってきていることもわかる[10]．

---

　[10] 例えば，我々が個人向け国債（固定利息 5 年，利息 1％）を額面 100 万円分購入したとする．この場合，政府は購入者に毎年 1 万円を支払う．これが政府にとっての利払費である．政府は購入者に 5 年後に 100 万円を元本として償還する．これが政府にとっての債務償還費である．

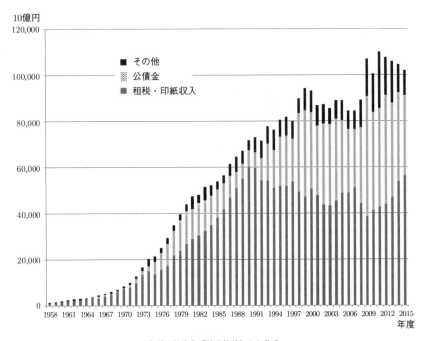

出所：財務省『財政統計』より作成
図 1.2　一般会計歳入の推移

　これまで財政支出は，その当時の経済状況に対応してきた。戦後の復興から高度経済成長時代は，若い経済であり，社会保障費よりも社会インフラ整備が重要視された。高度経済成長時代を終えて，それほど高い経済成長を望めなくなった経済においては，地方経済向けの公共事業と地方財政への移転が多額となっている。

　図1.2は，一般会計における税収及び印紙収入，公債金とその他収入について長期的な推移を描いたものである。1964年度までは公債を発行することなく，財政運営をおこなっていたことがわかる。その後，税収は，バブル崩壊(1991年)まで増加傾向にあったことがわかる。バブル経済の崩壊以降，慢性的な低経済成長とデフレ経済の進行によって税収が低下していく。この税収不足をおぎなうために，公債発行額が増加してきたことが読み取れる。

1.2.2 一般会計の現状

ここでは，国の一般会計予算を見ることによって日本財政の現状と課題を考えることにしよう。図1.3は，2018年度の一般会計予算の歳出と歳入の主な項目とシェアを表している。

歳出の最も大きなシェアを占めている項目は，年金，医療，介護といった**社会保障**であり，シェアは31%である。社会保障は，財源として社会保険料が存在するが，社会保険料だけではまかないきれず，多額な公費が投入されているのである[11]。

次に大きなシェアを占めている項目は，地方交付税交付金等であり，シェアは18%である。**地方交付税交付金**とは，国から地方への資金移転であり，使い道が自由な一般補助金の一種である。大半の地方団体は自前の収入(歳入)で支出(歳出)をまかなうことができないという現状がある。そこで，国がどの地域でもナショナルミニマム(最低限の行政サービス)を提供することを可能にするため，地方団体の財源不足額を補填する地方交付税交付金制度が存在している[12]。

文教及び科学振興は，義務教育教員の給料の一部や教科書の配布，宇宙・海洋開発費，学校施設などに支出される。

公共事業費はかつて大きなシェアを占めていたが，小泉内閣後は縮小傾向が見られた。しかし現在では，東日本大震災の復興やインフラの更新時期が迫っていることから増加している。

防衛費は「GDP比の1%を超えない範囲」という不文律があることから，日本の経済成長の停滞とともに横ばいが続いている。これらの項目にその他の項目を加えた歳出は，経常的な費用として，基礎的財政収支対象経費とされる[13]。

---

[11] 公費の財源には，公債が含まれていることから現在世代だけでなく将来世代も社会保障財源の負担がおこなわれていることになる。財源における保険料と公費の違いは，保険料は受益と負担が明確になるのに対して，公費はそのようにならない。

[12] 本書では，地方財政については扱わないが，地方財政の詳細については林・橋本(2014)，前田(2009)などを参照されたい。

[13] その他の項目として主な項目として，食料安定供給費やエネルギー対策費が挙げられる。基礎的財政収支は，次節で述べる。

(a) 一般会計歳出

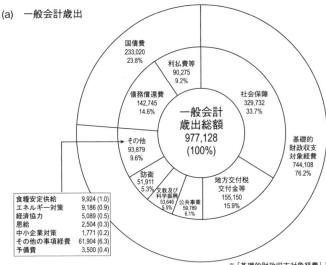

(b) 一般会計歳入
　（単位：億円）

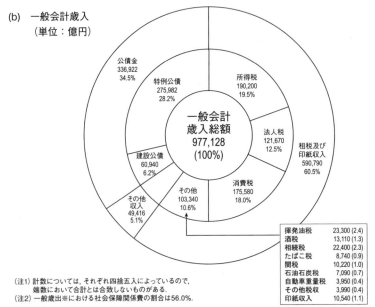

(注1) 計数については，それぞれ四捨五入によっているので，端数において合計とは合致しないものがある。
(注2) 一般歳出※における社会保障関係費の割合は56.0%。

出所：財務省ウェブサイトより引用。
https://www.mof.go.jp/tax_policy/summary/condition/002.pdf（閲覧日：2018年9月7日）

図1.3　2018年度（平成30年度）一般会計予算

1.2 予算から見る日本財政の現状と課題

国債費は歳出総額の 24％を占めている。国債費は債務償還費と利払費に分割される。**債務償還費**は借金の元本返済のために支出するものである。政府は 10 年国債など期限がある借金に対して，期限がきた国債（ストック）を償還しなければならない。これが債務償還費である。政府は 10 年国債 100 万円で利息 1％であるとすると，国債保有者に毎年 1 万円を支払うことなる。これが**利払費**である。

主な歳入には，租税及び印紙収入と公債金収入がある。主な租税としては，所得税，法人税，消費税の 3 つの税目があげられる。これらの主要 3 税は租税及び印紙収入の 83％を占めている。残りがその他の税収（17％）となっている。その他の税収項目の主なものとして，相続税，酒税，たばこ税，揮発油税（ガソリン税）などが挙げられる[14]。

一般会計予算における歳入総額に占める租税及び印紙収入の割合は 61％であり，公債金収入の割合が 35％となっている。1 年間の国のやりくりをす

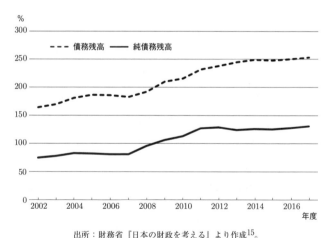

出所：財務省『日本の財政を考える』より作成[15]。

図 1.4　一般政府の債務残高と純債務残高の推移

---

[14] 2018 年度の当初予算におけるそれぞれの税収は，以下の通りである。相続税が 22,400 億円，酒税が 13,110 億円，たばこ税が 8,740 億円，揮発油税が 23,300 億円となっている。

[15] 2017 年度は見込み額である。

るための財源の多くを借金に頼っていることになる。

図1.4は一般政府レベルでの公債の債務残高と**純債務残高**の推移を描いたものである[16]。2009年度に対GDP比が200％を超えており，2017年度末では253％になる見込みである。一方で，政府は多くの資産を保有している[17]。純債務残高は債務残高から資産分を差し引いた額である。純債務残高は2013年度以降，ほぼ横ばいであり，2017年度末では131％になる見込みである。

1.2.3　基礎的財政収支

基礎的財政収支（プライマリー・バランス：PB）は，財政再建を考える上で1つの目安とされている指標である。具体的には，歳入総額から国債発行額を除いたものと，歳出総額から国債費（国債の利払費と償還費用）を除いた額（基礎的財政収支対象経費）の収支をいう[18]。

基礎的財政収支が均衡していると，一般会計予算において，国債費以外の社会保障関係費や公共事業費といった政策的な経費を税収でまかなわれていることになる。新たな国債発行は，過去の債務返済（債務償還費と利払費）に回すことができる。この関係をまとめると以下のように整理できる。

歳入総額－国債発行額＝税収
歳出総額－国債費　　＝政策的経費

図1.1と1.2で示したように，日本の財政収支は慢性的に赤字状態であったために，債務残高が増大化し，財政再建が求められている。政府は2018年6月に閣議決定した『経済財政運営と改革の基本方針2018（骨太方針2018）』において，財政再建計画として，「新たな財政健全化目標として，経済再生と財政健全化に着実に取り組み，2025年度の国・地方を合わせたPB

---

[16] 一般政府は国民経済計算において国，地方，社会保障基金が含まれる。国際比較などをする場合は，一般政府で比較される。財務省「国及び地方の長期債務残高」によると，2017年度末では国の債務残高は898兆円，地方の債務残高は195兆円になる見込みである。

[17] 財務省「政府の負債と資産」によると，資産には年金積立金の運用寄託金，道路，堤防，外貨証券，財政融資資金貸付金などが含まれるとしている。

[18] 税外収入とは，歳入における税収と公債金収入以外の部分である。具体的には，国有財産売払収入，日本中央競馬会（JRA）納付金，印紙収入（郵便局販売分）等がある。

黒字化を目指すこととする。同時に債務残高対 GDP 比の安定的な引下げを目指すことを堅持する。」としている[19]。

図 1.3 によって 2018 年度の一般会計における基礎的財政収支を計算してみよう。歳入・歳出の総額は 97 兆 7,128 億円である。歳入における租税及び印紙収入が 59 兆 790 億円であり，その他収入が 4 兆 9,416 億円であり，税収は 64 兆 206 億円となる。一方，歳出における政策的経費は基礎的財政収支対象経費として扱われ，74 兆 4,108 億円である。したがって，2018 年度における国の基礎的財政収支は 10 兆 3,902 億円の赤字となっている。

基礎的財政収支を黒字化させるためには，歳入の中の税収を増大させる，歳出の中の政策的経費を削減する，あるいはその両方が必要になる。

1.2.4　特別会計予算と政府関係機関予算

(1) 特別会計予算

予算は，特定の収入で特定の支出をしてはいけないという「ノン・アフェクタシオンの原則」に則らなければならないが，財政法第 13 条第 2 項にもとづき，以下の 3 つのケースでは，特別会計予算が認められている[20]。特別会計では，特定の財源で特定の支出がおこなわれている。

・特別会計が設置可能なケース
　①特定の事業をおこなう場合
　②特定の資金を保有してその運用をおこなう場合
　③その他特定の歳入を以て特定の歳出に充て一般の歳入歳出と区分して経理する必要がある場合

特別会計は，時代の変遷によって統廃合が実施されてきた。特に近年では，2007 年の「特別会計に関する法律（特会法）」によって統廃合が進み，現在は 13 の特別会計が設置されている（表 1.1 参照）。13 の特別会計はその役割

---

[19] 内閣府 (2018) p.4 から引用。
[20] ノン・アフェクタシオンの原則は，後述する予算原則の 1 つである予算単一の原則から派生した概念である。これらはイギリスにおいて 1787 年の統一国庫基本法によって確立されたとされる。特定の収入で特定の支出を結びつけていた当時のイギリスは，議会を通じた財政コントロールができなかったことから，ノン・アフェクタシオンの原則がうまれた。詳しくは神野 (2002) を参照されたい。

表 1.1　特別会計一覧

特別会計	所管府省
交付税及び譲与税配付金特別会計	内閣府，総務省，財務省
地震再保険特別会計	財務省
国債整理基金特別会計	財務省
外国為替資金特別会計	財務省
財政投融資特別会計	財務省，国土交通省
エネルギー対策特別会計	内閣府，文部科学省，経済産業省，環境省
労働保険特別会計	厚生労働省
年金特別会計	厚生労働省
食料安定供給特別会計	農林水産省
国有林野事業債務管理特別会計※	農林水産省
特許特別会計	農林水産省
自動車安全特別会計	農林水産省
東日本大震災復興特別会計	国会，裁判所，会計検査院，内閣，内閣府，復興庁，総務省，法務省，外務省，財務省，文部科学省，厚生労働省，農林水産省，経済産業省，国土交通省，環境省，防衛省

※経過的に設置されている特別会計である。
出所：財務省『特別会計ガイドブック（平成 29 年度）』より作成。

によって事業特別会計，管理特別会計，保険特別会計，融資特別会計，整理特別会計に分類される。

事業特別会計は，かつて郵政事業，造幣局，アルコール専売事業など特別会計の代表格であった。しかし郵政民営化と独立行政法人化が進み，現在では特許特別会計，自動車安全特別会計が事業特別会計にあたる。

管理特別会計は，特定の財の需要と供給を管理するために設置されている。特定の財には食料の他に外国為替が含まれている。食料安定供給特別会計と外国為替資金特別会計が管理特別会計にあたる。

保険特別会計は，民間の保険事業では整備されにくいような保険と再保険を公的に整備するために設置されている。労働保険特別会計と年金特別会計が保険特別会計にあたる。

例として，年金特別会計をとりあげてみよう。公的年金の財源は主なものとして，保険料，積立金の運用収入，一般会計を通じた公費である。これらの財源はまず，年金特別会計に入れられる。この時点で一般会計と年金特別

1.2 予算から見る日本財政の現状と課題　　15

表 1.2　年金特別会計（2017 年度当初予算）の内訳（単位：億円）

勘定	歳入総額	歳出総額	歳出純計額
基礎年金勘定	245,645	245,645	235,351
国民年金勘定	42,485	42,485	6,962
厚生年金勘定	473,617	473,617	293,785
健康勘定	112,723	112,723	97,638
子ども・子育て支援勘定	16,611	16,611	16,595
業務勘定	3,804	3,804	3,801
特別会計合計	894,885	894,885	654,132

出所：財務省(2017)『特別会計ガイドブック（平成 29 年度版）』より作成。

会計に重複が生じている（表 1.2 参照）。この年金特別会計を通じて受給者に公的年金が給付されることになっている。年金特別会計を介することで，各年金勘定の歳出と歳入が明確化されることになる。

　融資特別会計は，財政投融資といった政策金融のために設置され，特殊法人などへの融資資金となっている。財政投融資特別会計が融資特別会計にあたる。

　整理特別会計は，ある特定の資金の収支を区分し，整理することで経理を明確化するために設置される。交付税及び譲与税配付金特別会計，国債整理基金特別会計，エネルギー対策特別会計がこれにあたる。例として，地方団体の財政運営に関連する交付税及び譲与税配付金特別会計と国債整理基金特別会計をとりあげてみよう。

　地方政府は，都道府県と市町村に分類される。各地方団体の経済状況は，様々である。裕福な都市部の財源は豊かであるが，そうでない地域も存在する。地方団体は，税収があまり入ってこないからといって，住民に身近な行政サービスをやめるわけにはいかない。そこで，国の一般会計から地方交付税交付金という形で地方団体に資金移転がおこなわれている。また，国税である石油ガス税，地方揮発油税，航空機燃料税などの一部が地方団体に交付されることになっている。借入金を含めたこれらの財源は交付税及び譲与税配付金勘定を通じて各地方団体に交付される。この勘定をつかさどっているのが交付税及び譲与税配付金特別会計である。

　政府は，過去に発行した国債に対して利払いと償還をしなければならない。

表 1.3　国債整理基金特別会計の歳入と歳出の内訳（2017 年度当初予算）

単位：億円

歳入			歳出		
他会計より受入	一般会計より受入	235,275	1,809,244	債務償還費	国債整理支出
	その他特会より受入	639,167	109,126	利子及び割引料	
東日本大震災復興他会計より受入		817	1,558	その他	
たばこ特別税		1,437	45,925	債務償還費	復興債整理支出
公債金		1,041,673	260	利子及び割引料	
復興借換公債金		19,118	302	その他	
東日本大震災復興株式売払収入		15,730			
雑収入等		13,200			
合計		1,966,416	1,966,416	合計	

出所：財務省(2017)『特別会計ガイドブック（平成 29 年度版）』より作成。

　国債の償還と利払いは，すべて国債整理基金特別会計における基金からおこなわれる。表 1.3 は国債整理基金特別会計の歳入と歳出の内訳を表わしている。歳入においては，一般会計のみならず，その他の特別会計にも国債への償還金があるので，一般会計とその他の特別会計から国債整理基金特別会計に受け入れられる[21]。歳出においては，国債の償還金の一部は国債を発行することによってまかなわれている。この国債を**借換債**と呼ぶ[22]。借換債は，国債整理基金特別会計の責任によって発行されている。

　特別会計の財源は，「特定の収入で特定の支出をしてはいけない」という予算原則から部分的に外れるために，一部に特定財源が認められている。特別会計法などで使途が特定されている税目がある。特別会計から支出される受益と負担がリンクされていることが多い。例えば，電源開発促進税や石油石炭税は一般会計を通じて特別会計に繰り入れられ，エネルギー関連対策の財源となっている。

　特別会計の規模は莫大であり，2018 年度の当初予算で歳出総額が 388 兆 4,960 億円であり，歳入総額は 391 兆 790 億円であり，一般会計の約 4 倍である。

---

[21] 財務省(2017)によると，2017 年度の場合，一般会計から債務償還費 14 兆 3,680 億円，利子及割引料 9 兆 1,328 億円，償還及発行諸費 267 億円を受入れている。またその他の特別会計から交付税及び譲与税配付金特別会計から 32 兆 6,709 億円，財政投融資特別会計から 14 兆 6,121 億円，エネルギー対策特別会計から 14 兆 1,336 億円を受け入れている。

[22] 借金の返済のために新たな借金をしているということになる。

(2) 政府関係機関予算

　政府は，市場の失敗によって民間では供給されない財・サービスを公共財として供給している[23]。しかし政府が民間の供給する財・サービスを補完するような財・サービスを供給する場合がある。そのひとつとして政府関係機関が挙げられる。

　政府関係機関は，政府が全額出資した法人である。かつての国鉄，電信電話公社，専売公社が政府関係機関として存在したが，現在では民営化され，それぞれJR，NTT，日本たばことなっている。そして2006年の行政改革推進法によって統廃合が進み，現在では，株式会社日本政策金融公庫，株式会社国際協力銀行，沖縄振興開発金融公庫，独立行政法人国際協力機構有償資金協力部門の4機関になっている。

　これら4つの機関は，すべて政策金融機関である。例えば，日本政策金融公庫は国民向けに住宅ローンや教育ローンといったサービスや中小企業向けに融資をおこなっている。いまひとつの業務としては，国内の金融機関が何らかの問題で秩序が混乱していると主務大臣が認定した場合，混乱している金融機関に融資をおこなうことがある。

　政府関係機関は，その存在理由から事業性が重視される。企業的経営に近づけるために，人事や経理の面で自由度を高めて能率性が重視されている。しかしながら公益事業をおこない，政府の一部であることから予算は国会の議決を経る必要がある。政府関係機関は，2018年度の予算額で収入額が1兆6,524億円であり，支出額は1兆7,272億円となっている[24]。

(3) 予算の純計

　これまでみてきた一般会計，特別会計及び政府関係機関の予算は，それぞれ資金のやりとりをしていて，関係性がある。年金についての特別会計には一般会計から繰入金がある。一般会計から政府関係機関に補助金が移転されることがある，逆に政府関係機関から一般会計に資金が移転されることもあ

---

[23] 市場の失敗と公共財の性質については第3章を参照されたい。
[24] 出所は財務総合政策研究所(2018)。政府関係機関の予算では歳入，歳出とせず，収入，支出とされる。

表 1.4　予算純計(2018年度当初予算)単位：兆円

	歳　入	歳　出
一般会計	97.45	97.45
特別会計	395.68	393.43
合計	493.14	490.88
(重複分)	252.93	250.41
差引額	240.21	240.47
政府関係機関	1.60	1.84
合計	241.81	242.32
(重複分)	0.19	0.19
予算純計	241.62	242.13

出所：財務省『財政統計』より作成。

る。したがって，各予算の中に重複分が存在するために，政府の規模を金額ベースで考える場合に各予算を単純合計するわけにはいかない。各予算の中で重複部分を除いた予算額を**予算純計**とよぶ。

　表1.4は，2018年度の予算純計を示したものである。2018年度では，一般会計歳出額が97兆4,547億円であり，特別会計歳出額が393兆4,290億円であるが，その中で重複分が250兆4,115億円にも達する。政府関係機関支出額は1兆8,450億円であるが，重複分が1,906億円ある。したがって，歳出の純計は242兆1,265億円となる。歳入面でも同様であり，一般会計，特別会計の歳入と政府関係機関の収入の純計額は241兆6,185億円となる。

(4) 地方政府の予算

　内閣は毎年の2月頃に次年度における地方団体(都道府県と市町村)全体の普通会計(歳入・歳出)見積額を国会に提出する。これを**地方財政計画**という。**地方財政計画は地方交付税法に基づいて作成される**。地方交付税法とは，その目的として，第1条に「この法律は，地方団体が自主的にその財産を管理し，事務を処理し，及び行政を執行する権能をそこなわずに，その財源の均衡化を図り，及び地方交付税の交付の基準の設定を通じて地方行政の計画的な運営を保障することによって，地方自治の本旨の実現に資するとともに，地方団体の独立性を強化することを目的とする。」とされている。したがって，

1.2 予算から見る日本財政の現状と課題

表 1.5　国と地方の税収と純計（2018 年度）

	国	地方	国：地方
税収	59.1 兆円	39.5 兆円	6：4
純計	68.5 兆円	86.3 兆円	4：6

出所：財務総合政策研究所（2018）より作成。

　この法律の目的は，地方団体が確実に行政サービスを提供できるように，財源は国から保障するが，これは地方団体の財政運営の独立を強めるためである。地方財政計画は，国が作成した地方団体全体の財政収支の見通しであり，各地方団体の財政運営を縛るものではない。

　表 1.5 は 2018 年度における国と地方（都道府県と市町村）の歳出と歳入をまとめたものである。歳出については，国と地方において財源移転がおこなわれているために，二重計算を除いた純計額としている。表 1.5 によると，歳入では国税収入が 59.1 兆円，地方税収入が 39.5 兆円であり，その比は 6 対 4 となる。一方，歳出については国が 68.5 兆円，地方が 86.3 兆円である，その比は 4 対 6 となる。歳入と歳出で国と地方の比が逆転していることがわかる。

　このような逆転が起きるのは，すでに述べたように，国から地方に資金移転があるからである。図 1.5 は，2018 年度の国・地方間における財政のやりとり（通常収支分）を表したものである。図中の地方税収 39.4 兆円は，東日本大震災を教訓として，各自治体で実施されている全国防災事業に充当される分を含んでいない。表 1.6 は地方の歳入と歳出の内訳を表わしている。地方の歳入における地方譲与税（2.6 兆円），地方特例交付金（0.2 兆円），地方交付税（16.0 兆円），国庫支出金（13.7 兆円）は地方の財源であるが，これらが国から地方への移転財源である。これらの合計額は 32.5 兆円となり，歳入（86.9 兆円）の 37％を占める。国から地方への資金移転は多額である。

　地方譲与税とは，国でいったん徴収した税を各地方の客観的な基準に基づいて，国から地方に譲与するものである。現在，地方揮発油譲与税，石油ガス譲与税，航空機燃料譲与税，自動車重量譲与税，特別とん譲与税，地方法人特別譲与税として，国税分の全額あるいは一部が国から地方に譲与されている。地方譲与税は，国がいったん徴収して地方に配分するものだ。例えば，

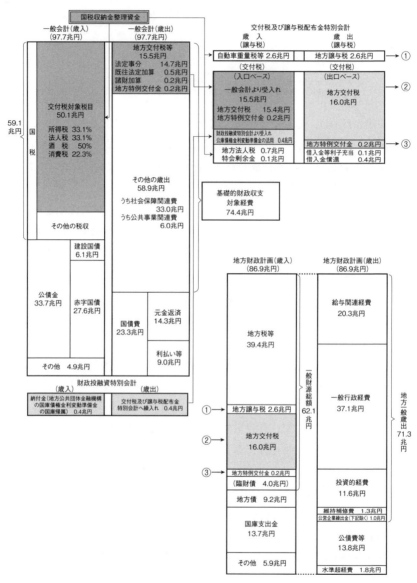

図1.5 国の予算と地方財政計画（通常収支分）との関係（2018年度当初）

1.2 予算から見る日本財政の現状と課題

表 1.6 地方の歳入・歳出(2018 年度地方財政計画「通常収支分」)

歳入		歳出	
地方税	39.4兆円	20.3兆円	給与関係経費
地方譲与税	2.6兆円	37.1兆円	一般行政経費
地方特例交付金	0.2兆円	20.2兆円	うち補助
地方交付税	16.0兆円	14.1兆円	うち単独
国庫支出金	13.7兆円	1.5兆円	うち国民健康保険等
地方債	9.2兆円	1.3兆円	うちその他
うち臨時財政対策債	4.0兆円	12.2兆円	公債費
その他	5.9兆円	1.3兆円	維持補修費
		11.6兆円	投資的経費
		5.8兆円	うち直轄・補助
		5.8兆円	うち単独
		2.6兆円	公営企業操出金
		1.8兆円	不交付団体水準超経費
合計	86.9兆円	86.6兆円	合計

備考:金額を四捨五入で丸めであるので,合計とは若干合わない。
出所:総務省(2018)より作成。

地方揮発油譲与税や石油ガス譲与税は,ガソリンや液化石油ガスが製造される段階で課税される。このような課税方式を採用する理由は,税収の偏在を防ぎ,また徴税の便宜性の面から国でいったん徴収した方がよいからである。

地方特例交付金とは,税制改正や政策などの国の制度改正による地方の税収不足や負担増を補うために国から地方へ交付される財源のことである。

地方交付税は国の歳出項目としては,地方交付税交付金と呼ばれ,普通交付税と特別交付税の2種類がある。普通交付税は地方交付税総額の94%を占め,地方団体間における財政力格差の是正と地方団体の財源保障を目的としている。特別交付税は災害などが発生した場合の臨時的な財政需要に対応できるようにするために国から地方に交付される。地方交付税の財源は所得税の33.1%,法人税の33.1%,酒税の50%,消費税の22.3%,地方法人税の全額とされている[25]。

普通交付税は,各地方団体における基準財政需要額から基準財政収入額を差し引いた額として交付され,使い途は国から決められていない。基準財政

---

[25] これらの国税収入の一部では地方交付税の全額を捻出することはできていないのが現状である。

需要額は，各地方団体が標準的な行政サービスを提供するのに必要な金額を積みあげたものである。基準財政需要額は，さまざまな経費を人口や面積などの要因（測定単位）と各地方団体の特別な要因（補正係数）を考慮して算出される。**基準財政収入額**は，各地方団体の財源調達能力（標準的な地方税収の75％）を基本とし，地方譲与税等を加えた額となっている[26]。基準財政収入額が基準財政需要額を上回ると，普通交付税は交付されない。このような地方団体のことを**不交付団体**という[27]。

　国庫支出金は，国から使い途が決められて各地方団体に交付される。義務教育費，公共事業費，社会保障などの事業運営は国と地方が密接な関係にあり，事業費の一部を国が負担するために，各地方団体に交付される。

　地方債は，地方財政法の第5条における「地方債の制限」に基づいて発行される。地方財政法の第5条は「地方公共団体の歳出は，地方債以外の歳入をもって，その財源としなければならない。ただし，次に掲げる場合においては，地方債をもってその財源とすることができる。」とし，以下の5つの制限の下に地方債が発行できる。地方財政法の第5条に基づいて発行される地方債を**建設地方債**という。

① 交通事業，ガス事業，水道事業その他公営企業の経費の財源
② 出資金及び貸付金の財源
③ 地方債の借換えのために要する経費の財源
④ 災害応急事業費，災害復旧事業費及び災害救助事業費の財源
⑤ 学校その他の文教施設，保育所その他の厚生施設，消防施設，道路，河川，港湾その他の土木施設等の公共施設又は公用施設の建設事業費及び公共用もしくは公用に供する土地又はその代替地としてあらかじめ取得する土地の購入費の財源

　臨時財政対策債とは，各地方団体の財政収支における赤字部分を補うため

---

[26] 基準財政収入額の算入されない残りの25％部分は留保財源と呼ばれている。留保財源は，地方団体の徴税へのインセンティブを残すために設定されている。
[27] 総務省（2017a）によると，2017年度において，地方公共団体は1714団体（都道府県：47，市：791，特別区：23，町：744，村：183）存在しているが，2017年度の不交付団体数は都道府県では東京都のみであり，市町村（特別区除く）では75団体である。

1.2 予算から見る日本財政の現状と課題

に特例として発行する地方債である。臨時財政対策債の元金（借りた額）と利息は基準財政需要額に全額算入されることになっている。

歳出については，給与関係費，一般行政経費，公債費，投資的経費，公営企業繰出金が主な項目である。

給与関係費とは，地方公務員・職員への給与が該当する。一般行政費とは，地方団体がカバーする多種多様な経費から「給与関係経費，公債費，維持補修費，投資的経費及び公営企業繰出金として別途計上している経費を除いたもの」である[28]。一般行政経費における補助経費は，国からの補助を受けておこなわれる行政であり，単独経費は地方が独自の行政に対する経費である。

公債費とは，過去に発行してきた地方債に対する元金と利息の支払いである。投資的経費は，道路，公園，学校，公営住宅などの社会的資本の整備に必要な経費のことである。

公営企業繰出金を理解するうえで，まず，公営企業は経費を料金収入でまかなうべきもの（独立採算制）とされていることを認識しておこう。公営企業法で，経営による収入を充てることが適当でない経費[29]，あるいは，能率的な経営をおこなったとしても，その収入だけでは客観的に経費をまかなうことができないと認められる部分がでてくる[30]。このような経費に対しては，「「公営企業繰出金」として地方財政計画に計上され，地方交付税の基準財政需要額への算入又は特別交付税を通じて財源措置がおこなわれている。」ことになっている[31]。

1.2.5 予算とは何か：予算原則

これまで国と地方における予算の内容について述べてきた。ここで改めて予算の原則論について説明をしておこう。

われわれにとって「予算」のイメージは，「目的や計画を実行するにあたって出せるお金の範囲」というものだろう。国の予算はこのイメージとあま

---

[28] 総務省(2017b)「用語の説明」より引用。
[29] 総務省は該当例として，公共の消防のための消火栓に要する経費をあげている。
[30] 総務省は該当例として，へき地における医療の確保を図るために設置された病院に要する経費をあげている。
[31] 総務省(2017c)より引用。

り変わりないが，規模と厳密性という点で異なる。政府の場合，目的の実行とは政策の反映であり，歳出にあたる。出せるお金は税収と公債収入という歳入にあたる。

　厳密性という点では予算には原則があり，これを予算原則という。予算原則は「どのように作成されるか」と「どのような内容になるか」に分けることができる。

(1) 作成における原則
事前議決の原則
　事前議決の原則とは，予算は会計年度が開始される前に国会の議決を経なければならないという原則である。政府の予算は国民生活と関連が深く，民主主義が反映される。国民は選挙によって代表を国会に送っている。したがって予算は国会による議決，しかも当該会計年度の事前の議決を経る必要がある。日本の会計年度は4月1日から翌年の3月31日までとなっている。
公開性の原則
　公開性の原則とは，予算の過程のすべては国民に公開されなければならないという原則である。予算は編成されてから議決されて執行されるわけであるが，最終的に決算までおこなわれなければならない。この予算の過程のすべては，国民に公開されなければならないということである。

(2) 内容における原則
完全性の原則
　完全性の原則とは，予算は収入と支出の両面すべてを計上しなければならないという原則である。収入を得るためにかかった支出を差し引いた純計で計上するのではなく，収入と支出はすべて別々に計上しなければならないというものである。収入と支出はすべてが国会の議決を必要としているのである[32]。

---

[32] これは総計予算主義とも呼ばれる。

予算単一の原則

　予算単一の原則とは，完全性の原則では収入と支出をすべて計上しているので，特定の収入で特定の支出をしてはいけないという原則（ノン・アフェクタシオンの原則）である。例えば，所得再分配政策のための支出のために所得税の税率を上昇させることで捻出するというようなことはやってはいけないということである[33]。

　この他に公開性の原則から国民にとってわかりやすい内容になっていなければならないという「明瞭性の原則」がある。

1.2.6　予算編成：短期的な課題

　予算は，政府与党の政策が反映される。与党議員から内閣総理大臣が選出され，総理大臣は内閣を組織する。各省のトップ（大臣）で組閣される内閣が予算を編成し，国会に提出することになっている。しかし予算編成の仕事をするのは財務大臣であり，財務省の主計局がまとめている。

　予算編成のプロセスは順を追って整理すると，以下のようになる。

①概算要求基準閣議了解：8月上旬
　来年度の予算についての大まかな方針が内閣で了解される。各省庁に対して8月末までに**概算要求**を出してくるように厳命される[34]。
②各省庁が財務省に概算要求を提出：8月31日
　各省庁は財務省の主計局に概算要求の説明を9月の中頃までおこなう。
③財務省が予算の編成をおこなう：9月中頃から12月下旬
　財務省が査定案を閣議に提出する。この査定案を財務省原案という。財務省原案は各省庁から出された概算要求を査定したものである。査定の結果各省庁が要求した予算が通らずに削減されることもある。財務省は原案を

---

　[33] ただし，国の予算には，特定の事業に特定の財源を充当する特別会計が存在している。さらに，消費税法第1条2項には，「消費税の収入については，地方交付税法に定めるところによるほか，毎年度，制度として確立された年金，医療及び介護の社会保障給付並びに少子化に対処するための施策に要する経費に充てるものとする。」とあり，一般会計予算においても。予算単一の原則にあわない部分がある。

　[34] 予算決算及び会計令第8条によって8月31日が期限とされている。詳細は小村（2016）を参照されたい。

閣議に提出すると同時に査定の結果を各省庁に知らせる。
④財務大臣が最終案を閣議に提出：12月末

　財務大臣が財務省最終案を閣議に提出する。閣議決定がなされると，これは政府案となる。内閣は，政府案を国会に提出する。この時の提出先はまずは衆議院である。これを「衆議院の予算先議権」という。
⑤衆議院での審議の後に参議院で審議

　参議院は，衆議院が審議して可決した予算案のみを30日以内に議決する必要がある。参議院の議決がなければ，衆議院の議決が国会の議決となる[35]。
⑥予算が4月1日から執行される。

　これを**本予算**という。4月1日時点で国会の議決が得られない場合には，暫定予算が編成されることになる[36]。国の行政は継続が求められ，例えば，公務員への給与の支払いを止めるわけにはいかないからだ。**暫定予算**は本予算が議決されると失効となるが，暫定予算といえども国会の議決が必要となる。暫定予算は本予算が議決されるまでの「つなぎの予算」であることから義務的経費に限定されている[37]。

　予算は，4月から執行されるが，年度の途中に大災害や経済ショックなどの予想外のことが起きる可能性がある。このような事態に政府が対応するために，執行中の予算は補正される。これが**補正予算**である。補正予算に回数制限はない。景気対策や大震災への対応などにも補正予算は策定される。

1.3　政府の規模

　政府がどの程度に市場に介入しているのかについては，「大きな政府」と「小さな政府」という表現がある。**大きな政府**は，政府が積極的に市場介入をし

---

[35] 特例公債については公債発行が毎年，法律を審議して成立させる必要があるため，この時点では議決されない場合がある。しかし改正特例公債法によって2016年度から20年度については国会の審議を経ずすることなく特例公債を発行できるようになっている。

[36] 最近では2014年度に4月1日から6日までの暫定予算が編成された。

[37] これには例外もあり，義務的経費以外の経費が計上されることがありうる。

1.3 政府の規模

ていることを意味している。大きな政府では，社会資本整備を充実させ，あるいは，社会保障制度の充実により，所得格差を十分に是正させるといった政府の活動規模が，経済全体の活動水準に対して相対的に大きいことを意味する。一方，大きな政府は，国民に租税と社会保険料などの負担を多く求めることになる。大きな政府と小さな政府の差は，市場の機能に対する信頼の程度と，政府に対する信頼の程度に依存することになる。

表 1.7 は政府の規模について国際比較をしたものである[38]。比較に際しては，対 GDP 比の値を用いている。表 1.7 によると，日本の一般政府総支出（合計）対 GDP 比は 2004 年から 2014 年にかけて 36.3% から 41.8% へ拡大している。拡大の主要な要因は，現物社会移転以外の社会給付（年金，失業給付等）が対 GDP 比で 11.1% から 14.1% に拡大していることと，この拡大に GDP の成

表 1.7　国民経済に占める財政の役割（国際比較）

		対国内総生産比（％）							
		政府最終消費支出		一般政府総固定資本形成	現物社会移転以外の社会保障給付（年金,失業給付等）	その他			一般政府総支出（合計）
			うち人件費				うち利払費	土地購入（純）	うち補助金	
日本	2004	17.7	6.3	3.7	11.1	3.9	2.5	0.4	0.7	36.3
	2014	20.4	6.0	3.5	14.1	3.9	2.3	0.3	0.6	41.8
アメリカ	2004	15.2	10.3	3.8	11.5	5.8	3.3	0.1	0.4	36.4
	2014	14.7	9.9	3.2	14.4	5.7	3.5	0.0	0.3	38.1
イギリス	2004	20.1	10.7	2.5	12.7	7.0	1.9	▲0.1	0.5	42.3
	2014	19.8	9.4	2.7	14.1	7.3	2.7	▲0.1	0.5	43.9
ドイツ	2004	18.5	8.0	1.9	18.1	7.8	2.8	▲0.1	1.2	46.3
	2014	19.3	7.7	2.2	15.5	7.3	1.8	▲0.0	0.9	44.3
フランス	2004	22.8	12.8	4.0	17.3	8.4	2.7	0.1	1.4	52.5
	2014	24.2	13.0	3.7	20.2	9.5	2.2	0.1	2.2	57.5
スウェーデン	2004	25.0	12.9	4.1	15.2	8.5	1.7	▲0.2	1.4	52.8
	2014	26.3	12.6	4.5	13.9	7.1	0.7	▲0.1	1.7	51.8

(出典) 諸外国は OECD Stat Extract「National Accounts Dataset: 12. Main aggregates of general government」であり 08SNA 基準。日本は国民経済計算（内閣府）であり 93SNA 基準。
(注) 一般政府とは，国・地方及び社会保障基金といった政府あるいは政府の代行的性格の強いものの総体（独立の運営主体となっている公的企業を除く）
出所：財務省「国民経済に占める財政の役割（国際比較）」から引用。

---

[38] 表における各項目の意味については，第 7 章を参照されたい。

長が伴わなかったことが挙げられる[39]。

　2014年時点では，日本の支出面における政府の規模は，対GDP比で，アメリカ(38.1%)，イギリス(43.9%)，ドイツ(44.3%)並である。一方でフランスは，2004年から2014年にかけて一般政府総支出(合計)の対GDP比が52.5%から57.5%に拡大している。これについては，現物社会移転以外の社会給付(年金，失業給付等)が対GDP比で17.3%から20.2%に拡大していることが挙げられ，この値は日本より6%程度高い。福祉国家として有名なスウェーデンは，一般政府総支出(合計)対GDP比は2004年から2014年にかけて52.8%から51.8%へ若干縮小している。これについては，現物社会移転以外の社会給付(年金，失業給付等)が対GDP比で15.2%から13.9%に縮小していることがあげられる。

　表1.7を見ると，大きな政府としては，スウェーデンとフランスがあげられ，小さな政府としては，アメリカと日本があげられる。日本の場合，高齢化が進むので，ある程度の政府規模の拡大はさけられないと考えられる。

演習問題

1. 財政の3大機能のそれぞれについて例をあげて説明せよ。
2. 一般会計予算の歳入と歳出の特徴を説明せよ。
3. 一般会計予算はどのように作成されるか説明せよ。
4. 公的債務残高が多くなるとどのような問題が生じるかを説明せよ。

---

[39] 内閣府「用語の解説(国民経済計算)」によると，現物社会移転とは，「一般政府または対家計民間非営利団体の個々の家計に対する現物の形での財貨・サービスの支給を指す」とされている。現物社会移転は，市場産出の購入部分と非市場産出部分に分けられる。内閣府によると，市場産出の購入部分は，「具体的には，我が国の場合，(1)社会保障制度の医療保険や介護保険における医療費，介護費のうち保険給付分(社会保障基金が家計に対して払い戻しをおこなう分も含まれる)や(2)公費負担医療給付のほか，(3)義務教育に係る政府による教科書の購入費，戦傷病者無賃乗車船の負担金が含まれる。」一方，非市場産出部分は，「本項目に含まれる具体例としては，一般政府の支払については，公立保育所や国公立学校，国立の美術館等の産出額のうち利用者からの料金負担等で賄われない部分が，また対家計民間非営利団体の支払については，私立保育所や私立学校等の全ての対家計民間非営利サービスの産出額のうち利用者からの料金負担等で賄われない部分がある。」とされている。

2
政府と市場の役割

　この章では基本的なミクロ経済学の知識を踏まえ，市場の機能と完全競争市場，市場の効率性を説明する。そして市場の効率性，政府による市場介入などの影響を把握する際に使われることのある消費者余剰，生産者余剰，総余剰に焦点をあてる。その後，完全競争市場を支える前提が崩れる場合に生じる市場の失敗として独占，外部性を余剰概念から捉え，市場の失敗を是正するため，政府による市場介入の余地が生じることを述べる。

2.1　市場機能

2.1.1　市場，完全競争市場，市場の効率性

　財・サービスを需要する側（家計），供給する側（企業）が，財・サービスを取引する場を**市場**と呼ぶ。その家計，企業といった経済主体が市場を通じて財・サービスを消費・生産・取引するような経済活動は，① 私的所有制，② 価格のパラメータ機能，③ 財・サービスの完全移動性の3つを前提とした**完全競争市場**と呼ばれる市場を通じてなされる。その完全競争市場とは，上の3つの前提に支えられ，以下の(1)から(3)を満たしている市場のことである。

　(1) 多数の家計，多数の企業が存在し，それぞれの家計，企業の取引する量は市場全体に影響を与えないほど小さい

　(2) 多数の企業が生産する財・サービスは同質であり，家計，企業はその財・

サービスの価格や性質などについて完全な情報をもっている

(3) 多数の家計，企業は財・サービスの価格に影響を与えることができない

ここで，特に完全競争市場を支える前提 ① から ③ について，詳しく見てゆこう。① の私的所有制とは次のような状態をさす。家計，企業といった経済主体が，完全競争市場で財・サービスを取引する前において保有している資産，所得分配の状態は所与であり，それらは法的に保護されている。その上で家計，企業が，それぞれが保有する財・サービスを自由に利用，処分すること(市場取引)ができる。このような経済的自由が確立されている私的所有制の下で，完全競争市場が成り立っている。ただし家計，企業によって保有される資産が，不当に他の家計，企業，国によって侵害される可能性もある。そこで完全競争市場を支える前提の1つである私的所有制を守るために，政府による法の整備と運用，警察力の保有が要請される。

② の価格のパラメータ機能とは，次のような状態をさす。多数の家計，企業は，財・サービスの価格を所与として受けとめるプライス・テーカーである。そのプライス・テーカーである家計，企業は，財・サービスに対して価格支配力をもたない。家計は所与の価格の下で財・サービスを選択し，それを消費することにより，ある一定の満足度を得ているものと考える。その満足度の指標を効用と呼び，家計は所与の価格の下で自身の効用を，そして企業は自身の利潤を最大とするような財・サービスの量を選択する。そのような家計，企業からなる完全競争市場では，所与の価格の下で需要と供給が一致するといった**市場均衡**が達成されず，需要が供給を上回る(下回る)超過需要(超過供給)の場合も生じうる。そのとき財・サービス価格が上昇(下落)し，最終的には需要と供給が一致するような状態つまり市場均衡の状態に至る。

ただし，この完全競争市場を支える前提の1つである，価格のパラメータ機能が完全に機能せず，完全競争市場自体が機能不全となる市場の失敗も考えられる。例えば，ある市場で多数の家計と，価格支配力をもつ売り手が1社しかないような場合(売り手独占)，その市場における財の価格は，もはや所与の価格ではなくなる[1]。価格支配力をもつ経済主体としての企業が市

場に存在する場合，多数の家計と企業からなる完全競争市場での取引に比べて，公正な取引を期待することが難しくなる。そこで日本の場合，公正取引委員会といった行政機関，独占禁止法といった法律を通じて，市場における経済活動の観察，価格支配力の影響を除去するなど，政府による市場への介入がなされる。

　③の財・サービスの完全移動性とは，次のような状態をさす。すべての財・サービスが追加的な費用を要することなく，瞬時に家計間，企業間，産業間，地域間を移動する。すでに述べたように家計，企業といった各経済主体がもつ財・サービスに関する情報に偏りはない。仮に同じ財・サービスについて地域間で価格差が生じているものとしよう。その場合，ある経済主体は価格の安い地域で財・サービスを購入し，価格の高い地域でそれを売ろうとする裁定をおこなうであろう。この裁定を通じて当初，財・サービス価格が安かった地域では，その財・サービスに対する需要が高まり，価格も上昇する。その一方で，当初，財・サービス価格が高かった地域では，その財・サービスの供給が増えるため，価格が下落する。このように裁定を通じて両地域での価格差が縮まり，最終的には両地域での財・サービス価格は同一となってしまう。このように同じ財・サービスには同じ価格，つまり**一物一価の法則**が成立する。

　ただし，この完全競争市場を支える前提の1つである，財・サービスの完全移動性が完全に機能しないといった市場の失敗も考えられる。ある財・サービスの裁定でも人，財・サービスの移動には移動・輸送コストがともなうと同時に，一定の時間を要することがほとんどである。そこで上で述べた裁定を含め，市場を通じた経済取引がスムーズになされるために，政府による交通網，情報網整備といった社会資本整備を考えることができる。政府による交通網や情報網の整備により，地域間の財・サービス移動がさらに早まり，輸送コストの抑制も期待できる。

　以上の前提①から③に支えられ，そして先に述べた(1)から(3)を満たしている完全競争市場では，**完全競争均衡**が達成される。完全競争均衡とは，家

---

[1] 独占については，完全競争市場を支える前提が崩れることから生じる市場の失敗の1つとして，後の「2.2　市場の失敗」で改めて説明する。

計の効用最大化条件(家計が価格を所与とし，自身の効用を最大にするような財・サービスの量を選択する)，企業の利潤最大化条件(企業が価格を所与とし，自身の利潤を最大にするような投入物，産出量を選択する)，市場均衡条件(家計，企業によって選択された財・サービスが，それぞれ個別の市場において「需要量＝供給量」を達成する)の3つの条件が同時に満たされている状況を指している。

さて，完全競争市場で決定される財・サービスの配分を評価する際，あるいは社会的に見て完全競争均衡が望ましい状態にあるか否かを評価する際，その1つの尺度として効用を用いることが多い[2]。そして**パレート効率性**という考え方に基づいてその評価をする。パレート効率性とは，「ある個人の効用を増やすためには，他の個人の効用を減らさなければいけない」といった状態と定義され，**パレート最適**とも呼ばれる。言い換えるならば，パレート効率性あるいはパレート最適とは，「他の個人の効用を一切引き下げずに，ある個人の効用を引き上げられない」状態であり，資源を無駄なく利用しきっている極限の状態(効率的な状態)を反映している。なおパレート効率性を満たす財の配分，すなわちパレート最適な状態での財の配分は1つとは限らず無数にある。そこでパレート最適の説明や，後の章でも扱われる効用可能性フロンティア(効用可能性曲線)について説明しておこう。

今，生産を考慮しない社会において，個人1と個人2の2人が存在し，財 X_1 と財 X_2 の2財があるものとする。財 X_1 と財 X_2 の消費から得る個人1の効用を U_1，個人2の効用を U_2 と表し，個人1(個人2)による財 X_1 と財 X_2 の消費量がゼロのとき，個人1(個人2)の効用はゼロであると仮定しよう。さらに個人1(個人2)による財 X_1 と財 X_2 の消費量が増えれば，個人1(個人2)の効用は増加すると仮定しよう。その上で個人1と個人2の2人が，初期時点において保有する財 X_1 と財 X_2 の2財を，お互いに交換し合う経済(純粋交換経済)を考える。そして個人1と個人2の間で財 X_1 と財 X_2 を交換し合うことにより達成される，以下のようなパレート最適な配分を考える。

---

[2] 個人1と個人2の2人そして財 X_1 と財 X_2 の2財があり，それら財の存在量をそれぞれ，$\overline{X_1}$，$\overline{X_2}$ とする。今，$\overline{X_1}$，$\overline{X_2}$ を個人1そして個人2に分配する場合を考え，$X_1^1 + X_1^2 = \overline{X_1}$ そして $X_2^1 + X_2^2 = \overline{X_2}$ をみたす任意の $[(X_1^1, X_2^1)(X_1^2, X_2^2)]$ を配分と呼ぶ。

まず個人2が財 X_1 と財 X_2 のすべてを消費し，個人1は財 X_1 と財 X_2 をまったく消費していないパレート最適な配分である．このとき財 X_1 と財 X_2 の消費から得る個人2の効用 U_2 は最大の値となる一方，個人1は財 X_1 と財 X_2 をまったく消費しないため，個人1の効用 U_1 はゼロとなる．次に個人2の財 X_1 と財 X_2 の消費量が減少し，個人1の財 X_1 と財 X_2 の消費量が増加しているようなパレート最適な配分である．このとき個人1の効用 U_1 は増加し，個人2の効用 U_2 は減少する．さらに個人2の財 X_1 と財 X_2 の消費量が減少し，個人1の財 X_1 と財 X_2 の消費量が増加しているようなパレート最適な配分の場合，個人1の効用 U_1 はさらに増加し，個人2の効用 U_2 はさらに減少する．そして個人1が財 X_1 と財 X_2 のすべてを消費し，個人2は財 X_1 と財 X_2 をまったく消費していないパレート最適な配分の場合，個人1の効用 U_1 が最大の値となる一方，個人2の効用 U_2 はゼロとなる．

以上のようなパレート最適な状態を満たす財 X_1 と財 X_2 の配分に基づく効用水準の推移は，図2.1のような図で表すことができる．まず個人2が財 X_1 と財 X_2 のすべてを消費する場合，個人2の効用 U_2 は最大となり，個人1の効用 U_1 はゼロとなる．そのような状態は図2.1のA点で表される．次に個人2の財 X_1 と財 X_2 の消費量が減少し，個人1の財 X_1 と財 X_2 の消費量が増加する場合である．このとき先のA点に比べて個人1の効用 U_1 は増加し，個人2の効用 U_2 は減少するため，そのような状態は図2.1のA点よりも下方の例えばB点で表される．このようなプロセスを繰り返し，個人1

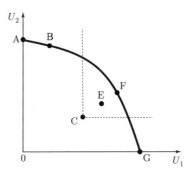

図2.1　効用可能性フロンティア

が財 X_1 と財 X_2 のすべてを消費する場合，個人1の効用 U_1 が最大となり，個人2の効用 U_2 はゼロとなる。そのような状態は図2.1のG点で表される。以上でみたように，パレート最適の状態を満たす各個人の効用水準の組み合わせの軌跡を，財の総量を一定としたとき，その制約の範囲下での**効用可能性フロンティア**（効用可能性曲線）と呼ぶ[3]。

パレート最適を，「ある個人の効用を増やすためには，他の個人の効用を減らさなければいけない」といった状態と定義した。それは「他の個人の効用を一切引き下げずに，ある個人の効用を引き上げられない」ことを意味している。このことを踏まえると，図2.1のB点やF点といったように効用可能性フロンティア上のどの点も，パレート最適を満たしている点であることがわかる。

それでは図2.1において，仮に財 X_1 と財 X_2 の配分が，パレート最適な状態を満たすような配分ではなく，当初の状態が図2.1のC点であるとしよう。このようなC点からE点，そしてE点からF点への移動を考えてみよう。図2.1から明らかなように，そのような点の移動においては，個人1と個人2の両者の効用水準が増加している。このように「他の個人の効用を一切引き下げずに，ある個人の効用を引き上げられる」状態を**パレート改善**と呼ぶ。C点からE点，そしてE点からF点への移動については，財を交換し直すことで，個人1と個人2の両者の効用を高められるため，その意味でC点やE点は非効率な状態であるといえる。図2.1におけるパレート改善，例えばC点からE点，そしてE点からF点への移動については，非効率な点からパレート最適な点への移動と解釈できる。ただし，例えば図2.1のC点からB点への移動が示すように，パレート最適な点への移動であるものの，そのような点への移動が常にパレート改善をともなう移動であるとは限らないことに注意すべきである。個人1と個人2の間で，財 X_1 と財 X_2 を交換し直すことで生じる図2.1のC点からB点への移動は，パレート最適な点への移動である一方，個人2の効用は引き上げられ，個人1の効用は引き下

---

[3] ここでは消費者だけを考慮した効用可能性フロンティアを説明した。より一般的な説明のためには，消費者と生産者を含めた経済での効用可能性フロンティアが必要とされるが，こちらについてはミクロ経済学のテキストを参照されたい。

2.1 市場機能

げられている。そのため図2.1のC点からB点への移動は，パレート改善ではない点の移動である。

以上で説明してきたパレート最適という考え方を踏まえると，完全競争均衡の効率性については，以下の厚生経済学の第1基本定理として集約される。

厚生経済学の第1基本定理

すべての財・サービスについて市場が存在し，その財・サービスが市場を通じて取引されるものとする(**市場の普遍性**)。このとき，すべての市場が完全競争市場であるならば，その市場で完全競争均衡として達成される財・サービスの配分は，パレート最適な配分である。

厚生経済学の第1基本定理が成立するためには，すべての財・サービスについて市場が存在し，市場を通じて財・サービスが取引されるといった市場の普遍性を要する。今，家計を念頭に置くならば，その市場の普遍性の下で各家計は，一物一価の形をとる財・サービス価格を所与とし，自身の効用を最大にする財・サービスの量を選択する。その際，各家計は家計の効用最大化条件を満たすよう，おのおの財・サービスの量を選択する[4]。ところが完全競争市場では，どの家計も財・サービスの価格について完全な情報をもつため，完全競争均衡では，財・サービスの価格比率を介して，財・サービスの効率的な配分が達成される。

厚生経済学の第1基本定理から，完全競争均衡では他の個人の効用を犠牲にしなければ，ある個人の効用を高められないといった効率的な状態に達していることがわかる。図2.1の効用可能性フロンティアを用いるならば，厚生経済学の第1基本定理は，完全競争市場が効用可能性フロンティア上のある1つの点を実現することを意味している。ただ注意を要する点は，厚生経済学の第1基本定理の述べるところは，完全競争均衡として達成される財・サービスの配分が，パレート最適な配分であるということにとどまるのであ

---

[4] 各家計は，それぞれの限界代替率と財の価格比率が等しくなるよう，財・サービスの量を決定する。この点については，次の「2.1.2 家計の効用最大化条件」，ミクロ経済学のテキストなどを参照されたい。

って，所得分配の面でその財・サービスの配分が，より公平な配分であるか否かについては何ら示唆していないことである。この点については，以下の厚生経済学の第2基本定理に引き継がれる。

厚生経済学の第2基本定理

すべての財・サービスについて市場が存在し，その財・サービスが市場を通じて取引されるものとする(市場の普遍性)。すべての市場が完全競争市場，経済が凸環境の状態にある場合，政府が定額税を利用した所得再分配政策をおこなうことで，任意のパレート最適な配分を(所得再分配をした後の)完全競争均衡として実現できる[5]。

厚生経済学の第2基本定理は，次のような市場と政府の動きを反映している。厚生経済学の第1基本定理での完全競争均衡としての財・サービスの配分は，パレート最適な配分である。しかしその財・サービスの多くが，ある家計にだけ配分されてしまう場合が考えられるように，パレート最適な配分は，必ずしも公平な財・サービスの配分ではない場合もありうる。そこでその社会において，より公平と判断されるパレート最適な財・サービスの量が設定されたら，政府はそのパレート最適な財・サービスの量を達成するべく，当初の財・サービスの配分を政策的に変更することができるとしよう。具体的には，政府が定額税(税額が個人の所得，消費，資産水準に依存せず，家計から一定の固定額が税額として一括徴収されるといった税)を財源とする所得再分配政策をおこない，当初の財・サービスの配分を別の適当な財・サービスの配分へと変更することが可能であるとするのである。その再分配後は政府ではなく完全競争市場自身が，(より公平と判断される)パレート最適

---

[5] 経済が凸環境にあるとは，以下のことが成立している場合である。2財(財Aと財B)，2生産要素(生産要素aと生産要素b)を想定する。同じ効用の下で財Aを1単位増やした際に，財Bを何単位減らすかを表している限界代替率が逓減している(限界代替率逓減の法則)。生産要素bを固定し，生産要素aを1単位増やした際，生産量の増分が逓減してゆく(限界生産物逓減の法則)。生産のための生産要素(例えば労働と資本)をt倍しても，生産物はちょうどt倍あるいはt倍以下といった規模に関して収穫一定，規模に関して収穫逓減が成立している。なお厚生経済学の第1基本定理，厚生経済学の第2基本定理の詳細な説明は，ミクロ経済学のテキストを参照されたい。

2.1 市場機能

な配分を新たな完全競争均衡として実現するのである。

この2.1.1では，市場，完全競争市場，市場の効率性を中心に言及した。しかし市場だけではなく，市場における経済主体である家計や企業にも焦点を絞り，市場における家計や企業の行動として家計の効用最大化，企業の利潤最大化，そして市場均衡について考える必要がある。さらに部分均衡といった限定された範囲内での説明となるが，市場経済の働き，効率性を測る尺度，また市場の失敗，政府による市場介入の効果を把握する際に用いられる消費者余剰，生産者余剰，総余剰について説明をする必要がある。以下ではそれらについて，1つずつ説明してゆく。

2.1.2 家計の効用最大化条件

ある財を消費する家計があり，その家計が所与の価格そして家計の予算制約の下で，その財を消費する場合，家計はその消費から得られる自身の満足度を最大にするように財の量を選ぶと仮定しよう。このことを家計の効用最大化と呼ぶ。それでは，どのような条件の下で家計は効用を最大化しているのだろうか。

今，1単位当たりの価格がP_1である財X_1と1単位当たりの価格がP_2である財X_2の2財が存在する経済を考える。家計の効用は効用関数$u=u(X_1, X_2)$で表され，それぞれの財を1単位追加的に消費すればするほど，その財の消費から得られる追加的な効用(限界効用)が逓減するものと仮定する。家計の消費支出合計額＝所得Iを与件としたときの予算制約式は$P_1X_1 + P_2X_2 = I$で表され，家計は予算制約式の下で，自身の効用を最大にするような財の量を選択する。

次に上の効用関数から，財X_1と財X_2の組み合わせに応じて，効用の水準も変化する。その効用の水準が任意の水準で維持されるような財X_1，財X_2の組み合わせは**無差別曲線**で表される。当然，同じ無差別曲線上の任意の点は，みな同じ効用水準を維持している[6]。家計は，どのような財X_1と財X_2の組み合わせを選択するのだろうか。家計の予算制約式から描かれる予算制約線の範囲内で，かつ効用が最大となる財X_1と財X_2の組み合わせを家計は選ぶ。図2.2から，与えられた予算制約線の下で，かつ最も効用の高

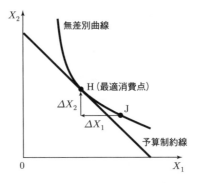

図 2.2　最適消費点，限界代替率

い財 X_1 と財 X_2 の組み合わせは H 点であり，この H 点が家計にとって最適な消費の組み合わせ（最適消費点）となる。

さて，図 2.2 の無差別曲線において，当初の財 X_1 と財 X_2 の組み合わせが J 点であり，今，財 X_1 が ΔX_1 だけ減少したとしよう。このとき財 X_2 が ΔX_2 だけ増加すると，今までどおりの効用水準を維持することがわかる。つまり財 X_2 の増加 ΔX_2 は，財 X_1 の減少 ΔX_1 を補償していることに他ならず，その比率 $\Delta X_2 / \Delta X_1$ の極限を，財 X_1 の財 X_2 に対する**限界代替率** MRS_{12} と定義する。その限界代替率 MRS_{12} は，次の式 (2.1) で示しているように，財 X_1 の減少量 ΔX_1 が限りなくゼロに近づいたときの比率（マイナスをつけた比率）の極限として定義される[7]。

$$MRS_{12} = - \lim_{\Delta X_1 \to 0} \frac{\Delta X_2}{\Delta X_1} \tag{2.1}$$

また図 2.2 のケースでは，財 X_1 の減少量 ΔX_1 が限りなくゼロに近づくときの比率の極限（限界代替率 MRS_{12}）は，H 点を通る無差別曲線の傾き（H 点における接線の傾き）に等しい。図 2.2 の H 点では，無差別曲線が予算制約線に接していて，H 点での財 X_1 と財 X_2 の組み合わせは，最も効用の大き

---

[6] なお無差別曲線は原点に対して凸の曲線で描かれ，同一消費者の無差別曲線は決して交わることはない。

[7] 以下では基本的な経済数学の知識を必要とする。偏微分やラグランジュ未定乗数法の詳しい説明については，例えば永田・田中（2012）を参照されたい。

2.1 市場機能

い財 X_1 と財 X_2 の組み合わせ（最適消費点）でもある．以上から，このH点での無差別曲線の接線の傾き（限界代替率 MRS_{12}）は，予算制約線の傾きの絶対値に等しいことが図2.2からわかる．つまり最適消費点H点では，下の式(2.2)が成立している．

$$MRS_{12} = \frac{P_1}{P_2} \quad (2.2)$$

以下では，先の効用関数の最大化を考えることしよう．家計は予算制約式の下で効用を最大にする．そこで次の式(2.3)のようなラグランジュ関数 L を用い，家計の効用最大化問題を考える．ただし λ はラグランジュ乗数と呼ばれるものである．

$$L = u(X_1, X_2) - \lambda(P_1 X_1 + P_2 X_2 - I) \quad (2.3)$$

式(2.3)を X_1, X_2 そして λ について偏微分すると，一階条件として

$$\frac{\partial u}{\partial X_1} - \lambda P_1 = 0 \quad (2.4)$$

$$\frac{\partial u}{\partial X_2} - \lambda P_2 = 0 \quad (2.5)$$

$$I - P_1 X_1 - P_2 X_2 = 0 \quad (2.6)$$

を得る．式(2.4)と(2.5)から

$$\frac{\partial u/\partial X_1}{\partial u/\partial X_2} = \frac{P_1}{P_2} \quad (2.7)$$

を得る．式(2.7)の左辺は財 X_1 の限界効用と財 X_2 の限界効用の比であり，先の限界代替率(2.2)と式(2.7)の左辺（財 X_1 の限界効用と財 X_2 の限界効用の比）が等しいことから，

$$MRS_{12} = \frac{P_1}{P_2} = \frac{\partial u/\partial X_1}{\partial u/\partial X_2}$$

と書き直される．これより

$$\frac{\partial u/\partial X_1}{P_1} = \frac{\partial u/\partial X_2}{P_2} \quad (2.8)$$

を得る．式(2.8)は各財の限界効用を各財の価格で割った，1円当たりの限界効用がすべての財において等しいといった関係である（**価格で加重された**

限界効用均等の法則）。以上が家計の効用最大化の条件である。

以下では，後の消費者余剰の説明とも関連する効用関数（準線形効用関数）を用い，今までの家計の効用最大化問題を考えてみよう[8]。準線形効用関数とは財 X_1 と，それ以外のすべての財をまとめて1つとして扱い，それを財 X_2 と表したものである。あるいは財 X_2 は財 X_1 の購入に使われなかった貨幣（金額）ともみなせる。一般的には準線形効用関数は

$$u = u(X_1) + X_2$$

と表される。ただし財 X_1 の消費を増やせば効用は増加するものの，その増加度合いは逓減するものと仮定する。そして準線形効用関数を，以下のように特定化する。

$$u = X_1^{\frac{1}{2}} + X_2$$

財 X_1 の価格を P_1，財 X_2 の価格を $P_2 = 1$，所得 I をとすると，家計の予算制約式は

$$P_1 X_1 + X_2 = I$$

と表される。上の効用関数から財 X_1 の限界効用と財 X_2 の限界効用は

$$\frac{\partial u}{\partial X_1} = \frac{1}{2} X_1^{-\frac{1}{2}}, \quad \frac{\partial u}{\partial X_2} = 1$$

である。次に計算の単純化のため，予算制約式を財 X_2 について解き（つまり $X_2 = I - P_1 X_1$），上の効用関数に代入する。すると

$$u = X_1^{\frac{1}{2}} + I - P_1 X_1$$

を得る。そして上の効用関数を財 X_1 について，効用最大化をする。すると

$$P_1 = \frac{1}{2} X_1^{-\frac{1}{2}} \tag{2.9}$$

を得る[9]。式(2.9)は財 X_1 に関する逆需要関数であり，次の式(2.10)が財 X_1 に関する需要関数である。

$$X_1 = \frac{1}{4 P_1^2} \tag{2.10}$$

---

[8] 準線形効用関数と余剰分析の関連については，永田・田中(2012)でも説明されている。
[9] ラグランジュ関数から財 X_1 に関する逆需要関数を求めることもできる。

2.1 市場機能

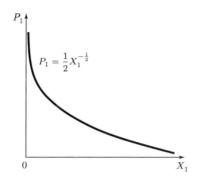

図2.3　需要曲線（準線形効用関数の場合）

以上より図2.3で表されるような，財 X_1 に関する需要曲線を描くことができる．この数値例で用いた準線形効用関数の下では，財 X_1 の需要曲線は財 X_1 の限界効用曲線に他ならない．

さらに，財 X_1 の限界効用の財 X_2 の限界効用に対する比，財 X_1 の価格の財 X_2 の価格に対する比はそれぞれ

$$\frac{\partial u/\partial X_1}{\partial u/\partial X_2} = \frac{1}{2}X_1^{-\frac{1}{2}} \tag{2.11}$$

$$\frac{P_1}{P_2} = \frac{1}{2}X_1^{-\frac{1}{2}} \tag{2.12}$$

である．式(2.11)と(2.12)より，家計の効用最大化条件として限界代替率 MRS_{12} に関しては

$$MRS_{12} = \frac{1}{2}X_1^{-\frac{1}{2}}$$

である．そして式(2.11)と(2.12)から，1円当たりの限界効用は1であることも確かめられる．

2.1.3　企業の利潤最大化条件

次に，完全競争市場における企業の利潤最大化条件とは，企業が所与の価格そして企業のもつ技術制約の下で利潤を最大化するような投入物を選ぶことを意味している．この企業は限界費用と財・サービスの価格が等しくなる

条件の下で，利潤を最大にする財・サービスの量を決定する。そこで以下では企業の利潤最大化条件を求めてみよう。

ある企業が財 X_1 を生産する経済を考える。この企業は1単位当たりの価格 P_1 で財 X_1 を生産および販売し，利潤を手にしている。企業の総費用関数 TC は，生産量 X_1 にかかわらず発生する一定額の固定費用 FC と，生産量の変化に応じて費用額が変化する可変費用 VC（ただし $VC(X_1)$ と表す）から構成される。よって総費用関数は $TC = FC + VC(X_1)$ で表される。一方，企業が手にする財 X_1 の販売から得られる収入額は $P_1 X_1$ で表される。財 X_1 の販売から得られる収入から財 X_1 を生産するための費用を差し引くと，企業が手にする利潤 π を得る。利潤 π は次の式(2.13)で表される。

$$\pi = P_1 X_1 - [FC + VC(X_1)] \tag{2.13}$$

企業の利潤最大化条件は，式(2.13)を X_1 について微分することから得られる

$$P_1 = \frac{dVC(X_1)}{dX_1} \tag{2.14}$$

である。式(2.14)を満たす財 X_1 の量が，利潤が最大となる財 X_1 の量である。左辺は財 X_1 の価格，右辺は財 X_1 の生産量を1単位増やしたとき，可変費用がどれだけ増加するかを表した**限界費用**である。この価格＝限界費用が企業の利潤最大化条件である。もちろん上の式の価格 P_1 は，企業が生産量を1単位増産するときの収入すなわち限界収入である。これより利潤最大化条件は**限界収入＝限界費用**と表すこともできる。

さて，企業の総費用曲線を図示してみよう。生産量にかかわらず企業には固定費用 FC が発生し，財 X_1 の生産量の増加にともない可変費用 $VC(X_1)$ も発生する。特に可変投入物（例えば生産に必要な原材料や職員）の投入量のみ変化させられるという意味での短期の生産において，企業は固定投入物（例えば生産に必要な土地や建物）の投入量を変えられない。ここで企業の生産については，可変投入物の投入量が少ない(多い)ときには収穫逓増(収穫逓減)となる短期の生産関数(S字型の生産関数)で表されるとしよう。企業の費用については，企業が可変投入物と固定投入物を利用して生産をすることから，可変投入物の投入量を増やすことにより費用が増加する。ただしその関係が

2.1 市場機能

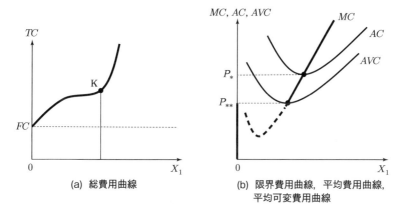

(a) 総費用曲線　　(b) 限界費用曲線，平均費用曲線，
　　　　　　　　　　　平均可変費用曲線

図 2.4　総費用曲線と限界費用曲線など

線形の式で表されるものとしよう．その場合，図 2.4(a)が示すような逆 S 字型の総費用曲線を描くことができる[10]．図 2.4(a)で示されている逆 S 字型の総費用曲線においては，生産量が増えるにつれ総費用は増加する．ただし図 2.4(a)の K 点に対応する生産量より少ない(多い)生産量において，企業が生産量を増やすにつれ，生産量 1 単位当たりの総費用である**平均費用**(AC)は徐々に減少(増加)する．

生産量 1 単位当たりの総費用が平均費用(AC)，生産量 1 単位当たりの可変費用が**平均可変費用**(AVC)，そして上で述べた限界費用(MC)を踏まえると，図 2.4(a)の総費用曲線から，図 2.4(b)のように限界費用曲線，平均費用曲線，平均可変費用曲線を図示できる．限界費用曲線と平均費用曲線の交点は**損益分岐点**と呼ばれている．このとき財 X_1 の価格が P_* であり，ちょうど企業の収入と総費用が等しく，利潤がゼロとなる．しかし企業がそこで生産を中止すると，固定費用が負の利潤として発生する．そこで企業は価格 P_* よりも低い価格での生産で生じる損失が，固定費用より小さい限りにお

---

[10] 第 1 象限の縦軸に生産量，横軸に可変投入物の量をとり S 字型の生産関数を，第 4 象限の縦軸に費用，横軸に可変投入物の量をとり線形で表された企業の費用を表す式を，第 3 象限の縦軸と横軸に費用をとり 45 度線を描くことにより，第 2 象限に逆 S 字型の総費用曲線を描くことができる．この点については基本的なミクロ経済学のテキスト(読書案内にある西村(1995))を参照されたい．

いて生産を続ける。

一方で，限界費用曲線と平均可変費用曲線が交わる点は，操業停止点と呼ばれる。このとき財 X_1 の価格 P_{**} がであり，財の価格が P_{**} を下回るならば，企業は収入で可変費用すら回収できなくなる。そこで企業は操業停止点に対応する価格よりも高い(低い)価格では生産をおこなう(生産を止める)。このことを踏まえると企業の供給曲線は，操業停止点に対応する価格 P_{**} よりも高い価格の範囲では，図(b)の限界費用曲線(太線部分)であり，操業停止点に対応する価格 P_{**} よりも低い価格の範囲では，図(b)の縦軸部分(太線部分)となる。

2.1.4 消費者余剰・生産者余剰・総余剰

2.1.2 での家計の効用最大化条件では，数値例として準線形効用関数を用いた。この準線形効用関数を利用したことの大きな理由は，以下で説明する**消費者余剰**の説明に大きな威力を発揮するためである。その準線形効用関数と家計の予算制約式は，2.1.2 と同様

$$u = u(X_1) + X_2$$
$$P_1 X_1 + X_2 = I$$

で表される。家計の効用最大化問題を解くことにより，財 X_1 に関する限界効用は財 X_1 の価格に等しく，それは式(2.15)のように表され，図2.5のとおり需要曲線として図示できる。

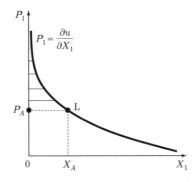

図2.5　消費者余剰(横線を引いた領域)

2.1 市場機能

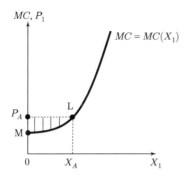

図 2.6 生産者余剰(縦線を引いた領域)

$$P_1 = \frac{\partial u}{\partial X_1} \qquad (2.15)$$

すでに説明したとおり，準線形効用関数から導かれる需要曲線の高さは，限界効用に等しい．また式(2.15)から限界効用は財の価格で表される．

この家計が財 X_1 を X_A まで消費した場合，この家計が得る金額表示の効用(総便益)は，図 2.5 の横線を引いた領域と領域 $0X_ALP_A$ の合計である．しかしこの家計は領域 $0X_ALP_A$ だけ，財の購入額として支払う必要がある．以上から，この家計が財 X_1 を X_A まで購入した場合の実質的な金額表示の効用(純便益)は，「金額表示の効用(総便益) − 財の購入額」から明らかとなる．それは図 2.5 の横線部分の領域となる．この領域を家計が財 X_1 を X_A まで購入した場合の純便益である**消費者余剰**と呼ぶ．

一方，2.1.3 の企業の利潤最大化条件では限界費用曲線(企業の供給曲線)を図示した．図 2.4(b)のうち企業が生産をおこなう生産量は，操業停止点に対応する生産量よりも多い生産量の領域となる．企業が生産をおこなう水準での供給曲線のみに注目し，一般的な費用関数を想定するならば，限界費用曲線(供給曲線)は図 2.6 のように描かれる．

図 2.6 において企業が財 X_1 を X_A だけ生産する場合，企業は $0X_ALP_A$ だけの収入を得る．限界費用は，生産量を 1 単位追加的に増産する場合の可変費用の増分のため，限界費用の下の領域 $0X_ALM$ は，財を X_A だけ生産する際の可変費用に他ならない．以上から企業が財 X_1 を X_A だけ生産する場合

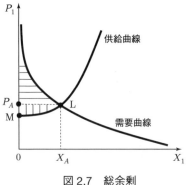

図 2.7　総余剰

の(固定費用を差し引く前の)利潤，つまり「収入−可変費用」が MLP_A となる。この領域を企業が財 X_1 を X_A だけ生産する場合の**生産者余剰**と呼ぶ。

　もし企業が財 X_1 を生産・販売し，その財 X_1 を(準線形効用関数をもつ)消費者が購入するならば，上で説明した消費者余剰と生産者余剰を，図2.7 のとおりまとめられる。消費者余剰，生産者余剰で示されている部分を足し合わせた領域を総余剰と呼ぶ。図2.7 が示すように，財 X_1 の需要曲線と供給曲線が交わる L 点で，総余剰が最大となることもわかる。

2.1.5　市場均衡と総余剰

　図 2.7 の点 L は需要と供給が一致する市場均衡であり，均衡価格が P_A，均衡取引量が X_A，そして総余剰が最大となっている。ここで需要曲線の高さが限界効用，供給曲線の高さが限界費用を反映していたことを思い出そう。すると市場均衡の状態にある図 2.7 の L 点では均衡価格 P_A の下で「限界効用＝限界費用」が成立する。このとき需要量と供給量が一致し，財の過不足もない。その意味において市場均衡では，資源配分が効率的な状態にあるといえる。

　総余剰を利用することの利便性は何か。それは総余剰の大きさをもって，市場を通じて決定される財の配分の効率性を評価できる点にある。総余剰の大きさは資源配分の効率性を表している。図 2.7 から家計の効用最大化行動，企業の利潤最大化行動を通じて達成される価格 P_A では，つまり「限界効用

= 限界費用」が成立する市場均衡では総余剰が最大化される。図2.7では，政府が財 X_1 の市場にまったく介入せず，家計や企業が効用や利潤の最大化をおこなっている。そして需要と供給の一致する均衡価格の下で総余剰の最大化が達成され，効率的な財の配分が達成される。これが市場機構のもつ自律的な資源配分機能なのである。

しかし，完全競争市場を支える前提(①私的所有制，②価格のパラメータ機能，③財・サービスの完全移動性)が崩れる場合，市場のもつ自律的な資源配分機能が十分に働かないといった状況に直面する。例えば，市場において価格のパラメータ機能が失われ，生産者が価格支配力をもつような独占が生じている場合，総余剰は図2.7で達成される総余剰と比べて小さくなる。そのような総余剰の減少分を**死荷重**と呼ぶ[11]。それでは，どのような場合に市場機構のもつ自立的な資源配分機能が損なわれ，総余剰が減少するのだろうか。次の2.2節では，その点について掘り下げてゆくことにする。

2.2　市場の失敗

2.2.1　政府による市場介入の背景

2.1節では，完全競争市場，消費者余剰，生産者余剰，総余剰そして市場均衡といった市場の機能を中心に説明をおこなった。そこでの重要なメッセージは，家計や企業が効用や利潤の最大化をおこなうことにより，需要と供給の一致する価格および総余剰の最大化が達成され，効率的な財の配分が達成される。つまり市場機構のもつ自律的な資源配分機能が十分に働くのである。しかし現実には市場機構のもつ自律的な資源配分機能が十分に働かず，政府による市場への介入が生じうる。すでに1章では，財政の3大機能(資源配分機能・所得再分配機能・経済安定化機能)を通じ，政府による市場介入の必要性を論じている。

一方，2.1.1では厚生経済学の第1基本定理を説明した。それによれば，パレート最適な財・サービスの配分は，その財・サービス市場が完全競争市

---

[11] あるいは死重の損失，厚生損失，超過負担といった専門用語が使われる場合もある。

場である場合に実現される。しかし 2.1.5 で述べたとおり，私的所有制，価格のパラメータ機能，財・サービスの完全移動性といった完全競争市場を支える前提が崩れる場合，市場のもつ自律的な資源配分機能が十分に働かないといった状況に陥る。これを**市場の失敗**と呼ぶ。以下では，その例を概観しよう。

まず，財・サービスの市場が，常に多数の家計と企業から構成されるとは限らない。もし，ある財市場が多数の買い手，財の価格支配力をもつ売り手 1 社から構成される（売り手独占）ならば，そのような市場では独占が生じ，市場は完全競争市場ではなく**不完全競争市場**となってしまう。後に説明するように，この場合，売り手が財の価格支配力をもつことから，利潤を最大にする財価格は完全競争市場での均衡価格よりも高くなる。そしてその取引量は少なくなることが知られている。これは完全競争市場を支える前提の 1 つである，価格のパラメータ機能が成立していないケースである。そこで政府には独占的な経済活動，独占価格を是正し，財の効率的な配分が達成されるように，市場へ介入する余地が生まれる。

次に，ある個人や企業の行動が市場を通じることなく，他の個人の効用や企業の生産に直接的な影響を与える場合がある。このような状態を外部性と呼び，具体的には，ある個人や企業の行動が他の個人の効用を減らす（増やす），あるいは他の企業の生産費用を増やす（減らす）ことを**外部不経済（外部経済）**と呼ぶ。例えば，ある企業 1 が生産要素 a と生産要素 b を投入して，財 X_1 を生産しているものとする。あるとき企業 1 の近くに別の企業 2 ができ，その企業 2 からの廃液によって，企業 1 の財 X_1 の生産量が減少したとする。このような廃液による汚染は，市場を経由せず直接企業 1 にもたらされる外部不経済として位置づけられる。しかし外部不経済をもたらす企業 2 は，外部不経済によって企業 1 が被る被害額，外部不経済を除去するため企業 1 が負担する費用といった**外部費用**を市場において考慮していない。そのため外部不経済をもたらす企業 2 の生産は過大になりやすい。この場合，企業 2 による廃液をともなう生産活動が市場を経由せず，直接企業 1 の財 X_1 の生産量に影響を与えている。このような状況は，すべての財・サービスについて市場が存在し，その財・サービスが市場を通じて取引されるといった市場の

2.2 市場の失敗

普遍性が崩れていることを意味している。つまり市場の普遍性が崩れているため，市場における価格のパラメータ機能が成立しえないケースとなる。そこで例えば政府が課税を通じて企業2の生産を減少させ，外部不経済の是正に乗り出す余地が生まれる。

さらに完全競争市場では，プライス・テーカーである多数の家計や企業が，その財・サービス価格を取引する。当然，多数の家計や企業は，その財・サービス価格を支払い，財・サービスを消費する。そこで取引される財は，財・サービス価格を支払った経済主体のみ消費できる(**排除性**)。そしてある家計や企業が，ある財・サービスを消費した場合，その家計や企業によって消費された財・サービスは，他の家計や企業によって消費されえない(**競合性**)。一方，その対価を支払っていない家計や企業でも，そのサービスの消費から排除されない(**非排除性**)財・サービスもある。また，ある家計や企業が，その財・サービスを消費しても，他の個人や企業が消費する財・サービスの量は減少しない(**非競合性**)といった特徴をもつ財・サービスもある。3章で説明するように，非排除性と非競合性をもつ財・サービスを**純粋公共財**と呼ぶ。例えば警察，防衛，外交，灯台といった財・サービスは，その一例である。公共財は上で述べた特徴ゆえに，市場では効率的に供給することができない[12]。これも市場の普遍性が崩れているケースである。そこで政府が公共財の供給方法，最適な供給水準を決める必要が生じる。

その他，厚生経済学の第1基本定理での完全競争市場における家計，企業は，財・サービス価格や性質など財・サービスに関する情報を完全にもち合わせている(**完全情報**)。そして財・サービスには，それぞれ市場が存在し，財・サービスはその市場を通じて取引されること(**完備市場・市場の普遍性**)を想起しよう。しかし，ある財を生産・供給している企業が，その財の情報を偽り，市場を通じて偽りの情報を全く知らない家計に売却したとする。その結果，家計が何らかの経済的な損失を被り，その財の消費から得られる効用が低下したものとする。この場合，完全競争市場が機能するために必要な完全情報が満たされず，企業と家計がもち合わせている財の情報に偏り(**情報の**

---

[12] このことに関する説明は3章を参照されたい。

非対称性・不完全情報)が生じている。そのため厚生経済学の第1基本定理が教えるところの,パレート最適な財の配分が達成されないものと考えられる。そこですでに述べた外部不経済と同様,この場合においても,政府による介入の余地が生まれる。例えば取引される財・サービスについて,政府が安全性,衛生上の基準などを満たしているか否かを把握するための規制,そして公的検査を介し,情報の非対称性といった市場の失敗を是正するといった介入である。

最後に,完全競争市場を支える前提が整っていても,政府による市場介入を要する場合もある。それは完全競争市場でパレート最適な財の配分が達成されたとしても,それがその社会における価値判断と相容れない配分である可能性を排除できないからである。ここに政府による分配政策(税を通じた所得再分配政策,所得の不平等の直接的な原因を除去するなど)の余地が生じる。

以下の2.2.2以降では,上述の市場の失敗のうち不完全競争,外部性に焦点をあて,財・サービスといった資源の効率的な配分が,どのように阻害されるのかについて説明をおこなう[13]。あわせて財・サービスの効率的な配分の阻害を,政府がどのように是正してゆくかについても説明をする。

2.2.2 不完全競争

ある産業内で同じ財・サービスを生産する企業数が極めて少なく,各企業がプライス・テーカーではない場合,市場による自律的な資源配分機能を期待できない。独占[14],寡占[15],複占[16],独占的競争[17]といったように,価格支配力をもつ少数の企業によって財・サービスが生産される不完全競争が生じ

---

[13] 本文では,直接の説明をしていないものの,市場の失敗として位置づけられる事柄として高い失業率をあげられる。仮に労働市場において超過供給が生じていて,その市場における自律的な資源配分機能が十分に働かない場合(賃金の下方硬直性),失業率は高いままである。そこで政府は財政政策,金融政策といった手段を介して総需要を高め,総需要と総供給のギャップを埋めるといった完全雇用政策を通じて,失業を解消することができる。

[14] ある市場で1つの企業だけが財を供給しているような状態。

[15] ある市場で,少数の企業がお互いに価格支配力をもちながら財を供給し,各企業の利潤は自らの企業行動だけではなく,他の企業からも影響を受けるような状態。

[16] 寡占のうち,企業数が2つに限定されている状態。

2.2 市場の失敗　　　　　　　　　　　　　　　　　　　　　　　　　　51

ているからである。その他，電力，ガス，鉄道，鉄鋼業などに代表される産業では，大規模な設備が必要で，固定費用も非常に大きいため，生産量を増やせば増やすほど平均費用が減少してゆく傾向（規模の経済）にあるものと考えられる。そのため既存企業でも，規模の大きな企業は大規模生産が可能な一方，規模の小さな企業は生産規模を大きくすることが難しくなる。そもそも固定費用が非常に大きいため，その産業への新規参入も難しい。その結果，様々な企業が淘汰され，その産業には１つの企業しか残らないといった不完全競争として，自然独占も生じうる。以下では不完全競争の１つである独占の場合に焦点をあて，図，数式，総余剰を用い，独占の影響や独占への対応をみてゆく。

(1) 独占の影響

　ある独占市場における財の価格が P，財の数量が X で表されるものとする。その独占市場での逆需要関数は，次の式(2.16)として表されているものとする。

$$P = 80 - 2X \qquad (2.16)$$

独占企業の費用関数 TC は次の式(2.17)として表されているものとする。

$$TC = X^2 + 20X + 10 \qquad (2.17)$$

式(2.17)から限界費用 MC は

$$MC = 2X + 20 \qquad (2.18)$$

である。式(2.16)から独占企業の販売収入 TR，そして限界収入 MR は

$$TR = 80X - 2X^2$$

$$MR = 80 - 4X \qquad (2.19)$$

として得られる。完全競争市場での利潤最大化条件は，式(2.14)でも示しているように**価格＝限界費用**であり，価格は限界収入に等しい。一方，不完全競争が生じている場合の利潤最大化条件は**限界収入＝限界費用**であるが，**価格＞限界収入＝限界費用**であることに注意しよう。

　式(2.18)と(2.19)から，この独占市場で利潤最大となる生産量は10，独

---

[17] ある市場での企業数が無数であり，各企業の独占利潤がゼロであっても，各企業に価格支配力があるような状態。

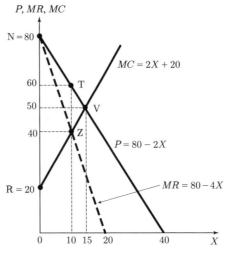

図 2.8　独占市場での総余剰

占価格は 60 であることがわかる。一方，価格と限界費用が等しくなる完全競争市場での生産量は 15，その生産量 15 に対応する価格は 50 であることがわかる。

　図 2.8 の右下がりの破線は限界収入を示している。この独占市場における財の量は Z 点で決定する。そのときの独占価格 60 は完全競争市場での均衡価格 50 よりも高い価格であり，独占時の財の生産量 10 は完全競争市場での財の生産量 15 よりも少ない。このように独占が生じることによって，財の買い手は高い独占価格，過少な財の量といった状況に直面する。

　この独占市場における総余剰は，図 2.8 の NTZR，独占が生じていない場合の総余剰は NVR である。両者を比較すると，総余剰は独占によって TVZ だけ減少している。この総余剰の減少分が独占による死荷重であり，この死荷重だけ市場の効率性が阻害されている。さらに，この独占市場では企業間競争が起こりえず，生産コストが高くなりやすく，経営も非効率なものに陥りやすいといった X 非効率性が生じる可能性が高い[18]。

---

[18] アメリカの経済学者ライベンシュタイン (Leibenstein, H) によって提唱された概念である。例えば民間企業組織内における効率的ではない意思決定や経営管理，従業員の労働意欲低下などによって発生する非効率性を総称したもの。

(2) 独占への対応

それでは独占を含む不完全競争によって歪められる資源配分、そして死荷重を政府はどのように是正できるか。上の独占企業を踏まえるならば、独占企業を国有企業とし、政府が財・サービス価格を決定するといった手法(国有化)を考えられる[19]。その国有化によって政府が財・サービス価格を独占価格より低く設定できる。ただし以下のような問題も残る。

国有企業が利潤を出した場合、その利潤は国庫へと入る一方、もし赤字を出した場合、国庫からの赤字補填を要する。仮に赤字を出した国有企業に政府は赤字補填をしないという厳しいルールがあるとしよう。その場合、当初の国有企業の判断は赤字を出さない経営であり、この判断が望ましい判断になる。しかし事後的に政府が上のルールを破り、赤字補填を決断する。あるいは国有企業が赤字を出した場合、政府が赤字補填をすることを国有企業が前もって把握しているならば、国有企業にとって赤字を出さない経営をおこなうインセンティブが低くなる。そして赤字を出して政府からの赤字補填を受けるといった判断が生じうる[20]。

次に政府が料金政策を実行することも可能である。不完全競争の下で限界費用に等しい価格で財・サービスの供給をおこなうならば、限界費用は平均費用を下回り、企業は収入をもって費用を回収できず赤字に直面する。そこで政府が**限界費用価格形成原理**(限界費用に等しい価格で財を供給する)を採用し、政府が税金をもって赤字の補填をするといった料金規制政策をおこなうことができる。

ただし、限界費用価格形成原理による弊害も存在する。限界費用価格形成原理でも赤字が発生する。国有化の場合と同様、企業が事前に政府による赤字補填がなされることを把握していれば、生産にともなう費用をできるだけ小さくするような、効率的な経営を目指すインセンティブが低くなる。なお

---

[19] JR 各社の前身である日本国有鉄道、NTT の前身である日本電信電話公社といった形態など。

[20] この場合、国有企業の事前の選択は赤字を出さない経営という選択である。そして事後の選択は、赤字を出して赤字補填を受けるといった選択となる。このように事前と事後とで国有企業の選択が異なるケースは、コルナイ(Kornai, J)により提唱されたソフトな予算制約の問題として位置づけられる。

赤字補填額を減少させるための工夫もある。例えば時差料金制度である。需要の低い時間帯には，低い料金(低い限界費用額)を設定する。当然，その時間帯の料金収入では費用を回収できない。しかし需要の高い時間帯に高い料金(高い限界費用額)を設定することで，需要の低い時間帯で生じた損失を削減し，政府からの赤字補填額も抑えることができる[21]。次に赤字補填財源である。定額税以外の税金をもって赤字を補填するならば，そのような税金は資源配分に影響を与え，税による死荷重が生じる。できるだけ死荷重が最小となる税金を利用し，その税金で赤字補填をおこなうといった作業が必要とされる。

限界費用価格形成原理以外の手法も存在する。政府が**平均費用価格形成原理**(総括原価主義)を採用することである[22]。この場合，企業は収入をもって費用をまかなうことができる。そのため限界費用価格形成原理とは異なり，政府が税金を利用して赤字補填をおこなう必要性はない。ただし，限界費用価格形成原理のときと比較して，財・サービスの供給量が少なくなり，財の価格も上昇する。さらに独占企業の企業分割といった政策もある。独占企業を複数の会社に分割することにより企業間競争が働き，X非効率性の問題も小さくなるものと考えられる。しかし規模の経済が機能する独占企業を複数社に分割した場合，もとの独占企業と比べ，分割後の企業規模は小さくなる。このように独占企業の企業分割では，規模の経済を犠牲にする場合があることも考慮する必要がある。

2.2.3 外部性

2.1節でも説明したように，家計や企業が選択する財・サービス，生産要素の量は，効用最大化行動や利潤最大化行動によって決定される。個人や企業の行動が市場を経由せず，直接的に他の個人の効用や企業の生産に直接の影響を与えることを外部性という。外部性のうち，ある個人や企業の行動が

---

[21] 基本料金と従量料金から構成される二部料金制も，時差料金制と同様，政府からの赤字補填を削減できる手法である。この場合，企業の固定費用は基本料金で賄われ，限界費用と従量料金が等しい。

[22] 財の生産に必要な費用のすべて，いわば総括的な原価を把握した上で，その総括的な原価の平均(平均費用)に等しい価格で財を供給すること。

2.2 市場の失敗

他の個人の効用を減らす(増やす)，あるいは他の企業の生産費用を増やす(減らす)外部性を外部不経済(外部経済)と呼ぶ[23]。このような外部性が生じる場合，なぜ政府による介入が必要とされるのだろうか。以下では外部不経済(公害のケース)を説明する。

(1) 外部不経済の影響

ある財を生産している企業 A は，その財の生産過程において他の企業や個人に公害をもたらしている。その市場での財の価格を P，財の数量を X とすると，市場での逆需要関数が次の式(2.20)として表されているものとする。

$$P = 10 - 2X \qquad (2.20)$$

外部不経済を与えている企業の費用関数 TC は，

$$TC = \frac{1}{2}X^2 + X + 1 \qquad (2.21)$$

として表されているものとする。式(2.21)から限界費用 MC は

$$MC = X + 1 \qquad (2.22)$$

である。式(2.22)及び図2.9で示される限界費用及び限界費用曲線は，企業 A による公害の直接被害，公害対策費用をまったく考慮していない私的限界費用及び私的限界費用曲線である。企業 A が自由放任の状態で財の生産をする場合の均衡生産量は，「価格＝限界費用」を満たす生産量であり，式(2.20)と(2.22)から $X=3$，そのときの均衡価格は4である。

---

[23] 一方，外部経済の1つとして教育サービスがとりあげられ，その外部経済を理由に，政府が教育サービスを供給するといった説明がある。確かに教育サービスには，そのサービスを受けた個人が私的便益を得るだけではなく，他の個人や社会全体に広くそのサービスの社会的便益が及ぶ反面，その供給量が社会的に過少となるため，教育サービスを公的に供給する余地が生まれる。その他，教育サービス費用を負担する親世代の所得分配の高低も考慮する必要がある。もし親世代が高所得者(低所得者)ならば，親世代は子世代への教育サービス支出を容易に高められる(高めることが難しい)からである。親世代の所得分配の違いで子世代の教育機会が阻害されないよう，政府がどのような個人に対しても，同じ量の教育サービスを提供する余地が生まれる(特に義務教育など)。さらに親世代の所得分配の高低は，低所得者層を中心に，金融市場から子世代の教育費用の借入が困難(借入制約)といった状態に陥る。そこで政府が教育費用の無償化，奨学金といった介入をする余地が生まれる。

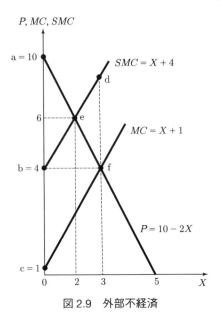

図 2.9 外部不経済

　外部不経済をうける経済主体は，企業 A の生産からもたらされる公害による被害，苦痛を受ける。市場での財の生産量が X であることを踏まえ，企業 A 以外の企業や個人がうける公害による直接被害額，公害対策のための費用などを反映した**外部費用**は，金銭表示として $3X$ で表されるものとする。企業 A が財を 1 単位増産する際，企業 A 以外の企業・個人が負担する外部費用の増加分である**限界外部費用**は 3 となる[24]。この市場における限界費用と限界外部費用を足し合わせた社会的限界費用 SMC は，

$$SMC = MC + 3 = X + 4 \tag{2.23}$$

である。このとき均衡生産量は，「価格＝社会的限界費用」を満たす生産量であり，式(2.20)と(2.23)から $X=2$，そのときの均衡価格は 6 である。
　図 2.9 より，財が私的限界費用曲線に基づき生産される場合，財の生産量は 3，財が社会的限界費用曲線に基づき生産される場合，財の生産量は 2 となる。このように外部不経済が発生している場合，私的限界費用曲線に基づ

---

[24] 外部費用を財の生産量 X について微分すれば，限界外部費用を得る。

2.2 市場の失敗

く財の生産量は，社会的限界費用曲線に基づく財の生産量よりも多くなる。

外部不経済が生じていて，私的限界費用曲線に基づいて財が生産されることは，総余剰の観点から見て望ましくない。財の生産量が3の場合，総余剰は消費者余剰 abf と生産者余剰 bcf を足し合わせた acf から，外部費用 bcdf を差し引いた領域 abe－def で表される。一方，社会的限界費用曲線に基づいて財が2だけ生産される場合の総余剰は abe である。私的限界費用曲線に基づいて財を3だけ生産するときの総余剰は，社会的限界費用曲線に基づいて財を2だけ生産する場合の総余剰よりもさらに def だけ小さくなる。この def が外部不経済による死荷重である。

このように外部不経済が生じる場合，その生産量は社会的に最適な生産量よりも多くなり，総余剰も社会的に最適な生産量での総余剰より小さくなってしまう。そもそも企業 A には，自発的に財の生産量を3から2まで減らすインセンティブがない。外部不経済が生じている場合，財・サービスが社会的に最適な生産量として達成されないといった問題が生じるのである。

(2) 外部不経済への対応－コースの定理

それでは，いかにしたら外部不経済をもたらす経済主体が，社会的限界費用曲線に基づく生産量を生産するのだろうか。大別して2つの方法が考えられる。1つは自発的な交渉に基づく方法である。もう1つは政府が税を通じて市場に介入し，社会的限界費用曲線に基づいた生産量へと誘導する方法である。

自発的な交渉によるケースとして知られている方法は，コースによって提唱されたコースの定理である[25]。一般にコースの定理とは，外部性を取引する市場が人為的に作られ，その場で外部性をもたらす側，外部性をうける側の両者が交渉をおこなうならば，外部性に関する負担原則をどのように設定しようと，社会的に最適な生産量が達成されるというものである。このコースの定理の意味するところを，図と簡単な式で説明しよう。

今，ある財を生産している工場があり，その工場が汚水を流すことによっ

---

[25] Coase, R. H. (1960)

て，周辺住民に被害を与えているものとする．工場が生産する財の価格を100，その財の生産量を X とする．財の生産にともなう費用 TC が，

$$TC = \frac{1}{2}X^2 + 1 \tag{2.24}$$

で表されるものとする．そして金銭表示された周辺住民の被害額は，

$$\frac{1}{2}X^2 + 1 \tag{2.25}$$

で表されるものとする．この工場の利潤 π は，

$$\pi = 100X - \left(\frac{1}{2}X^2 + 1\right) \tag{2.26}$$

のように表される．式(2.26)から，この工場が財を1単位追加的に生産することによる利潤の増加分(**限界利潤** MP)は，

$$MP = 100 - X \tag{2.27}$$

である．この工場の限界費用 MC は式(2.24)から

$$MC = X \tag{2.28}$$

である．一方，この工場が財を1単位追加的に生産することで周辺住民が負う被害額の増加分(**限界外部被害** MED)は，金銭表示された周辺住民の被害額である式(2.25)を生産量 X について微分することにより，次のようになる．

$$MED = X \tag{2.29}$$

図2.10および上の説明から，この工場が利潤を最大化する生産量は「価格＝限界費用」から100となる．社会的に最適な生産量は式(2.27)と(2.29)から，限界利潤(MP)と限界外部被害(MED)が等しい生産量で50となる．

コースの定理では外部不経済をもたらす側，うける側のどちらが補償をおこなっても，社会的に最適な生産量50となることが知られている．このことを図2.10から確認してみよう．

まず周辺住民が工場に対して生産量削減を求める交渉権がある場合(図2.10の右半分)を考える．工場が1単位生産量を削減することによって失う限界利潤を，周辺住民が補償するといった交渉をおこなうことになる．この場合，図2.10から限界外部被害が限界利潤を上回っている．このような状態で工場が生産を1単位減らすならば，その分だけ周辺住民は工場からの被害を受

2.2 市場の失敗

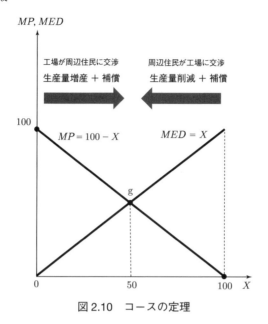

図 2.10 コースの定理

けずにすむ一方，企業は利潤を失う。そこで工場が生産を 1 単位減らすごとに，その都度，周辺住民は，自身が被ることのなくなった限界外部被害額をもって，工場が失う限界利潤を補償してゆく。このような交渉と補償は「限界利潤＝限界外部被害」となる g 点まで繰り返される。

一方，工場が周辺住民に対して生産量増加を求める交渉権がある場合 (図 2.10 の左半分) を考える。工場が 1 単位生産量を増加することによって生じる限界利潤を，周辺住民に補償するといった交渉をおこなうことになる。この場合，図 2.10 から限界利潤が限界外部被害を上回っている。このような状態で工場が生産を 1 単位増やすならば，その分だけ周辺住民は工場からの被害を受けると同時に，企業も利潤を高める。そこで工場が生産を 1 単位増やすごとに，その都度，工場は限界利潤をもって，周辺住民が直面する限界外部被害額を補償してゆく。このような交渉と補償は「限界利潤＝限界外部被害」となる g 点まで繰り返される。

上のコースの定理が機能するならば，政府が外部不経済の問題を解決するべく介入する余地はない。しかしコースの定理は様々な前提を必要とする。

まず外部不経済をもたらす側，うける側において交渉費用が生じない（無視できるほど小さい）。そして両者がもち合わせている外部不経済，資源の所有権等に関する情報について偏りがない。さらに外部不経済をもたらす側，うける側の負担原則が交渉で自発的に合意され，その負担原則が守られる。交渉で合意された財・サービスの生産量が自発的に守られるといった前提も必要である。

しかし自発的交渉は外部不経済をうける側が多数であればあるほど，外部不経済をもたらす側とうける側それぞれの交渉に要する時間，費用は増大するものと考えられる。また外部不経済をうける側が，外部不経済をもたらす側の情報を十分にもち合わせるためには，やはり多くの時間と費用をかけて調査をする必要がある。そして外部不経済をもたらす側，うける側による交渉結果が自発的に守られているかどうかについても，監視（モニタリング）が必要である。さらに交渉結果を守らなかった場合の罰則も必要とされる。このようにコースの定理が機能するためには，各経済主体が相当なコスト負担を強いられる恐れがある。

(3) 外部不経済への対応 ──ピグー税とピグー補助金

外部不経済をもたらす経済主体が，自発的に財・サービスの生産量を減らすことが難しく，またコースの定理に代表されるように，外部不経済をもたらす側とうける側の交渉による生産量調整が難しいならば，政府が税，補助金を用い，社会的に最適な生産量へと誘導することができる。具体的には，政府が外部不経済をもたらす側に税を課し，社会的に最適な生産量に誘導するといった**ピグー課税**，あるいは外部不経済をもたらす企業が生産を減らすごとに政府が補助金を与え，やはり社会的に最適な生産量に誘導するといった**ピグー補助金**といった方法による市場介入が考えられる[26]。

以下では，先の数値例(2.20), (2.21), 図2.9及び図2.11を念頭に置き，まずピグー税に焦点をあてた説明をおこなうことにしよう。

図2.9及び図2.11から，企業Aが自由放任で生産をおこなう場合の生産

---

[26] Pigou, A.C.(2013)。もともとは1920年に出版されているが，2013年にPalgrave Classics in Economicsとして収められている。

2.2 市場の失敗

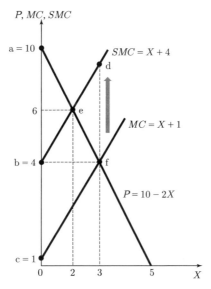

図 2.11 ピグー課税とピグー補助金

量が 3,社会的に最適な生産量が 2 であることがわかる。しかし企業 A が自発的に財の生産量を 3 から 2 まで減らす保証はない。そこで政府が生産量 1 単位当たり,限界外部費用 3 に等しいピグー税を企業 A に課すものとする。すると企業 A が財を生産するための費用は,税額分だけ増えるため

$$TC = \frac{1}{2}X^2 + X + 1 + 3X \tag{2.30}$$

となる。そして外部不経済を考慮した限界費用である社会的限界費用 SMC は,式 (2.30) から

$$SMC = X + 4 \tag{2.31}$$

である。図 2.11 でも示しているように,社会的限界費用曲線 SMC は,限界費用曲線 $MC = X + 1$ がピグー税分である 3 だけ上方にシフトしたものである。その結果,課税後の均衡は e 点となる。政府が限界外部費用に等しい税率のピグー税を企業 A に課すことで,社会的に最適な財の生産量 2 が達成される。そのときの総余剰は abe となる。その大きさは限界費用曲線に基づいて生産する場合の総余剰 abe − def よりも大きい。このように総余剰

の観点から，政府がピグー課税をもって市場介入した方が望ましい。これがピグー税を課すことの長所で，**第 1 の配当**と呼ばれている。財の生産にともなう外部不経済の費用である外部費用を，ピグー税という形で企業に課すことで企業が生産量を削減し，総余剰の最大化を達成するという点が，ピグー税の特徴である。

それではピグー税収は，どのように使われるのだろうか。今までの説明では，ピグー税収の使途を特に指定しなかった。そこでその社会で課されている個別の品目に対する税として物品税を考え，その減税財源としてピグー税収の利用を考える。政府が，ある財の生産者に 1 単位当たり定額の物品税を課し，その財の需要曲線が右下がり，供給曲線が右上がりであるものとする。このような場合，物品税率がゼロである場合の総余剰と比較して，物品税を課した後の総余剰は死荷重分だけ確実に小さくなる。そこで政府が物品税の減税のために，ピグー税収を使うものとする。もし

ピグー税収額 ≥ 物品課税による死荷重額

であるならば，政府は物品税率をゼロまで引き下げられると同時に，物品税による死荷重額をゼロに誘導できる。これがピグー税のもう一つの長所で，**第 2 の配当**と呼ばれている。

一方，公害を発生させている企業 A に対して，財の生産をある生産量水準 X_0 から 1 単位減らすたびに，1 単位当たり限界外部費用 3 に等しいピグー補助金を与える場合を考える。企業 A が自発的に生産量を減らすことは難しいものの，生産量の減少分に応じて補助金を手にできるならば，それは企業 A にとって生産量を減らすインセンティブとなる。

今までの数値例を踏まえるならば，財 1 単位の減産につき，ピグー補助金が 3 だけ得られるので，企業 A が財を生産するための費用 TC は，ピグー補助金分だけ減少することになる。つまり費用 TC は次の式(2.32)のとおり表される。

$$TC = \frac{1}{2}X^2 + X + 1 - 3(X_0 - X) \qquad (2.32)$$

式(2.32)から社会的限界費用 SMC は

$$SMC = X + 4$$

2.2 市場の失敗

である。よってピグー補助金がある場合でも，社会的に最適な生産量2を達成できる。そのときの総余剰もabeであり，それは限界費用曲線に基づいて生産する場合の総余剰abe－defよりも大きい。総余剰の観点から，政府がピグー補助金をもって市場介入した方が望ましい。

今までの説明を通じて資源配分，総余剰の観点から，ピグー課税であれ，ピグー補助金であれ，社会的に最適な財・サービスの生産量を達成できることがわかった。このように政府が税・補助金という強制的な手法を用い，市場介入することによって資源配分の非効率性が解消され，市場の失敗が是正される。

しかしピグー課税，ピグー補助金の難しさも残されている。まず政府が限界外部費用をあらかじめ正しく把握した上でピグー税率，ピグー補助金率を定める必要がある。次にピグー課税，ピグー補助金のどちらでも資源配分の非効率性を解消できる点においては，どちらの手法でも無差別である。ただし所得分配に注目するならば，ピグー課税，ピグー補助金の両者は必ずしも無差別とは言い切れない。外部不経済をもたらしている企業Aにとって，ピグー補助金を手にしたほうが企業Aの収入を増やすことになり，ピグー課税は企業Aの収入を減らすことになるからである。市場の失敗の是正におけるピグー課税，ピグー補助金の議論は，あくまで資源配分の効率性の範囲内での議論であることに注意すべきである。

(4) 外部不経済への対応－ボーモル＝オーツ税

二つの配当が認められるピグー税でも，それを機能させるためには，政府が限界外部費用を確実に把握し，社会的に最適な生産量へと生産を誘導しなければいけない。この点がピグー税の難しさでもある。

そこでピグー税を課し，社会的に最適な生産量を達成するといった目標から，社会として達成すべき生産量を設定し，その量を達成するような税を課すといった発想が生まれる。このような税を，ボーモル＝オーツ税と呼んでいる[27]。図2.12を見てみよう。ピグー課税による最適な生産量がX_1，企業

---

[27] Baumol, W. J. and W. E. Oates (1971)

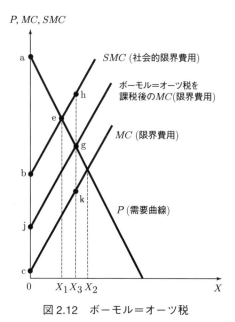

図 2.12 ボーモル＝オーツ税

が外部不経済を考慮せず生産をおこなう場合の生産量が X_2 であるとする。今，政府がピグー税を課さず，外部不経済をもたらす財の生産量を X_2 から X_3 まで減らすといった決定をした。図 2.12 で考えると，X_3 という生産量が政府によって決定されたことと同じである。このとき，政府は生産量1単位当たりの税率が gk である税を生産者に課すことで，限界費用曲線は gk 分だけ上にシフトするので，生産量が X_2 から X_3 まで減少するのである。

　ピグー税と異なり，ボーモル＝オーツ税の場合，政府は限界外部費用を把握する必要がない。その分だけボーモル＝オーツ税の方が，ピグー税よりも課税しやすく，これがボーモル＝オーツ税の長所となる。しかしボーモル＝オーツ税が万能な税であるとは言えない。まず政府が設定する目標とすべき生産量 X_3 が，ピグー税を課した場合に達成される生産量 X_1 と必ずしも一致しない。その理由は上でも述べたとおり，ピグー税では限界外部費用が正しく把握される一方，ボーモル＝オーツ税では，それが正しく把握されていないからである。

　次にボーモル＝オーツ税ではピグー税とは異なり，総余剰が最大とはなら

ない。ボーモル＝オーツ課税後の生産量 X_3 の下では，消費者余剰と生産者余剰の合計が agj, (ボーモル＝オーツ税では把握しきれない)外部費用がbjgh である。ボーモル＝オーツ税が課され，社会全体で目標とする生産量が X_3 であるときの総余剰は agj － bjgh つまり abe － ehg である。ピグー税を課し，社会的に最適な生産量が X_1 であるときの総余剰は abe である。以上から図 2.12 でのボーモル＝オーツ課税時の総余剰は，ピグー税のそれよりも小さく，死荷重として ehg が発生している。

さらにボーモル＝オーツ課税に関して技術的困難さがあげられる。ボーモル＝オーツ税を用いて，図 2.12 のピグー課税で達成される生産量 X_1 を達成するためには，繰り返し目標とすべき生産量を設定し直し，その度に新しいボーモル＝オーツ税を課してゆくしかない。以上からボーモル＝オーツ税の利用は，ピグー税よりも効率性の観点から劣り，技術的な困難さも残されている。外部不経済を除去するために，実現可能性が高く，社会的に最適な生産量を達成するような税を課すことが政府に求められる。

2.3 もう1つの新たな財政の機能

1章では伝統的な財政の機能としてマスグレイブによって分類された資源配分機能，所得再分配機能，経済安定化機能の3つを紹介した。しかし財政の役割は，その3つだけなのだろうか。日本の財政の役割を考えるにあたり考慮すべき視点として，例えば日本の政府債務残高，公債依存度，日本の少子高齢化をあげられる。財政再建としての政府債務残高の縮小や公債発行問題，公的年金に代表される社会保障は現役世代だけではなく，将来世代といった異なる世代を考慮した財政運営とつながりがある。

日本の少子高齢化の進展は，公的年金制度の改革，公的年金の財源調達に関する議論と深く結びついている。日本の公的年金制度では，現時点での現役世代の保険料負担と，老年世代への年金給付のバランスに関する問題がある。しかしこの問題は現時点だけの問題にとどまらない。現在の現役世代も，やがて公的年金受給者となる。そこで現在の現役世代が老年期を迎えた時点での給付，そして次世代による保険料負担のバランスの両者が著しく乖離しないよう，現在生きている世代と将来世代の利害を，現在の公的年金制度の

中で調整する必要が政府に生じる。

　国債発行も同様である。政府が現時点の経済安定化を重視し，現在時点の個人を対象にした国債発行による減税をおこなったとしよう。そして将来世代である次世代が国債償還のための負担を背負うものとしよう。もし現在時点の個人が近視眼的ならば，そのような減税政策は現在時点の消費，厚生を高める可能性がある。その一方，国債償還のための負担は次世代が背負うため，次世代の消費，厚生は阻害される可能性がある。このように国債発行は，現役世代と将来世代の消費，厚生との間におけるトレードオフ問題に発展しかねない。そこで現役世代だけではなく，将来世代の経済的な負担を考慮しながら国債発行，債務管理をおこなう必要性が政府に生じる。

　少子高齢化にともなう公的年金の問題，国債発行と財政赤字問題は，日本だけではなく先進諸国にとって共通の問題でもある。これらの問題を解決するためには政府が資源配分機能，所得再分配機能，景気安定化機能だけではなく，現在時点と将来時点（異時点間），現役世代と将来世代（世代間）との間における利害調整といった視点をもち合わせる必要がある[28]。

演習問題

1. 2人の個人と2つの財から構成される経済を想定し，効用可能性フロンティアを利用して，パレート改善とパレート効率の違いを説明しなさい。
2. 消費者余剰，生産者余剰，総余剰といった語句を利用して，完全競争市場が効率性の面から優れていることを説明しなさい。
3. ある財市場における需要曲線が右下がり，供給曲線が右上がりである。あるとき，政府がこの財市場に対して，均衡生産量より少ない量での生産を指示したもの（生産量規制）としよう。政府が生産量の規制をする前と後とでは，総余剰がどのように変化するか説明しなさい。
4. ある河川の上流域で操業する工場が汚水を下流域に流し，下流域の住民が汚染被害をうけている。このような外部不経済を解消するための方法を説明しなさい。

---

[28] なお異時点間，世代間の経済問題である公債，公的年金の理論的な説明は9章で扱われる。少子化と高齢化，社会資本と人的資本といったトピックは10章，11章でそれぞれ扱われる。

3 公共財の理論

市場の失敗の1つとして紹介される公共財は，どのような条件に基づいて供給をしたらよいのだろうか。この章では公共財の種類，サミュエルソン条件，公共財が政府によって供給される理由，リンダール均衡，クラーク＝グローブズ・メカニズムについてモデル，数値例，図などを利用しながら説明する[1]。

3.1 公共財の種類

図3.1で示すように，完全競争市場で取引される財・サービスである私的財は，ある経済主体が財・サービスの価格を支払うことなく，その財・サービスを購入し，消費することができない(排除性)。そしてある財・サービスをある経済主体が消費すると，その分だけ他の経済主体の消費する量が減少する(競合性)。その一方で警察，防衛，外交，灯台といったサービスは，その対価を支払っていない経済主体でも，そのサービスの消費から排除することができない(非排除性)。そしてある経済主体がそのサービスを消費しても，他の経済主体の消費する量が減少しない(非競合性)。このように非排除性と非競合性の2つを兼ね備えた財・サービスを純粋公共財と呼ぶ。言うまでもなく純粋公共財において，その対価を支払っていない経済主体を完全に排除

---

[1] 1章1.1節では資源配分機能の1つとして公共財が説明され，2章でも語句としてそれを紹介している。

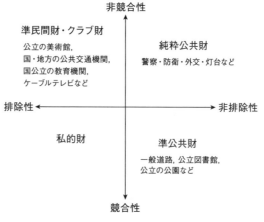

図 3.1 財・サービスの区分

することは困難を極める。しかもどの経済主体に対しても，その財・サービスの量は等しい(等量消費)。

もちろん図3.1で示しているように，(程度の差はあるが)競合性をもつものの非排除性が備わっている財・サービス，(程度の差はあるが)排除性をもつものの非競合性が備わっている財・サービスという区分もできる。例えば一般道路，公立図書館，公立の公園などは，その対価を支払っていない経済主体でも，そのサービスの消費から排除することは難しく，その意味において非排除性が備わっているものと考えられる。しかし多くの経済主体が，そのサービスを消費することによって混雑の度合いが高まり，競合性の度合いが高まる。このように非排除性は備わっているものの，競合性をもつ財・サービスを準公共財と区分する。一方，混雑現象が全く生じないとは言い切れないが，例えば公立の美術館や国・地方が運営する公共交通機関，あるいは国公立の教育機関やケーブルテレビなどは，そのサービスの消費に関する非競合性がかなり認められる一方，入場料，運賃，学費，利用料を支払った経済主体に対してのみサービスが提供される意味において，排除性をもつものと考えられる。なお，そのサービスを消費する経済主体について入場料，運賃，学費，利用料といった方法で排除できるため，民間の経済主体が市場を介して，上述のサービスを提供する余地も生じる。このように非競合性は備

3.1 公共財の種類

わっているものの，排除性をもつ財・サービスについては，民間の経済主体による供給の余地がある点を考慮し，準公共財とは区別して，**準民間財**あるいは**クラブ財**と区分する。

　非排除性と非競合性を兼ね備えている純粋公共財，その他，準公共財や準民間財・クラブ財は，完全競争市場で供給される私的財と異なる性質をもつため，完全競争市場を通じてそれらを供給することには困難をともなう。さらに家計や企業といった民間の経済主体が，自発的な形でそれらを供給する場合，その供給量は最適な供給量水準より少なくなることも知られている。そこで民間の経済主体に代わってそれらの全てを，あるいは一部を供給する必要性が政府に生じる。具体的にはどのような条件で，どれだけ公共財を供給したらよいかを考える必要がある[2]。

　公共財の場合，各経済主体は自身の公共財から得られる便益のみを考慮し，公共財の負担を決定する。各経済主体が公共財を1単位追加的に利用することからの**限界便益の総和**が，公共財を1単位追加的に供給することによる追加費用である**限界費用**に等しいといった条件，つまり「**各経済主体の公共財からの限界便益の総和＝限界費用**」を満たすように公共財の最適な量が決定される。これは私的財の量が「**各経済主体の私的財からの限界便益＝限界費用**」を満たすように決定される点と対照的である。

　ただし，政府が民間の経済主体に代わり，公共財を供給することによって直面する問題がある。それは公共財のただ乗り（フリーライダー）問題である。公共財には非排除性という性質がある。仮にある個人が公共財の費用負担をしていない場合でも，公共財からのサービスを手にすることを避けられない。また政府が公共財を供給するためには，個人の公共財に対する選好を正確に把握する必要がある。しかし，ある個人が公共財の利用，その費用負担を少なめに表明する一方，その表明以上に公共財を利用してしまう場合も考えられる。その場合，公共財の供給量は本来の供給量よりも少なくなり，他の個人の公共財の費用負担が高くなる。そこで以下では公共財の最適供給，公共財のただ乗り問題を解決するための手法を中心に説明をする。

---

[2] 以下では純粋公共財に焦点をあて，それを公共財と表記する。

3.2 公共財を含むモデル

2章では準線形効用関数を前提とし，消費者余剰を説明した．そこでは，個人はある私的財，その私的財以外のすべての財をまとめたもの(貨幣)から効用を得ると説明した．そこでこの3.2節では，個人が公共財を含む準線形効用関数をもち，公共財を需要する場合の最適供給について説明をする．

簡単化のため個人1，個人2の2人がいて，公共財G，それ以外のすべての財をまとめたXを需要する．個人1と個人2の効用関数は，

$$u_i = u_i(G) + X_i, \quad i = 1, 2 \tag{3.1}$$

で表される．そして個人1と個人2の予算制約式は，

$$PG + X_i = I_i, \quad i = 1, 2 \tag{3.2}$$

で表される．ただし，Pは公共財Gを追加的に1単位供給するためにかかる費用(公共財の限界費用)であり，それは一定額とする．このことは次のように解釈できる．公共財1単位を生産するために，公共財以外のすべての財をまとめた財XをP単位だけ犠牲にしていることに他ならない．あるいは式(3.2)から公共財価格がP，そして公共財以外のすべての財をまとめた財Xの価格が1である．なおI_iは個人1と個人2の所得，X_iは個人1と個人2が需要する公共財以外のすべての財を表している．式(3.2)をX_iについて解いた式を(3.1)に代入し，効用最大化を考える．すると次の式を得る．

$$P = \frac{\partial u_i}{\partial G}, \quad i = 1, 2 \tag{3.3}$$

これが個人1と個人2の公共財Gに関する逆需要関数であり，図3.2のように，それぞれの需要曲線を描くことができるとする．式(3.3)の右辺は，各個人が公共財を1単位追加的に需要する際の効用の増加分である[3]．

図3.2で公共財の量がG_1であるとしよう．その量に対応する個人1(個人2)の公共財に対する評価額は$P_1(P_2)$である．個人1と個人2の2人からなる社会での公共財の需要曲線(社会的需要曲線)は，私的財の場合と異なり，それぞれの需要曲線を価格について縦軸方向に足し合わせたものである[4]．

---

[3] 限界効用あるいは限界便益のことで，以下では公共財からの限界便益と表記する．

3.3 公共財の最適供給 —— サミュエルソン条件

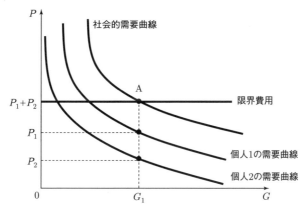

図 3.2 公共財の社会的需要曲線，公共財の最適供給

公共財を 1 単位追加的に供給する際の限界費用が，水平線で描かれるものとする。すると図 3.2 の A 点が最適な公共財の供給量となる。その理由は，A 点よりも右(左)側の領域では，社会全体の公共財からの限界便益が限界費用よりも小さく(大きく)，公共財の供給量を減らした(増やした)方がよいからである。以上から A 点では，「個人 1 の限界便益＋個人 2 の限界便益＝限界費用」が成立している。これが公共財の最適供給条件である。

3.3 公共財の最適供給 —— サミュエルソン条件

3.2 節では，個人が準線形効用関数をもつケースを前提とし，公共財を含むモデル，その最適供給条件について説明をした。この 3.3 節では，より一般的なモデルを利用して公共財の最適供給条件について説明し，あわせて数値例を用いての説明もおこなう。

今，個人 1，個人 2 の 2 人がいて，私的財 X，公共財 G があり，個人は私的財，公共財から効用を得るものとする。ただし当初は公共財 G が存

---

[4] 私的財のみからなる経済では，ある財の個別需要曲線を水平に足し合わせたものが，市場全体の需要曲線となる。この点が公共財からなる経済の需要曲線(社会的需要曲線)と，私的財からなる経済の市場全体の需要曲線の違いである。

せず，政府は私的財 X を犠牲にしつつ公共財 G を供給する。個人1と個人2の効用関数は，以下のとおりである。

$$u_i = u_i(G, X_i), \quad i = 1, 2$$

個人1と個人2は公共財を等量消費するため，個人1と個人2が消費する公共財の量 G_1 と G_2 は，次の式を満たす。

$$G_1 = G_2 = G$$

一方，個人1と個人2が消費する私的財の量 X_1 と X_2 は，次の式を満たす。

$$X_1 + X_2 = X$$

ここで，公共財の理解に必要な生産可能性曲線について，図3.3を使いながら説明をしよう。今，私的財 X のみが10単位存在しているものとする。政府が公共財を1単位追加的に供給するために，一定の技術，資源の下で私的財を1単位犠牲にするものとしよう。その場合，図3.3の直線上のB点が示すように，個人1と個人2が利用可能な私的財の合計は9，公共財の量は1となる。このように，その社会に存在する私的財を無駄なく公共財生産に用いることで，その社会で利用できる私的財と公共財の組み合わせは，直線上を左上から右下に移動し，究極的には私的財がゼロ，すべて公共財（その量は10）のみの社会にたどりつく。このことは，より一般的には図3.3の右下がりの曲線で説明される。図3.3のそれが示すように，当初の公共財の量が少ない状態で，政府が公共財を1単位追加的に供給する場合，そのために一定の技術，資源の下で犠牲にせざるを得ない私的財の量も少ない。しかしより多くの公共財が存在する状態で，政府が公共財を1単位追加的に生産するためには，より多くの私的財を犠牲にしなければいけない。このことを反映させるために，右下がりの曲線として生産可能性曲線が図示される。

図3.3では，右下がりの直線と曲線の2つを例示しているが，その社会に存在する私的財を無駄なく利用し，公共財生産をおこなうことで達成される私的財と公共財の組み合わせが直線上，曲線上で描かれている。このような曲線あるいは直線については，私的財と公共財が存在する経済での**生産可能性曲線**と呼ばれる。そして公共財を1単位追加的に生産する際に，一定の技術，資源の下で犠牲にせざるを得ない私的財の量を，私的財 X の公共財 G に対する**限界変形率**と呼ぶ。この限界変形率は，図3.3の右下がりの曲線で

3.3 公共財の最適供給——サミュエルソン条件

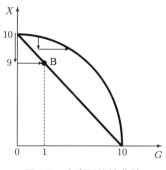

図 3.3 生産可能性曲線

描かれた生産可能性曲線の傾きに他ならない。なお図 3.3 の右下がりの曲線で表されている生産可能性曲線は，

$$X = \varphi(G)$$

として表されるものとしよう[5]。

以上を踏まえ，一般的な効用関数の下での公共財の最適供給について考えてみよう。

今，個人 1 の効用水準が u_1^* で固定されていて，その効用水準に対応した個人 1 の無差別曲線が図 3.4 に描かれている。さらに公共財の量が G_1 であるものとしよう。このとき図 3.4 から個人 1 の消費する私的財の量は X_1，個人 2 が消費する私的財の量は X_2 であることがわかる。この図 3.4 を用いることで，個人 2 がどれだけの公共財と私的財を消費できるかについて図示できる。そのためには図 3.4 の生産可能性曲線と，個人 1 が効用水準 u_1^* で利用可能な私的財と公共財の組み合わせを示した無差別曲線 C 点と D 点に注目し，両者の差を図示すればよい。

個人 2 が消費できる私的財と公共財の組み合わせ（個人 2 の**消費可能曲線**）は，図 3.5 の細い曲線として描くことができる。この個人 2 は消費可能曲線及び公共財 G_1 の下で，自身の効用を最大にする私的財と公共財の組み合わ

---

[5] 図が右下がりの曲線として描かれていることから，生産可能性曲線 $X = \varphi(G)$ は $\partial X/\partial G < 0$ を満たすものとする。より一般的には生産可能性曲線を $F(X, G) = 0$ と表記する。

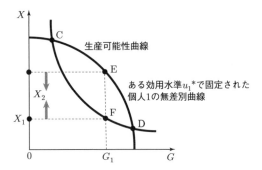

図3.4 個人1の無差別曲線と生産可能性曲線

せを選択する。その組み合わせは図3.5のH点で表される。よって図3.5のH点における私的財と公共財の組み合わせが、個人2の効用を最大にする財の組み合わせで、効率的な資源配分となる。そして図3.4においても、個人1にとってF点で示される私的財と公共財の量が、効用水準 u_1^* の下で効率的な資源配分となる。

それでは、上のケースでの公共財の最適供給条件は、どのように表されるだろうか。そこで以下の制約の下で、個人2の効用 $u_2 = u_2(G, X_2)$ を最大化する場合を考えよう。

- 個人1の効用は、ある効用水準で固定され、その効用水準が図3.4の $u_1^* = u_1(G, X_1)$ である。
- 個人1と個人2が消費する私的財の量の合計が私的財の総量 $(X_1 + X_2 = X)$ である。
- 個人1と個人2は公共財を等量消費 $(G_1 = G_2 = G)$ する。
- 社会全体の資源には限りがあるため、公共財をより多く生産するならば、私的財の生産が減少し、その関係は $X = \varphi(G)$ で表される。

以上を踏まえ、ラグランジュ関数 L を用い、下の個人2の効用最大化問題を考える。

$$L = u_2(G, X_2) + \lambda_1[u_1^* - u_1(G, X_1)] + \lambda_2(X - X_1 - X_2) \\ + \lambda_3[X - \varphi(G)] \qquad (3.4)$$

3.3 公共財の最適供給 —— サミュエルソン条件

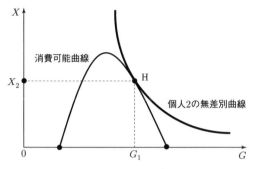

図 3.5 個人 2 の無差別曲線と消費可能曲線

ただし式 (3.4) の $\lambda_i, i = 1, 2, 3$ は 3 つの制約条件に対応するラグランジュ未定乗数である。式 (3.4) を X_1, X_2, X, G について偏微分すると一階条件として

$$-\frac{\partial u_1}{\partial X_1}\lambda_1 = \lambda_2 \tag{3.5}$$

$$\frac{\partial u_2}{\partial X_2} = \lambda_2 \tag{3.6}$$

$$\lambda_3 = -\lambda_2 \tag{3.7}$$

$$\frac{\partial u_2}{\partial G} - \frac{\partial u_1}{\partial G}\lambda_1 = \frac{\partial \varphi}{\partial G}\lambda_3 \tag{3.8}$$

を得る。式 (3.8) の右辺に式 (3.7) を代入し，その式の両辺をラグランジュ未定乗数 λ_2 で割ると，

$$\frac{\partial u_2}{\partial G}\frac{1}{\lambda_2} - \frac{\partial u_1}{\partial G}\frac{\lambda_1}{\lambda_2} = -\frac{\partial \varphi}{\partial G} \tag{3.9}$$

を得る。式 (3.9) の左辺第 2 項に式 (3.5) を適用し，式を整理すると

$$\frac{\partial u_1/\partial G}{\partial u_1/\partial X_1} + \frac{\partial u_2}{\partial G}\frac{1}{\lambda_2} = -\frac{\partial \varphi}{\partial G} \tag{3.10}$$

を得る。式 (3.10) の左辺第 2 項に式 (3.6) を代入すると

$$\frac{\partial u_1/\partial G}{\partial u_1/\partial X_1} + \frac{\partial u_2/\partial G}{\partial u_2/\partial X_2} = -\frac{\partial \varphi}{\partial G} \tag{3.11}$$

となる。$G_1=G_2=G$であることを踏まえると，式(3.11)は次の式(3.12)として表される。

$$\frac{\partial u_1/\partial G_1}{\partial u_1/\partial X_1}+\frac{\partial u_1/\partial G_2}{\partial u_2/\partial X_2}=-\frac{\partial \varphi}{\partial G} \qquad (3.12)$$

個人1と個人2それぞれの無差別曲線の傾きである「限界代替率MRS_i，$i=1,2$」，そして私的財と公共財の生産可能性曲線の傾きである「限界変形率MRT」を想起するならば，式(3.12)の左辺第1項は個人1の限界代替率(MRS_1)，式(3.12)の左辺第2項は個人2の限界代替率(MRS_2)，式(3.12)の右辺は限界変形率(MRT)である。これより式(3.12)は，公共財の最適供給条件

$$MRS_1+MRS_2=MRT \qquad (3.13)$$

で表される。これがサミュエルソンによって見出された公共財の最適供給条件で，**サミュエルソン条件**と呼ばれている[6]。左辺は，その社会の個人が公共財を1単位追加消費する際，犠牲にする私的財の合計を表している。右辺は，その社会において政府が公共財を1単位追加生産・供給する際に犠牲にする私的財の量を表している。

もし$MRS_1+MRS_2>(<)MRT$ならば，公共財を1単位追加消費するために犠牲にしてもよい私的財の量が，公共財を1単位追加生産・供給する際に犠牲にする私的財の量よりも多い(少ない)ので，公共財の供給を増やす(減らす)必要がある。この考え方から式(3.13)が成立するときに，もはや公共財供給を減らす必要も増やす必要もなくなり，最適な公共財の量が達成される。

上の式(3.13)を別の角度からも説明できる。図3.5の個人2の無差別曲線の傾きである限界代替率MRS_2は，図3.4の生産可能性曲線の傾きである限界変形率MRTから，図3.4の個人1の無差別曲線の傾きである限界代替率MRS_1を差し引いたもの

$$MRS_2=MRT-MRS_1$$

---

[6] Samuelson, P. A. (1954)。2つの私的財，2人の個人からなる完全競争市場において，個人1の限界代替率(MRS_1)，個人2の限界代替率(MRS_2)，限界変形率(MRT)の間で$MRS_1=MRS_2=MRT$が成立することと対照的である。

3.3 公共財の最適供給——サミュエルソン条件　　　　　　　　　　　　　　77

でもある.個人2が公共財1単位を追加消費する際に犠牲にする私的財の量は,その社会において政府が公共財を1単位追加生産・供給する際,犠牲にする私的財の量から,個人1が公共財1単位を追加消費する際に犠牲にする私的財の量を差し引いたものだからである.この式は式(3.13)に他ならない.

　式(3.13)のサミュエルソン条件については,注意すべきことがある.まずサミュエルソン条件(3.13)は,個人1と個人2の限界代替率の和が限界変形率に等しいことを意味している.しかし例えば個人1と個人2の2人,2つの私的財からなる社会の場合,個人1の限界代替率,個人2の限界代替率のそれぞれが限界変形率に等しく(私的財のみからなる社会でのパレート最適条件),それはサミュエルソン条件(3.13)と異なる.次に図3.4では個人1の効用を任意の水準で固定していた.当然,個人1の効用については図3.4において調整が可能であり,その度に個人2の効用を最大にするような公共財と私的財の組み合わせも変化する.

　サミュエルソン条件を満たす私的財と公共財の組み合わせ,公共財の最適供給量は1つではない.つまりサミュエルソン条件では,私的財と公共財の効率的な資源配分にのみ焦点をあてているため,その資源配分が社会にとって望ましい資源配分であるか否かについてまでは判断を下せない.数ある効率的な私的財と公共財の組み合わせから,その社会にとって望ましい組み合わせを求めるためには,その社会における私的財と公共財の資源配分に関する価値判断を決め,それに沿う資源配分を選択しなければいけない.ある価値判断に基づく社会的厚生関数の最大化から,個人間の分配の公正性が担保され,かつサミュエルソン条件を満たす私的財と公共財の量が定まるのである[7].

数 値 例

　以下では数値例を利用して,サミュエルソン条件に基づく公共財の最適供給量を求めてみよう.単純化のため,個人1と個人2の効用関数を

$$u_i = X_i G, \quad i = 1, 2 \tag{3.14}$$

---

[7] 社会的厚生関数については4章を参照されたい.

で表す。ただし G は公共財，X は私的財の総量で $X_1+X_2=X$ を満たす。その社会における当初の私的財の量は 40 である。そして私的財を利用して，政府が公共財を生産・供給する。社会における生産可能性曲線は

$$X+4G=40 \qquad (3.15)$$

で表されるものとする。個人 1 と個人 2 の効用関数(3.14)から，それぞれの限界代替率 MRS_1 と MRS_2 を求められ，それらは

$$MRS_i = \frac{X_i}{G}, \quad i=1,2 \qquad (3.16)$$

である。生産可能性曲線の傾き(絶対値)が限界変形率 MRT であるので，

$$MRT=4$$

である。サミュエルソン条件(3.13)を用いることによって

$$\frac{X_1}{G}+\frac{X_2}{G}=4 \qquad (3.17)$$

を得る。式(3.17)から $X_1+X_2=4G$ を得る。式(3.15)は $X_1+X_2+4G=40$ であるので，$X_1+X_2=4G$ を代入すると

$$G=5$$

を得る。これがサミュエルソン条件を満たす効率的な公共財の量である。

3.4 公共財が政府供給される理由

なぜ公共財が政府によって供給されるのだろうか。すでに説明したように公共財には非競合性，非排除性といった特徴がある。そのような特徴をもつ公共財は，民間の経済主体が提供することに困難がともなう。もし公共財を民間が供給するならば，公共財の最適供給条件は，どのように変化するのだろうか。そしてその供給量はどのような水準となるのだろうか。そこで 2 人からなるモデルでの説明をした後，3.3 節で用いた数値例を用い，この点について説明をする。

まず個人 1 と個人 2 の効用関数は，以下のとおりである。

$$u_i = u_i(G, X_i), \quad i=1,2$$

ただし G は公共財であり，経済全体の公共財の供給量を意味している。X_i

3.4 公共財が政府供給される理由

は個人1，個人2の私的財である．個人1，個人2は私的財を利用し，お互いに公共財を自身で生産・供給しているものとする．そして個人1による公共財の供給量を g_1，個人2による公共財の供給量を g_2 と表すと，$g_1 + g_2 = G$ を満たす．もちろん個人1による公共財の消費量を G_1，個人2による公共財の消費量を G_2 と表すと，公共財には等量消費といった性質があるため，$G_1 = G_2 = G$ を満たしている．

X は私的財の総量で $X_1 + X_2 = X$ を満たす．社会における当初の私的財の量は x_* であり，個人1は私的財を x_1，個人2は私的財を x_2 だけ初期保有しているものとする．なお個人1と個人2のそれぞれは，私的財 P 単位をもって公共財1単位を生産・供給するものとしよう[8]．

個人1は自身の生産可能性曲線として，下の生産可能性曲線に直面している．

$$X_1 + Pg_1 = x_1 \tag{3.18}$$

個人2は自身の生産可能性曲線として，下の生産可能性曲線に直面している．

$$X_2 + Pg_2 = x_2 \tag{3.19}$$

個人1と個人2は，それぞれ(3.18)，(3.19)の制約の下，自身の効用を最大にする私的財，公共財の供給量を選択する．個人1と個人2の効用最大化問題は，

$$L_1 = u_1(g_1 + g_2, X_1) + \lambda_1(x_1 - X_1 - Pg_1)$$
$$L_2 = u_2(g_1 + g_2, X_2) + \lambda_2(x_2 - X_2 - Pg_2)$$

と表される．ただし L_1, L_2 は個人1と個人2のラグランジュ関数，λ_1, λ_2 はラグランジュ未定乗数である．上の効用最大化問題から，個人1(個人2)は個人2(個人1)が供給する公共財 $g_2(g_1)$ を所与として，自身の供給する公共財の量を決定している．個人1の効用最大化問題において g_1 と X_1，個人2の効用最大化問題において g_2 と X_2 についてそれぞれ偏微分すると，以下の一階条件を得る．

---

[8] 私的財の公共財に対する限界変形率が P であることを意味している．

$$\frac{\partial u_1}{\partial G} = P\lambda_1, \quad \frac{\partial u_1}{\partial X_1} = \lambda_1$$

$$\frac{\partial u_2}{\partial G} = P\lambda_2, \quad \frac{\partial u_2}{\partial X_2} = \lambda_2$$

以上から次の式(3.20)を得る。

$$\frac{\partial u_1/\partial G_1}{\partial u_1/\partial X_1} = \frac{\partial u_2/\partial G_2}{\partial u_2/\partial X_2} = P \quad (3.20)$$

個人1の私的財と公共財に関する限界代替率(MRS_1),個人2の私的財と公共財に関する限界代替率(MRS_2),そして限界変形率(MRT)が P であることを踏まえると,(3.20)は $MRS_1 = MRS_2 = P$ つまり $MRS_1 = MRS_2 = MRT$ と表される。このことは個人1と個人2が公共財を私的に供給する場合,3.3節のサミュエルソン条件(3.13)を満たさないことを意味している。なぜなら,個人1と個人2が公共財を私的に供給する場合,

$$MRS_1 + MRS_2 = 2MRT > MRT$$

が成り立つからである。公共財を1単位追加消費するために犠牲にしてもよい私的財の量が,公共財を1単位追加生産・供給する際に犠牲にする私的財の量よりも多いので,公共財の供給を増やすことができる。言い換えるなら,個人1と個人2が公共財を私的に供給するとき,その供給量はサミュエルソン条件を満たす場合の公共財供給量よりも少ないのである。このような点から,そして公共財が外部効果をもつ財であることも踏まえるなら,政府による公共財供給の余地が生まれるのである。

この3.4節では,個人1と個人2の2人からなる社会での公共財の私的供給を考えた。もちろん2人の個人ではなく,多数の個人からなる社会での公共財の私的供給を考える方が現実的であり,その一例として寄付行為を想定することができる。しかし家計の数が増えるにつれ(あるいは個人の数が増えるにつれ),寄付行為をする人の割合がゼロへと減少してゆくことなどを含め,公共財の私的供給に対する問題提起がなされた[9]。この3.4節での2人の個人による公共財の私的供給の場合,個人1と個人2が公共財から相当

---

[9] 例えば Andreoni, J. (1988)

3.4 公共財が政府供給される理由　　　　　　　　　　　　　　　　　　　　　81

の便益を受けているがゆえに，お互いに公共財を私的供給しているものと解釈すべきである。

数 値 例

個人1と個人2の効用関数を

$$u_i = X_i G, \quad i=1,2$$

で表す。ただしGは公共財で，個人1と個人2は私的財を利用し，お互いに必要とする公共財を自身で生産・供給しているものとする。そして個人1による公共財の供給量をg_1，個人2による公共財の供給量をg_2と表すならば，$g_1 + g_2 = G$を満たすものとする。もちろん個人1による公共財の消費量をG_1，個人2による公共財の消費量をG_2と表すと，公共財には等量消費といった性質があるため，$G_1 = G_2 = G$を満たしている。

Xは私的財の総量で$X_1 + X_2 = X$を満たす。その社会における当初の私的財の量は40であり，個人1は私的財を25，個人2は私的財を15だけ初期保有しているものとする。個人1は自身の生産可能性曲線として，

$$X_1 + 4g_1 = 25 \tag{3.21}$$

に直面している。個人2は自身の生産可能性曲線として，

$$X_2 + 4g_2 = 15 \tag{3.22}$$

に直面している。ただし，式(3.21)は式(3.18)のPが4，x_1が25，式(3.22)は式(3.19)のPが4，x_2が15であることに他ならない。式(3.21)と(3.22)から，その社会における生産可能性曲線は

$$X + 4G = 40 \tag{3.23}$$

で表される。式(3.21), (3.22)そして$g_1 + g_2 = G$を踏まえると，個人1の効用関数は

$$u_1 = (25 - 4g_1)(g_1 + g_2) \tag{3.24}$$

であり，個人2の効用関数は

$$u_2 = (15 - 4g_2)(g_1 + g_2) \tag{3.25}$$

である。なお式(3.24)と(3.25)から，個人1と個人2は，社会における生産可能性曲線(3.23)を考慮して効用最大化を行おうとはしない。個人1(個人2)は，個人2(個人1)の供給する公共財の供給量に関心をもちながら，自身が

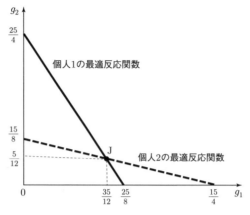

図3.6 公共財の私的供給

必要とする公共財 $g_1(g_2)$ について効用を最大化するからである。

個人1の効用関数(3.24)を g_1 について最大化し，式を整理すると

$$g_1 = \frac{25 - 4g_2}{8} \tag{3.26}$$

である。式(3.26)は個人2の公共財の供給量に応じて，個人1の供給する公共財の供給量が決定することから，個人1の最適反応関数と呼ばれている。一方で個人2の効用関数(3.25)を g_2 について最大化し，式を整理すると

$$g_2 = \frac{15 - 4g_1}{8} \tag{3.27}$$

である。式(3.27)は個人1の公共財の供給量に応じて個人2の供給する公共財の供給量が決定することから，個人2の最適反応関数と呼ばれている。最適反応関数は図3.6のとおり描かれ，個人1と個人2の最適反応関数が交わる点(図3.6のJ点で，これをナッシュ均衡と呼ぶ)で決定する公共財の供給量が，私的に公共財が供給されるときの個人1，個人2の最適な公共財の供給量となる。その最適な公共財の供給量は

$$g_1 = \frac{35}{12}, \quad g_2 = \frac{5}{12}$$

であり，それらを足すことによって，最適な公共財の供給量の合計 G は

3.4 公共財が政府供給される理由

$$G = \frac{10}{3}$$

である。表3.1が示すように，3.3節の数値例で示したサミュエルソン条件を満たす公共財の供給量は5であった。しかし公共財を私的に供給する場合，最適な公共財の供給量は約3.3となる。このように公共財を私的に供給するならば，その量はサミュエルソン条件に基づく公共財の供給量よりも少なくなる。個人1，個人2が，それぞれ社会全体ではなく，自身の便益を踏まえて公共財の供給量を決定しているからである。

一方，これらの最適な公共財の量に対応する最適な私的財の量は，

$$X_1 = 25 - \frac{35}{3}, \quad X_2 = 15 - \frac{5}{3}$$

から

$$X_1 = X_2 = \frac{40}{3} \tag{3.28}$$

と求められる。式(3.28)から私的財の合計は次の式(3.29)である。

$$X_1 + X_2 = \frac{80}{3} \tag{3.29}$$

公共財の私的財に関する個人1，個人2の限界代替率はそれぞれ

$$\frac{X_1}{G} = \frac{X_2}{G} = 4$$

である。そこでサミュエルソン条件を適用すると

$$\frac{X_1}{G} + \frac{X_2}{G} = 8 \tag{3.30}$$

を得る。3.3節の数値例では，政府が公共財を供給する場合，サミュエルソン条件を満たす値は式(3.17)から4であった。しかし式(3.30)から，公共財を個人1と個人2が私的に供給する場合，サミュエルソン条件を満たさないことがわかる。

表3.1が示すように，公共財を私的供給する場合，公共財の最適な供給量はサミュエルソン条件の場合よりも少ない一方，最適な私的財の量は多くなってしまう。公共財を私的供給する場合，公共財を政府が供給する場合と比

表3.1 サミュエルソン条件と公共財の私的供給の違い

	公共財の量	私的財の量
サミュエルソン条件	5	20
公共財の私的供給	$\frac{10}{3} \cong 3.3$	$\frac{80}{3} \cong 26.7$

べてその供給量が少なくなる。

3.5 公共財の最適供給 —— リンダール均衡

3.3節では，公共財の最適供給量が決定されるための条件として，サミュエルソン条件(3.13)が示された。しかし私的財の場合と同じように，公共財の価格調整メカニズムによって公共財の最適な供給量が決定するといった視点がない。そこでリンダールは公共財についても私的財と同様，公共財価格の調整メカニズムを経て，最適な公共財の供給量(リンダール均衡)が決まることを説明した[10]。そこでこの3.5節では，特定化された効用関数として準線形効用関数をもつ個人からなる社会を想定し，リンダール均衡の説明をおこなう[11]。

今，個人1と個人2の2人がいる経済を考え，両者は公共財Gとそれ以外のすべての財をまとめたXを需要する。個人1と個人2の効用関数は

$$u_i = u_i(G) + X_i, \quad i=1,2$$

である。次に個人1と個人2の予算制約式についてである。個人1は公共財Gを追加的に1単位供給するためにかかる費用(限界費用)Pのうちaの割合($0<a<1$)を負担する。そのため個人1の予算制約式は

$$aPG + X_1 = I_1$$

である。一方，個人2は公共財Gを追加的に1単位供給するためにかかる費用(限界費用)Pのうち$(1-a)$の割合を負担する。そのため個人2の予算制

---

[10] Lindahl, E. (1919)
[11] 例えば浦井(2015)では，2人2財モデルを用いつつも，より一般的な形でリンダール均衡を説明している。

3.5 公共財の最適供給 ── リンダール均衡

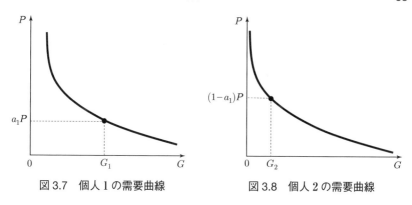

図 3.7 個人 1 の需要曲線　　　図 3.8 個人 2 の需要曲線

約式は

$$(1-a)PG + X_2 = I_2$$

である。ただし，I_i は個人 1 と個人 2 の所得を表している。この予算制約式を X_i について解いた式を，個人 1 と個人 2 の効用関数に代入し，効用最大化を考える。すると個人 1 と個人 2 については

$$\frac{\partial u_1}{\partial G} = aP \tag{3.31}$$

$$\frac{\partial u_2}{\partial G} = (1-a)P \tag{3.32}$$

を得る。式 (3.31) と (3.32) から図 3.7，図 3.8 のように，公共財に対する個人 1 と個人 2 の需要曲線をそれぞれ描けるものとする。ただし図 3.7 では，個人 1 の公共財の費用負担比率を a_1，その費用負担が $a_1 P$ であるとき，公共財の需要量が G_1 であるとする。図 3.8 では，個人 2 の公共財の費用負担比率を $(1-a_1)$，その費用負担が $(1-a_1)P$ であるとき，公共財の需要量が G_2 であるとする。

　図 3.7 と図 3.8 を一枚の図にすると，それは下の図 3.9 のようになる。

　今，図 3.9 において政府が個人 1 の公共財費用負担を $a_1 P$，個人 2 のそれを $(1-a_1)P$ と定めた場合を考える。その場合，個人 1 の公共財費用負担が相対的に低く，個人 2 のそれが相対的に高い状態にあることがわかる。すると個人 1 の公共財需要量は G_1，個人 2 の公共財需要量は G_2 であり，個人 1

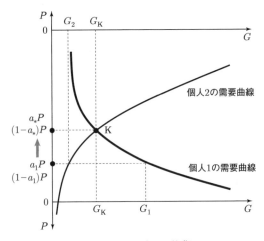

図 3.9 リンダール均衡

と個人 2 との間で公共財の量が一致しない。政府は個人 1 の公共財の費用負担比率を a_1, 個人 2 のそれを $(1-a_1)$ と定めた場合，公共財が等量消費されないことを把握する。

そこで政府が再度，個人 1(2) の公共財の費用負担比率を引き上げる（引き下げる）ことで，個人 1(2) の公共財の需要量を引き下げ（引き上げ）ようとする。そして新たな公共財の費用負担比率に応じた個人 1, 個人 2 の需要する公共財の量が決定される。このような調整を繰り返すことによって，個人 1, 個人 2 の需要する公共財の量は K 点（リンダール均衡）にたどり着く。それではリンダール均衡である K 点に注目しよう。そこでは政府が，個人 1 の公共財需要量と個人 2 の公共財需要量がちょうど等しくなるような，個人 1 の公共財の費用負担比率を a_*, 個人 2 のそれを $(1-a_*)$ と定めているものとしよう。このとき図 3.9 の K 点が示すように，個人 1 と個人 2 の需要する公共財の量が G_K で一致している。そして K 点では

$$\frac{\partial u_1}{\partial G_K} = a_* P \tag{3.33}$$

$$\frac{\partial u_2}{\partial G_K} = (1-a_*) P \tag{3.34}$$

3.5 公共財の最適供給 ―― リンダール均衡

が満たされている。公共財需要量 G_K から個人1と個人2が得る限界効用(3.33)と(3.34)(あるいは公共財需要量 G_K から個人1と個人2が得る限界便益)を足し合わせると

$$\frac{\partial u_1}{\partial G_K} + \frac{\partial u_2}{\partial G_K} = P$$

を得る。上の式はサミュエルソン条件に他ならないことに注意しよう。

しかしこのようなリンダール均衡においても、検討すべき課題が複数ある。まずリンダール均衡に至るまでのプロセスと時間である。この3.5節では個人1と個人2の2人からなる社会を想定した。そして政府が個人1と個人2に対して公共財の費用負担比率を提示し、個人がそれらに見合う公共財の需要量を選ぶ。もし両者の公共財需要量に違いが生じれば、再度、政府が同じことを繰り返すといったプロセスについては、そのプロセスにおいて大きなコストが生じることなく、それは無視できるほど小さいと考えられる。さらにリンダール均衡へ至る時間についても、どの程度の時間を要するのかといった観点は含まれていない。例えば個人の数が2人から N 人に増えた場合、上のようなプロセスは、相当な時間とコストを要するものと考えられる。もしリンダール均衡へ至る収束時間が長いならば、公共財をすぐに必要とする個人からすれば、このような手法自体、現実的ではないと考えられる。

次に個人の公共財に関する**ただ乗り問題**を確実に排除できない。リンダール均衡の説明では、政府が示した公共財の費用負担比率に対し、個人が正しい公共財需要量を表明するといった善良な個人を想定している。しかし政府が示した公共財の費用負担比率に対して、その個人が実際に必要とする公共財の量よりも少ない公共財の量を表明する可能性もある。そのように公共財の量を過少に表明するならば、再度、政府が公共財の費用負担比率の調整をおこなう場面において、その個人はより低い公共財の費用負担比率に直面することになる。自身が本来必要とする公共財の量を故意に少なく表明し、他の個人が必要な公共財の量を正しく表明しているならば、結果として、その個人は、本来よりも低い公共財の費用負担比率で公共財を利用できてしまう。これが公共財に関するただ乗り問題である。さらに政府が個人に提示する公共財の費用負担比率については、この3.5節でも示しているように、個人の

公共財の費用負担能力(費用支払能力)の高低と独立している。そもそも，この3.5節の個人1と個人2については，それぞれ所得の高低を表明していない。個人の所得の高低，公共財の費用負担能力を考慮した議論も必要である。

最後にサミュエルソン条件の場合と同様，図3.9のリンダール均衡K点は効率的な資源配分であるものの，そのリンダール均衡K点が，その社会における厚生を最大にしているとは言い切れない。社会的厚生を最大とするリンダール均衡は，その社会における個人の厚生に関して，ある価値判断を反映した社会的厚生関数を最大にするようなリンダール均衡として表されるのである。

数 値 例

数値例を利用して，リンダール均衡における公共財の最適供給量を求めてみよう。3.4節と同様，個人1と個人2の効用関数を
$$u_i = X_i G, \quad i = 1, 2$$
で表す。ただし，G は公共財，X_i は個人1，個人2のそれぞれの私的財の量で，X は両者の私的財の合計である。当初，個人1は私的財を20，個人2は私的財を40だけ保有する。政府は私的財を利用して公共財を生産し，公共財生産のために犠牲にしなければいけない私的財の総量 $X^* = X^1 + X^2$ は
$$X^* = 2G$$
で表されるものとしよう。ただし X^i, $i = 1, 2$ は，個人1，個人2のそれぞれが，公共財生産のために負担する私的財の量である。

今，公共財生産のために個人1が負担する私的財の比率が $0 < \theta < 1$，個人2が負担する私的財の比率が $(1 - \theta)$ と設定されるものとしよう。すると公共財生産のために個人1と個人2が負担する私的財の量 X^1 と X^2 は
$$X^1 = 2\theta G$$
$$X^2 = 2(1 - \theta) G$$
となる。次に，公共財生産のために個人1と個人2が負担する私的財以外の私的財 X_1 と X_2 は，
$$X_1 + 2\theta G = 20$$
$$X_2 + 2(1 - \theta) G = 40$$

3.5 公共財の最適供給 — リンダール均衡

を満たす.これらは個人1と個人2が直面する,それぞれの生産可能性曲線である.これら2つの式を X_1 と X_2 について解き,それぞれを効用関数に代入すると

$$u_1 = (20 - 2\theta G)G$$
$$u_2 = [40 - 2(1-\theta)G]G$$

を得る.効用関数それぞれを公共財の量 G について最大化をする[12].すると個人1の効用関数から

$$G = \frac{5}{\theta}$$

個人2の効用関数から

$$G = \frac{10}{1-\theta}$$

を得る.リンダール均衡では,個人1と個人2の公共財の量が一致するので,

$$\frac{5}{\theta} = \frac{10}{1-\theta}$$

を満たす.この式から,公共財生産のために個人1が負担する私的財の比率 θ,個人2が負担する私的財の比率 $(1-\theta)$ がそれぞれ

$$\theta = \frac{1}{3}$$
$$1-\theta = \frac{2}{3}$$

となる.これら負担比率を用いることにより,リンダール均衡での公共財の供給量 G は15となる.以上から,公共財生産のために個人1,個人2が負担する私的財の量 X^1 と X^2 は

$$X^1 = 10$$
$$X^2 = 20$$

である.一方,公共財生産のために個人1,個人2が負担する私的財以外の私的財 X_1 と X_2 は,

---

[12] ラグランジュ関数を作り,効用最大化問題を解いてもよい.

$$X_1 = 10$$
$$X_2 = 20$$

である。よってリンダール均衡では公共財の量が15, 個人1の私的財消費量 X_1 は10, 個人2の私的財消費量 X_2 は20であって、これが効率的な資源配分である。

3.6 クラーク＝グローブズ・メカニズム

3.5節では、リンダールによる公共財供給では、公共財のただ乗り問題が避けられないことを説明した。そこでクラークそしてグローブズらが、この問題を解決するための方法として、クラーク＝グローブズ・メカニズムを提唱した[13]。この3.6節では、今までと同様、個人1と個人2の2人からなる社会を踏まえ、クラーク＝グローブズ・メカニズムを説明する。

今、公共財 G があり、政府が公共財の供給を1単位追加的に供給するときの限界費用が P であるとする。そして個人1と個人2が公共財を1単位追加的に消費することからうける限界便益を MB_i, $i=1,2$ とする。

まず、政府は個人1と個人2の公共財に関する費用負担を

　　　個人1(個人2)の公共財に関する費用負担 = $P - MB_2(MB_1)$

と設定する。このクラーク＝グローブズ・メカニズムでの公共財の費用負担は、自身以外の個人の公共財からの限界便益が考慮され、自身の限界便益は考慮されていない点が特徴的である。

次に個人1と個人2はそれぞれ、公共財からの自身の限界便益 MB_i, $i=1,2$ を政府に表明する。なお個人1と個人2の公共財からの限界便益については、政府に報告した MB_i, $i=1,2$ とは別に、政府が認識していない個人1と個人2の公共財からの真の限界便益 MB_i^*, $i=1,2$ があるものとする。

政府は、もし個人1と個人2の公共財からの限界便益の合計が公共財の限界費用より小さい $(MB_1+MB_2<P)$ ならば、公共財の供給をおこなう必要がないため、公共財の供給をしない。当然このときは、個人1と個人2の公共

---

[13] Clarke, E. H. (1971), Groves, T. (1973)

財からの限界純便益(公共財の限界便益－公共財の限界費用)はゼロとなる。一方で，もし個人1と個人2の公共財からの限界便益の合計が公共財の限界費用以上($MB_1 + MB_2 \geq P$)ならば，政府は上で示した公共財に関する費用負担を個人1と個人2に求め，公共財を1単位追加供給する。その後，個人1と個人2はそれぞれ，公共財からの自身の限界便益を政府に表明し，今までの(上記の)プロセスを繰り返す。考えるべき点は個人が政府に対して，公共財からの自身の便益を正しく表明するか否かである。そこで以下の事柄に注意を払い，この点について考えることにしよう。

(例えば)個人1は，

　　　公共財の費用負担　$P - MB_2$
　　　公共財からの真の限界便益　MB_1^*

に直面するため，個人1の公共財からの真の限界純便益は

　　　公共財からの真の限界純便益　$MB_1^* - (P - MB_2)$

である。なお個人1の真の限界純便益がプラスであるかマイナスであるかは，個人2が政府に報告する公共財からの限界便益 MB_2 の大きさに依存する。個人1の公共財からの真の限界純便益がゼロ以上の場合，ゼロ未満の場合の2つに分けて，図を用いながら説明をさらに進めよう。

ケース1　個人1の公共財からの真の限界純便益が $MB_1^* - (P - MB_2) \geq 0$
　　　　のとき

縦軸に真の限界純便益，横軸に個人1が政府に報告する公共財からの限界便益 MB_1 をとる。すると図3.10を描くことができる。

$MB_1^* - (P - MB_2) \geq 0$ の下で，個人1が公共財からの真の限界便益を偽る合理性はあるだろうか。まず個人1が公共財からの真の限界便益を偽り，図3.10の $(P - MB_2)$ 未満の水準で公共財からの限界便益を表明したとしよう。このとき公共財は供給されず，個人1が偽らずに公共財からの真の限界便益を表明したときに得られる，プラスの真の限界純便益を犠牲にしてしまう。そのため個人1が偽って $(P - MB_2)$ より低い限界便益を表明する合理性はない。

一方で，個人1が公共財からの真の限界便益を偽り，図3.10の $(P - MB_2)$ 以上の水準で $(P - MB_2)$ に近い限界便益水準，そこから相当離れた大きな限

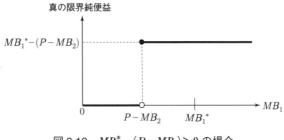

図 3.10　$MB_1^* - (P - MB_2) \geq 0$ の場合

界便益水準，あるいは正しい限界便益水準のいずれを表明しても，公共財は1単位追加的に供給される。そのため個人1が公共財からの真の限界便益を表明せず，偽りの限界便益を表明する合理性をここでも見出せない。

ケース2　個人1の公共財からの真の限界純便益が $MB_1^* - (P - MB_2) < 0$ のとき

縦軸に真の限界純便益，横軸に個人1が政府に報告する公共財からの限界便益 MB_1 をとる。するとケース2における図は，図3.11として描かれる。

$MB_1^* - (P - MB_2) < 0$ の下で，個人1が公共財からの真の限界便益を偽る合理性はあるだろうか。まず個人1が公共財からの真の限界便益を偽り，図3.11の $(P - MB_2)$ 未満の水準で $(P - MB_2)$ に近い限界便益水準，そこから相当離れた小さな限界便益水準，あるいは正しい限界便益水準のいずれを表明しても，公共財が1単位追加的に供給されることはない。そのため個人1が公共財からの真の限界便益を表明せず，偽りの限界便益を表明する合理性はない。

一方，個人1が公共財からの真の限界便益を偽り，図3.11の $(P - MB_2)$ 以上の水準で表明した場合，公共財は1単位追加的に供給される。しかし個人1の真の限界純便益はマイナスである。これは個人1が偽らずに公共財からの真の限界便益を表明したときに得られる，ゼロの真の限界純便益よりも不利な状態である。そのため個人1が公共財からの真の限界便益を表明せず，偽りの限界便益を表明する合理性をここでも見出せない。

3.6 クラーク＝グローブズ・メカニズム

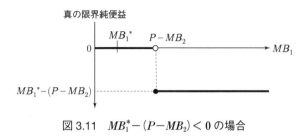

図 3.11 $MB_1^* - (P - MB_2) < 0$ の場合

以上から個人 1 は公共財からの限界便益を偽らず，正しく表明する方が望ましい。つまりリンダール均衡で問題となっていた，公共財の費用負担割合を過少に表明する可能性があるといった問題は，クラーク＝グローブズ・メカニズムでは解決するのである。しかし大きな問題が 1 つ残ることを最後に指摘しておこう。それは公共財を 1 単位追加的に供給する際，財政収支の赤字に直面する場合がある。下の 3 つの関係を思い起こそう。

個人 1 の公共財の費用負担 $= P - MB_2$

個人 2 の公共財の費用負担 $= P - MB_1$

公共財を 1 単位追加的に供給するときの限界費用 $= P$

政府が公共財を 1 単位追加的に供給する際，個人 1 と個人 2 は政府に対して公共財の費用負担として

$$(P - MB_2) + (P - MB_1)$$

を支払う。これは政府から見るならば収入に相当する。

一方，公共財の供給を 1 単位追加的に供給するときの限界費用 P は，政府から見るならば支出に相当する。これらの式から，財政収支は

$$(P - MB_2) + (P - MB_1) - P = P - (MB_1 + MB_2) \quad (3.35)$$

として表される。財政収支が均衡するときは，$P = MB_1 + MB_2$ が成立するときである。公共財を 1 単位追加的に供給している状態では $P < MB_1 + MB_2$ でなければいけない。しかしこれは財政収支の赤字を意味する。このように，公共財を 1 単位追加的に供給しているときには，政府は財政収支の赤字に直面するといった問題が生じる。

この 3 章では，公共財の種類，公共財が私的供給される場合，公共財の供

給条件としてサミュエルソン条件，公共財の供給メカニズムとしてリンダール均衡，クラーク＝グローブズ・メカニズムを説明した。しかしさまざまな公共財が存在する社会において，公共財に対する個人や世代間での選好には，ばらつきがあるかもしれない。

そこでリンダール均衡やクラーク＝グローブズ・メカニズムといった公共財の供給メカニズム以外の供給メカニズムとして，公共財に対する個人，世代間の選好を把握するための政治過程といった要素を考える余地が生まれる。つまり公共財に対する個人，世代間の選好が政治過程に取り込まれ，その政治過程を経て公共財の供給量が決定されるという公共財の供給メカニズムである。この点については11章で中位投票者定理や二大政党モデルとして説明される。

演習問題

1. 純粋公共財がもち合わせている特徴を説明しなさい。そして純粋公共財が民間ではなく，政府によって供給される理由を考え，説明しなさい。
2. 公共財の最適供給条件と私的財の最適供給条件の違いについて説明しなさい。
3. サミュエルソン条件では考慮されていない事柄で，リンダール均衡では考慮されている事柄を説明しなさい。次に2名の個人，公共財と私的財の2財からなる社会での公共財供給として，リンダールによる公共財供給を考える。リンダール均衡に至るプロセス，そしてリンダール均衡において排除できない問題点を説明しなさい。
4. 公共財の費用負担の点について，クラーク＝グローブズ・メカニズムとリンダールによる公共財供給の違いを説明しなさい。またクラーク＝グローブズ・メカニズムで生じる問題点を説明しなさい。

4
所得再分配

　この章では，政府の所得再分配政策について，わが国ではどのようにおこなわれているのかの実態をつかむとともに，再分配政策によってどのような社会を望むのか，についても考える。所得再分配政策は，累進課税によって低所得者の税負担を高所得者の税負担よりも軽減するという直接的な手段とともに，社会保障による低所得者への給付という間接的な手段でもおこなわれている。再分配政策の望ましい姿を考えるには，そもそも政府が所得再分配政策をおこなう理由は何であるかを考えてみる必要がある。この章では，所得再分配政策の必要性を確認した後，どの程度の再分配が望ましいのかについても見ていくことにする。

4.1　政府から家計への所得移転政策

4.1.1　一般会計予算の最大項目

　政府の活動のうち，一般に最も関心の高いものは景気対策であろう。景気対策としての政府支出の代表例は公共投資である。政府の予算の内訳をみると，公共投資の占める割合は長期的に低下を続けている(1章参照)。景気対策は一般の関心は高いものの，支出規模からみるとその大きさは低下してきているのである。

　それでは，支出規模からみる場合，最も大きい物は何であろうか。第1章でみたように，一般会計予算でみると社会保障関係費であり，一般会計の

31％を占めている．公債費と地方交付税を除いた，一般会計の裁量的経費である一般歳出に占める割合でみると，その割合は長期的に上昇し続けていることがみてとれる．

　社会保障関係費は，具体的にどのような支出を指すのであろうか．おもなものとして，①基礎年金の国庫負担，②医療保険の国庫負担，③介護保険の国庫負担，④生活保護費の国の負担分である国庫支出金，⑤児童手当の国庫負担などである．このように，一般会計の社会保障関係費は，特別会計への支出や地方政府への補助金であり，家計への給付の大きさを直接示すものではない．社会保障の役割を考察するには，政府から家計へ，どのような項目の社会保障が，どれくらいの大きさで支払われているのかを捉える必要がある．そのためには，政府の活動を国民経済の中で位置付ける，一般政府の支出項目のなかで社会保障の支出を見なければならない[1]．

　社会保障のうち支出の多くを占めるのは，保険料を主な財源とする年金，医療，介護などの社会保険である．税を財源とする生活保護や社会福祉の割合は小さい．また，社会保険の財源のうち，税財源の割合が徐々に大きくなる傾向にある．

　日本の社会保障支出がうまく機能しているのかを見るには，まず，社会保障が本来果たすべき役割についてまとめておくことから始めなければならない．

4.1.2　再分配の実態

　日本の所得分布の現状について調査した統計に厚生労働省の『所得再分配調査』がある．これは3年に1度実施されている．所得再分配調査は，当初所得の分布，および，当初所得から税・社会保険料負担を差し引き，社会保障給付を加えた再分配所得の分布の状況を計測したものである．

　『所得再分配調査』をみると，日本の所得再分配の実態に関して2つのことが読み取れる．第1は，再分配政策によって当初所得から再分配所得へどれだけ変化したのかを，所得階級別に，あるいは世帯類型別に計測できるこ

---

[1] 詳しくは，本書の第7章を参照されたい．

4.1 政府から家計への所得移転政策　　　　　　　　　　　　　　　　　　　　97

とである。

　第2は，日本の所得分布の不均等度を「ジニ係数」の指標を用いて示していることである。いいかえると，再分配政策が実施される前の日本の所得分布の不均等度を示す数値と，再分配後の所得分布の不均等度を示す数値とがわかるのである。この調査報告の内容を理解するためには，(1)ジニ係数の計測方法と，(2)その読み方を理解する必要がある。以下ではこれらを見ておこう。

(1) ジニ係数の計測方法

　ジニ係数は所得分布の状況を描くローレンツ曲線から計算される。そこで，ローレンツ曲線の導出を説明しよう。ローレンツ曲線の作成には，まず世帯を所得の低い順に並べる。次に所得を低い方から順に足し合わせていく。これにより所得の低い方からX％の世帯までで，全所得のY％を占めるという，世帯累積比率と所得累積比率を求める。

　数値例を用いて考えてみよう。A，B，C，Dの4世帯について，表4.1のような所得を想定する。これをもとに世帯累積比率と所得累積比率を作成する。

　図4.1に示すように，世帯数の累積比率を横軸に，所得額の累積比率を縦軸にとってグラフを書いたものがローレンツ曲線である。全世帯の所得が同じであれば，所得の低い方からX％の世帯までで全所得のX％を占めるこ

表4.1　所得分布の数値例

	A	B	C	D
所得	20	40	60	80

表4.2　世帯累積比率と所得累積比率

	A	B	C	D
世帯累積比率	25％	50％	75％	100％
所得	20	40	60	80
所得累積	20	60	120	200
所得累積比率	10％	30％	60％	100％

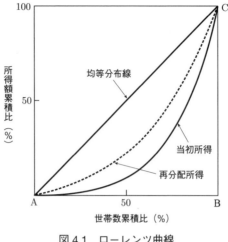

図 4.1 ローレンツ曲線

とになるので，ローレンツ曲線は原点を通る 45 度の直線に一致する。逆に全所得を 1 人が占め，残りの人々の所得はゼロという極端なケースの場合，ローレンツ曲線は線分 AB と線分 BC がつながった線になる。

このように，ローレンツ曲線は所得分布が均等であれば 45 度線に近づき，不均等になるほど 45 度線から遠ざかるという性質をもつ。ローレンツ曲線が表す不均等の程度を数値化したのがジニ係数である。ジニ係数は，ローレンツ曲線と 45 度線とで囲まれる弓形の面積が均等分布線より下の三角形 ABC の面積に占める割合で定義される。所得分布が完全に均等な場合，ローレンツ曲線が 45 度線になって弓形の面積は 0 になるので，ジニ係数も 0 になる。不均等が最大の場合，ローレンツ曲線は線分 AB + 線分 BC になるので，三角形 ABC の面積と等しくなり，ジニ係数は 1 になる。

このように，ジニ係数は 0 から 1 の間の値をとり，ジニ係数の値が大きいほど所得の不均等度が一般的に大きいことを意味する。ここで「一般的に」と留保をつけたのは，2 つの所得分布のローレンツ曲線が交差する場合には，ジニ係数の大小だけでは所得の不均等度の大小が判断できないからである。

4.1 政府から家計への所得移転政策

(2) ジニ係数からみた，日本の所得分布の不均等度

日本の所得分布の状況については厚生労働省の『所得再分配調査』があり，3 年に 1 度，全国の約 5,000 世帯について所得の状況を調査している。表 4.3 は税と社会保障による再分配の状況を当初所得階級別に表している[2]。再分配は各世帯が政府に支払う税・社会保険料と政府から各世帯への社会保障給付である[3]。

表 4.4 および図 4.2 は『所得再分配調査』で示された 5 つの調査年の当初所得のジニ係数と再分配所得のジニ係数である。これを見ることによって 2002 年（平成 14 年）から 2014 年（平成 26 年）にかけて，当初所得の不均等度の変遷，再分配所得の不均等度の変遷，およびこの間の再分配の状況を見る

表 4.3　当初所得階級別所得再分配状況

【当初所得階級】	当初所得 (A) (万円)	再分配所得 (B) (万円)	再分配係数 (B−A)／A (％)	拠出		受給 (万円)
				税金 (万円)	社会保険料 (万円)	
総数	392.6	481.9	22.7	48.0	50.4	187.7
50 万円未満	4.9	270.0	5,391.8	8.8	11.8	285.7
50 〜 100	74.8	265.9	255.3	10.2	16.6	217.9
100 〜 150	121.5	311.9	156.8	13.4	18.7	222.5
150 〜 200	171.8	317.3	84.8	16.7	23.8	186.0
200 〜 250	221.8	351.2	58.3	22.3	33.0	184.7
250 〜 300	271.4	357.7	31.8	24.9	38.6	149.7
300 〜 350	321.0	395.9	23.3	27.8	38.7	141.4
350 〜 400	372.1	424.1	14.0	30.0	48.6	130.6
400 〜 450	420.4	457.5	8.8	35.9	54.8	127.8
450 〜 500	472.6	483.8	2.4	41.1	58.0	110.3
500 〜 550	519.6	572.2	10.1	46.3	63.4	162.3
550 〜 600	572.3	569.3	−0.5	47.9	70.7	115.6
600 〜 650	622.0	608.9	−2.1	58.0	76.9	121.8
650 〜 700	673.7	677.7	0.6	63.1	86.1	153.2
700 〜 750	722.5	691.8	−4.2	65.5	94.6	129.4
750 〜 800	774.3	702.8	−9.2	78.2	100.1	106.9
800 〜 850	823.1	769.8	−6.5	83.6	105.2	135.5
850 〜 900	872.3	812.0	−6.9	85.7	107.9	133.4
900 〜 950	920.3	839.0	−8.8	98.6	116.1	133.5
950 〜 1,000	972.4	884.1	−9.1	95.0	114.2	120.9
1,000 万円以上	1,488.4	1,193.4	−19.8	242.0	148.5	95.5

出所：厚生労働省『所得再分配調査』（平成 26 年）

表 4.4 所得再分配による所得格差是正効果（ジニ係数）

調査年	ジニ係数				ジニ係数の改善度（％）		
	当初所得 ①	①＋社会保障給付－社会保険料 ②	可処分所得 (②－税金) ③	再分配所得 (③＋現物給付) ④	再分配による改善度 ※1	社会保障による改善度※2	税による改善度 ※3
平成 14 年	0.4983	0.3989	0.3854	0.3812	23.5	20.8	3.4
平成 17 年	0.5263	0.4059	0.3930	0.3873	26.4	24.0	3.2
平成 20 年	0.5318	0.4023	0.3873	0.3758	29.3	26.6	3.7
平成 23 年	0.5536	0.4067	0.3885	0.3791	31.5	28.3	4.5
平成 26 年	0.5704	0.4057	0.3873	0.3759	34.1	31.0	4.5

※1 再分配による改善度＝1－④／①
※2 社会保障による改善度＝1－②／①×④／③
※3 税による改善度＝1－③／②
出所：厚生労働省『所得再分配調査』（平成 26 年）

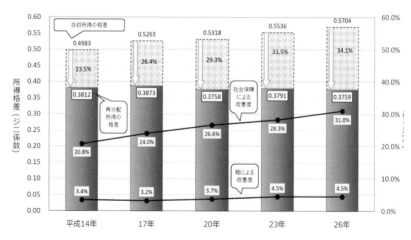

(出所)厚生労働省『所得再分配調査』（平成 26 年）

図 4.2 所得再分配によるジニ係数の変化

---

[2] 当初所得は，雇用者所得，事業所得，農耕・畜産所得，財産所得，家内労働所得及び雑収入並びに私的給付(仕送り，企業年金，生命保険金等の合計額)の合計額をいう。
[3] 給付は生活保護を指している。

ことができる。

　まず当初所得に注目すると，ジニ係数が 0.4983 から 0.5704 に単調に上昇していることがわかる。これは当初所得の分布の不均等度が上昇していることを意味する。

　次に再分配所得を見ると，同じ期間のジニ係数は，変動はあるものの，0.38 前後の値で推移しており，当初所得の変動と比較すると安定的であるといえよう。当初所得では不均等が拡大しているのに対し，再分配後の所得の不均等度はほぼ一定であったとみなすことができる。再分配の程度を示す指標がジニ係数の改善度である。この期間において，ジニ係数の改善度は 23.5% から 34.1% まで上昇してきている。

　このような結果については，再分配政策とともに社会の構造変化についても合わせて考える必要がある。最も大きな社会的な変化は人口の高齢化の進展である。この期間において，退職を迎えた人数が相当数存在する。この人たちの所得は給与所得から公的年金に移行し，これによって当初所得の減少と再分配所得の増加という形で統計に表れていると考えられる。人口高齢化は今後も継続すると予測される大きな社会的な変化である。9 章と 10 章で掘り下げて考察をおこなう。

4.2　社会的厚生関数

　所得再分配のありかたについては，具体的な再分配の手段についての検討とともに，結果としてどれくらいの再分配をおこなうのが望ましいのかについても検討しないといけない。言い換えると所得分配の不均等をどの程度是正するのが社会にとって望ましいのか，という問題設定である。これには，公平性をどの程度重視するのかという，価値判断が関わっている。

　所得再分配政策を実施すると，低所得者は可処分所得の増加によって生活水準が上昇するが，高所得者は再分配のための負担（税負担など）を多くするので，可処分所得は低下するという痛みを受けるであろう。所得再分配は個人別にいわゆる損得を引き起こすので，望ましい再分配の程度を決めるには社会的な価値判断が必要になる。直観的には，再分配による低所得者の満足

の増加と高所得者の満足の低下を社会的にどのように評価するのかということである。

この問いに対して，人々の満足度を表す効用水準をもとに社会全体の厚生水準を数値化し，その数値の変化で判断しようという社会的厚生関数を用いたアプローチがある。ここで，効用は所得 y_i の増加関数であるとし，個人 i の効用は所得の関数として，

$$u_1 = u(y_i)$$

と表すことにする。

社会が N 人から構成されるとすると N 人の効用, $u(y_1), u(y_2), \cdots, u(y_N)$ から社会の厚生を算出する。社会的厚生関数は公平性を重視する度合いによってさまざまな関数型がある。代表的なものとして，ベンサム型社会的厚生関数とロールズ型社会的厚生関数がある。

(ベンサム型社会的厚生関数)
$$SW^B = u(y_1) + u(y_1) + \cdots + u(y_N) \tag{4.1}$$

(ロールズ型社会的厚生関数)
$$SW^R = \min[u(y_1), u(y_1), \cdots, u(y_N)] \tag{4.2}$$

ベンサム型社会的厚生関数は，式(4.1)のように各個人の効用の合計を社会的厚生とみなす。所得再分配政策によって効用の上昇する人と低下する人がいる場合，社会全体で効用の上昇分の合計が低下分の合計を上回れば，ベンサム型社会的厚生関数のもとではこのような再分配政策は望ましいと判断される。

式(4.2)のロールズ型社会的厚生関数は，最も効用の低い人の効用水準を社会厚生とみなす。この場合所得再分配政策によって社会厚生が改善するかどうかは，効用の最も低い人の効用が上昇するかどうかに関わっており，それ以外の人の効用の変化は無視される。極端なケースを考えると，たとえ社会の大多数の人の効用が低下しても最も効用の低い人の効用が上昇するような政策があれば，ロールズ型社会厚生関数のもとではその政策は望ましいことになる。

4.2 社会的厚生関数

4.2.1 ベンサム型社会的厚生関数とロールズ型社会的厚生関数の特徴

2つの社会的厚生関数の特徴を $N=2$ の2人経済について図を使ってまとめておこう。図4.3は横軸に個人1の効用 u_1、縦軸に個人2の効用 u_2 をとっている。社会的厚生が10になるような u_1 と u_2 の組み合わせを図示してみよう。

まずベンサム型社会的厚生関数をとりあげよう。社会的厚生が10になるのは式(4.1)の N が2の場合なので

$$10 = u_1 + u_2$$

である。これを図示すると図4.3のように傾きが -1 の直線になる。この線上では u_1 と u_2 のどちらが大きい小さいに関係なく社会的厚生は10である。このように一定の大きさの社会的厚生を示す線を**社会的無差別曲線**という。社会的厚生が20の場合の社会的無差別曲線は右上方の点線の直線である。

次にロールズ型社会的厚生関数を取り上げよう。社会的厚生が10になるのは

$$10 = \min(u_1, u_2)$$

である。これを図示すると図4.4のようになる。Aでは $u_1 = u_2 = 10$ であり、社会的厚生は10の水準である。AからBの方向の線上では $u_2 > u_1 = 10$、AからCの方向の線上では $u_1 > u_2 = 10$ であり、いずれも最小値は10なのでAで直角の2つの直線は社会的厚生が10の社会的無差別曲線である。社会的厚生が20の社会的無差別曲線は同じ形状で右上方に位置していることがわ

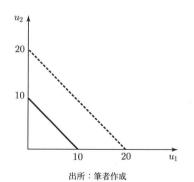

図4.3 ベンサム型社会的厚生関数

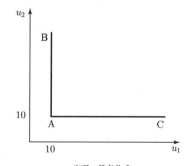

図4.4 ロールズ型社会的厚生関数

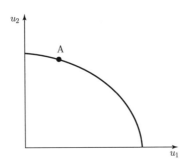

出所：筆者作成
図 4.5　効用可能性フロンティア

かるだろう。

4.2.2　所得再分配

　所得再分配の望ましい水準について，$N=2$ の 2 人経済で考えてみよう。図 4.5 は 2 人の再分配前の効用水準と再分配によって実現できる効用の組み合わせを描いている。点 A が当初の所得の場合の 2 人の効用を表しており，$u_1(y_1) < u_2(y_2)$ の状態である。ここで個人 1 に T だけ税を課すことを考える。個人 1 がどのような行動をとってもこの T は変わらないので，所得効果を通して以外の攪乱効果はない。個人の行動に関わらず定額の税を課す税を定額税と呼ぶ。定額税は，個人ごとに税額が違っていてもよい。定額税 T を用いて再分配をおこなうと 2 人の効用は $u_1(y_1+T)$ と $u_2(y_2-T)$ に変化する。$T>0$ ならば個人 1 の効用は上昇し，個人 2 の効用は低下する。その値が大きくなるほど 2 人の効用を表す点は A 点から曲線にそって右下に移動する。この曲線を効用可能性フロンティアと呼ぶ。

4.2.3　社会的厚生の最大化

　望ましい再分配の大きさ T は，効用可能性フロンティア上で最も社会的厚生の高い点を選ぶことで求められる。
　図 4.6 は，$N=2$ の 2 人経済で，2 人の効用関数が同じ形状をしているときの効用可能性フロンティアを表している。フロンティアは 45 度線を軸に

4.2 社会的厚生関数

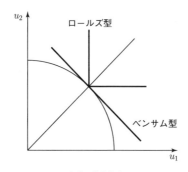

出所：筆者作成

図 4.6 効用可能性フロンティアと社会的厚生関数

対称になっている。このとき，図で示されているように社会的関数がベンサム型であっても，ロールズ型であっても，2人の所得は等しくなる(つまり効用が等しく，45度線の上にあるとき)に社会的厚生が最大化される。つまり，所得が完全平等であることが望ましい。

ベンサム型の社会的厚生による社会的無差別曲線の傾きは，マイナス1である。これは，45度線と直角に交わっていることになる。

より一般的な社会的厚生関数として用いられているものとして

$$SW = \frac{(u_1)^\gamma}{\gamma} + \frac{(u_2)^\gamma}{\gamma} + \cdots \frac{(u_i)^\gamma}{\gamma} + \cdots + \frac{(u_N)^\gamma}{\gamma} \tag{4.3}$$

がある。式(4.3)はN人の効用$u_1(i=1,2,\cdots,N)$から計算されることを示している。ここでγは公平性の程度を表すウェイトである。式(4.3)ではN人が所得の低い順に並べられるとしよう。各人の効用の変化が社会的厚生SWにおよぼす影響は近似的に

$$\Delta SW = (u_1)^{\gamma-1}\Delta u_1 + (u_2)^{\gamma-1}\Delta u_2 + \cdots + (u_i)^{\gamma-1}\Delta u_i + \cdots + (u_N)^{\gamma-1}\Delta u_N \tag{4.4}$$

で表される。式(4.4)は個人iの効用の変化Δu_iは，社会的厚生に及ぼす影響には$(u_i)^{\gamma-1}$を乗じて計算することを意味する。いわば，$(u_i)^{\gamma-1}$は社会的厚生を計算する際の個人iのウェイトである。γが1の場合，式(4.3)の社会的厚生は

$$SW = u_1 + u_2 + \cdots + u_i + \cdots + u_N$$

となり，ベンサム型社会的厚生関数に一致する。

$\gamma = -1$ の場合，個人 i のウェイトは

$$(u_i)^{-2} = \frac{1}{(u_i)^2} \tag{4.5}$$

なので，効用の低い人ほど式(4.5)で示されるウェイトが大きいことを意味する。効用と所得が正の相関を持つと想定すると，式(4.5)は低所得者ほど社会的厚生への影響を重視することを意味する。γ のマイナスの値が大きくなるほどより低所得者を重視する度合いが高くなる。$\gamma = -\infty$ に近づく，効用の最も低い u_1 のウェイトが他の人のウェイトよりも圧倒的に大きくなるので，

$$SW = \min(u_1, u_2, \cdots, u_i, u_N)$$

で定義されるロールズ型の社会的厚生関数に近づく。

公平性のパラメータである γ の値が小さいほど公平な所得再分配が望ましく，γ が1に近いほど不均等な所得分布を社会的に容認することを意味する。

4.3 公平性と効率性

現実の所得再分配政策について考えるためには，その具体的な方法と再分配政策による経済的な影響についても見ておく必要がある。再び2人からなる経済に戻り，図4.5で，所得再分配がおこなわれる前の2人の効用が点Aにあったとする。個人2は時間当たり賃金が個人1よりも高く，個人1よりも効用が高くなっている。攪乱のない個別定額税によって所得再分配を図る場合には，能力の高い個人に定額税を課して，2人の効用を等しくすることを目指す。図4.5と図4.6の効用可能性フロンティアは，個人2から個人1へ所得を移転させていった場合の2人の効用の軌跡を描いたものであった。1単位ずつ所得を渡すごとに個人2の効用は徐々に低下し，1単位所得を受け取るごとに個人1の効用は上昇していくというようすを示しているのである。

ところが，個人の能力の違いを政府は正確に把握できないと考えられ，このように定額税を使って2人の効用を等しくすることは不可能である。所得再分配には社会保障や税制が具体的な手段として用いられている。所得税は

4.3 公平性と効率性

1年間の所得の大きさに応じて税負担額が計算されるという仕組みをとっている。所得の低い人は所得税がゼロや低い負担率であるが、高所得者になるほど税負担率が高くなるという累進所得税が多くの国で採用されている。

所得再分配の程度と所得税の累進度の関係を考えてみよう。公平性を重視し所得再分配の程度を大きくする場合には、高所得者の税負担をより多くするように累進度の高い所得税制を採用すると考えられる。所得再分配を重視しないのであれば、高所得者の税負担率を低所得者の税負担率と差をつける誘因は小さくなるだろう。

所得税の累進度の経済的な影響としては、労働への影響が指摘されている。税率が高くなるほど労働意欲が減退し、結果として税引き前の所得が小さくなると考えられる。直感的にいうと、所得税率を2倍にしても税収は2倍に届かない。税率の引き上げによる労働の減少によって、課税の対象である税引き前の所得が減少するからである。

政府が所得税を課して所得再分配を図ろうとする場合には、相当に高い税率を課す必要がある。そのことは個人2の労働意欲を著しく阻害し、個人1の所得を引き上げる財源も減らし、結果としてロールズ型の社会的厚生関数のもとでも正当化できないような、両者の効用が低くなるような事態をもたらしかねない。

所得再分配が労働供給やその他の資源配分に攪乱をもたらす税によってしか行えない場合には、必ずしも完全平等が望ましいとは限らなくなる[4]。現実の税制を前提にすると、図4.5で想定していたような効用可能性フロンティア上の移動とはみなせない。個人2から個人1へ再分配を強化するには高所得者の個人2により高い税率を課すことになるので、個人2の労働減少による税収減によって個人1の受け取る移転所得が小さくなり、効用可能性フロンティアより内側の曲線上で両者の効用が実現される。これは所得再分配政策が労働供給を減少させるという経済活動への悪影響、すなわち効率性の阻害を表している。

2人を効用が等しくするためには、個人2に高い税率を課す必要があるが、

---

[4] このような問題を扱う最適所得税の議論は、第5章でより詳しく解説する。

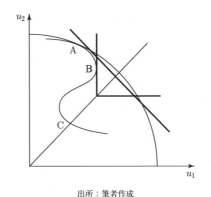

出所：筆者作成
図 4.7　攪乱的な税による効用可能性フロンティア

税率を上げていくとB点より先では，個人2の労働意欲の阻害から個人1へ向ける再分配の財源も減少することで，2人の効用がともに下がってしまう。図4.7では，2人の効用が等しくなるC点では，両者の効用は非常に低くなっている。ロールズ型の社会的厚生関数のもとで社会的厚生が最大化されるのは，2人の効用が等しくならないB点である。B点では不均等は存在するが，完全平等を目指すと，B点で効用の低い個人1の効用も下がってしまうことになる。したがって，効用の低い個人の効用を最大化するというロールズの基準に沿えば，不均等な状態ではあってもB点が望ましいことになる。

ベンサム型社会的厚生関数の場合，社会的厚生を最大化する点は図4.6よりも再分配の程度が小さくなっている。効率性の阻害による効用低下を考慮する分だけ再分配の程度が抑えられるのである。再分配の程度は効用可能性フロンティアの変化の程度，すなわち効率性の阻害の程度にも依存するのである。累進課税の強化が労働供給にあまり影響しないのであれば，効用可能性フロンティアの内側への変化は小さいので図4.6との違いも小さくなる。逆に労働阻害効果が大きいならば望ましい再分配の程度は小さくなる。

4.4　生活保護制度

現実の政策では，所得再分配は，所得税，生活保護制度，社会保険によっ

4.4 生活保護制度

て行われている。所得税については，第6章で議論される。ここでは，生活保護制度について触れておこう。

生活保護制度は，日本国憲法第25条「すべて国民は，健康で文化的な最低限度の生活を営む権利を有する。」を実際に担保するための中核となる社会保障制度である。

制度の基本的な仕組みは，世帯の人員・居住地等の属性に応じて算定された最低生活費に世帯の収入が満たない場合に，この満たない金額が生活保護費として支給される。給付の財源は国と地方の税収である。最低生活費の算定には，日常生活に必要な費用をまかなう生活扶助の他に，定められた範囲で実費を支給する住宅扶助，教育扶助，出産扶助，生業扶助，相殺扶助や医療保険と介護保険の給付に相当する医療扶助，介護扶助（自己負担はなし）がある。

生活保護制度と所得税による所得再分配のようすは，図4.8のように表される。図4.8の横軸は，再分配前の所得で，縦軸は再分配後の所得である。45度線は再分配前の所得と再分配後の所得が等しいという関係であり，再分配がおこなわれないときの所得の関係を示している。太線は，生活保護制度と所得税による再分配の姿を示している。再分配前の所得が生活保護基準水準以下の場合には，再分配後の所得が生活保護基準に達するまで保護費が支給されるので，太線は生活保護水準で水平になる。ただし，これでは働いて収入を増やすと同額だけ保護費を削減されて再分配後の所得が増えないた

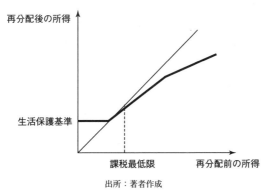

出所：著者作成

図4.8 生活保護制度と所得税による所得再分配

め，労働意欲が著しく阻害される。そこで実際には労働所得を得たときの削減額は所得の全額ではなく9割とする「勤労控除」という制度がある(実際の制度はもう少し複雑であり，ここでは制度の骨格を簡略化して述べている)。図では説明の簡略化のため，勤労控除は考慮していない。

所得に対する課税は，日本では国税の所得税と地方税の住民税がある。両税の詳細は第6章で説明される。この章では抽象的な議論をしており，所得に対する課税を所得税として説明している。一般的に所得税は収入から様々な控除をおこなって課税対象所得を計算するので，収入が低い場合には所得税がかからない。所得税がかかり始まる所得の水準を「課税最低限」といい，生活保護基準よりも高い。したがって，収入が生活保護水準を上回り，課税最低限以下の場合は，生活保護の受給も所得税による再分配もないので，再分配前と再分配後の所得が等しい。つまり両者は45度線上にある。課税最低限以上の所得では所得税が課されるので，再分配後所得が小さくなり，太線は45度線の下に位置する。

多くの国で採用されている累進的所得税では，所得が高くなるほど税率が高くなる。図4.8ではそのようすが表されており，税率が高くなることによって再分配前所得と再分配後所得の関係を示す太線の傾きが変わることを示している。

演習問題

1. 表4.4では，日本では税による不均等改善度が低いことが示されている。その理由はなぜか，改善度を上げるにはどのような税制改革が考えられるかを説明しなさい。
2. 2人経済で効用可能性フロンティアが45度線を軸に左右対称でない場合，ベンサム型社会的厚生関数とロールズ型社会的厚生関数を最大化する所得分配は同じものになるか，それとも違うものになるか。
3. 勤労控除制度を調べて，この制度があるときに図4.8はどのように書き直されるかを示しなさい。

5 租税の理論

本章では，租税に関する理論を学ぶ。まず，租税原則の変遷について学ぶ。次に，現代の租税原則について見ていく。さらに，どのような税制を構築すべきかという租税設計の理論について説明する。具体的な理論として，包括的所得税論，支出税論，最適課税論，二元的所得税論を紹介する。次に，課税による負担の最終的な落ち着き先を考える分析手法として，租税帰着を取り上げる。最後に法人課税の理論について述べる。

5.1 租税原則の変遷

租税原則とは，政府が税体系を構築する際に，どのような点を考慮しなければならないのかについて，一般的なルールを示したものだ。

租税原則として古くは，アダム・スミスの租税の4原則に遡ることができる。アダム・スミスは，18世紀に，イギリスで活躍した人物で「経済学の父」と呼ばれている古典派の経済学者である。

スミスは，政府が介入しなくても，市場にまかせておけば，神の見えざる手にみちびかれて，経済はうまく機能すると考えた。そのうえで，政府の役割を国防，警察，司法など必要最小限に限定する「**小さな政府**」を提唱した。このような国家は，**夜警国家**とも呼ばれる。スミスは，税制について，以下のような4原則を提唱した。

① 公平性の原則

政府が提供する国防，警察，司法などの公共財・サービスによって国民は守られて経済活動を行い，収入を得ているのだから収入が高い人が多くの税負担をするのが公平であるという考え方である。

② 明確性の原則

納税者が税を納める金額，時期，方法がわかりやすく明確であることである。税制が頻繁に変わるのは望ましくないというものだ。

③ 便宜性の原則

租税は，納税者にとって便利な時期と方法で徴収しなければならないということである。

④ 最少徴税費の原則

租税を徴収するにあたっては，なるべく低コストにしなければならないということである。

スミス以降の租税原則としては，ワグナーの9原則が有名である。アドルフ・ワグナーは，19世紀のドイツで活躍した人物である。ドイツの「鉄血宰相」と呼ばれたビスマルク体制期にあたる。当時のヨーロッパは，戦争時期にあたっていた。政府には軍備拡大のための財源が必要となり，国内問題に対処するために社会政策が必要となっていた。資本主義経済が生み出す所得格差の問題も生じていた。そこで，ワグナーの租税原則では特に社会政策への財源確保が重要とされた。具体的には，以下のような9原則を提唱した。

① 十分性の原則

財政支出をまかなうことができる税収をあげることができること。

② 弾力性（可動性）の原則

財政支出の伸縮に税収が対応できること。

③ 税源選択の原則

税源は国民の所得に求めるのがよい。財産に課税することはよくない。

④ 税目選択の原則

租税の最終負担者を考えて何に課税するかを決めなければならない。

⑤ 普遍性の原則

国民みんなで租税を負担すべきであり，租税を免除されるような階級を

作ることはしてはならない。
⑥ 公平性の原則
所得格差に対応した公平な税制として累進課税制度の導入をすべき。
⑦ 明確性の原則
⑧ 便宜性の原則
⑨ 最小徴税費の原則

各原則は4つのグループに集約することができる。①と②は財政政策上の原則，③と④は経済的原則，⑤と⑥は公正の原則，⑦から⑨はスミスの考え方を整理した税務行政上の原則である。

5.2 現代の租税原則

現在では，一般に租税原則として，公平性，効率性(中立性)，簡素の3つがあげられる。

5.2.1 公平性

公平とは『大辞林』によると，「かたよることなく，すべてを同等に扱う・こと(さま)。主観を交えない・こと(さま)。」とある。これを税負担における公平性とすれば，自分の負担が他の人の負担と比較して正当な水準でなければ納得できない，という感情は一般に理解されるのではないだろうか。言い換えると，嫌な税負担でも受け入れる気になるには，税制にある種の「公平」性が担保される必要があるといえよう。公平な税制とは，どのような条件を満たすのであろうか。

(1) 応益原則

税負担のあり方について，税収の使途と関連付けた見方がある。3章でみたように，政府が税を徴収するのは，家計と企業に公共財・サービスを供給する財源を確保するためである。そこで政府が，家計と企業に対して，公共財・サービスからの便益に応じた負担を求めるという**応益原則**がある。

しかしながら，政府が家計と企業に受益に応じた税負担を完全に実施する

ことは困難である。例えば，社会保障給付は，高齢者や社会的弱者に対してなされることが多いが，応益原則に基づいて負担を求めるわけにはいかない。

現在の税制で「応益課税」を課税根拠にあげているものとしては，地方税の事業税(法人事業税・個人事業税)や固定資産税などがある。事業税は法人企業や個人事業主に対する課税であるが，これらが事業活動をする際に，所在する都道府県の公共財・サービスの便益を受けているので，その便益に対して税負担をするべきであるという考えである[1]。

法人事業税(都道府県税)の課税ベースの主なものは法人所得である[2]。応益課税であれば，赤字法人に対しても課税されるべきである。赤字法人であっても，自治体が提供する道路などを利用しているためである。実は長期的に法人数の約3～4割程度しか法人事業税が課税されていない[3]。そこで2004年度から資本金1億円を超える普通法人を対象とする法人事業税において部分的に外形標準課税が導入された。**外形標準課税**は法人の所得の他に各事業年度の付加価値額と資本金等が課税ベースとされる[4]。外形標準課税の導入によって部分的に応益原則が適用されることになった。

(2) 応能原則

前述したように，社会的弱者に対して応益原則を適用することはできない。現実には，税負担をする能力に応じた負担を求める応能原則がほとんどのケースで適用されることになる。

応能原則のもとでは，税負担をする能力すなわち「担税力」に基づいて税負担が配分されることになる。担税力の大きさは，所得，消費，資産などの経済状態で判断されることになる。担税力に応じてどのように課税するのが公平なのか，ということについては，**水平的公平**と**垂直的公平**の2つの視点

---

[1] 税負担は公共財・サービスへの対価であるとみなす利益説に基づく課税であり，資源配分機能を重視しているものといえる。

[2] 法人事業税は法人が事務所や事業所を設立している各都道府県に納税する。課税ベースは法人税と同じである。

[3] 第6章を参照されたい。

[4] 大阪府「法人事業税の外形標準課税について」によると，付加価値割分は，＝収益配分額(報酬給与額＋純支払利子＋純支払賃借料)±単年度損益とされている。

5.2 現代の租税原則

がある。

マスグレイブは，水平的公平を「等しい状態にある人々は等しく取り扱われるべき」と定義し，垂直的公平を「異なる状態の人々に対する課税がどのように異なるべきか」ととらえた[5]。

これに従うと，水平的公平からは，担税力が同じであれば税負担も同じにすべきである。しかし，現実の税制では，必ずしも水平的公平は満たされていない。第6章で説明するように，日本の所得税は総合課税を原則としながら利子所得，配当所得などは分離課税が適用されている。例えば，給与所得だけで1,000万円稼いでいるサラリーマンと親から相続した資産を運用するだけで1,000万円を稼いでいる投資家では，同じ所得に対して異なる所得税を負担することになる[6]。

垂直的公平性の具現化を目指した税としては，累進税率表をもつ所得税があげられる。所得の大きい人が所得の小さい人よりも，税負担能力が高いという判断をするならば，所得が大きくなるほど税負担がより大きくなる累進課税が正当化されるのである。

日本の所得税制では，超過累進税率表を用いて累進課税を実施している[7]。ただし，超過累進税率表だけが累進課税の性質を持つわけではない。累進性については，マスグレイブとシンは，以下の4つの定義を提唱した[8]。

・累進性の4つの定義
①平均税率が課税前の所得が増加するにつれて上昇する(**平均税率累進性**)。
②課税前所得の変化率に対する税負担額の変化率の比率が1以上(**税負担累進性**)。
③課税前所得の変化率に対する税引き後所得の変化率が1以下(**残余所得累進性**)。
④限界税率が課税前所得の所得が増加するにつれて上昇する(**限界税率累進性**)。

---

[5] 木下監修・大阪大学財政研究会訳(1961) p.239 より引用。
[6] 所得税には，第6章で説明する業種間の所得捕捉率格差の問題も存在している。
[7] 超過累進税率の仕組みについては，第6章を参照されたい。
[8] 詳しくは，Musgrave and Thin (1948)を参照されたい。

実は，この累進性の定義については，超過累進税率表を用いなくても，課税最低限を持つ線形所得税でほとんどが満たされることになる。図5.1は線形所得税を図示したものだ。図5.1において，縦軸に税額 T，横軸に所得 Y がとられている。t が比例税率であり，t はゼロから1未満の値である。所得が低い方が Y_1 とし，所得が高い方が Y_2 としている。横軸の D が課税最低限である。

図5.1によって累進性の4つの定義を検討してみよう。平均税率累進性は以下のように示される。Y_1 と Y_2 のそれぞれの税負担を示す租税関数上の点 A と B と原点(O)を結ぶ線の傾きが平均税率となるが，これは $Y_2 > Y_1$ となっている。これは平均税率累進性を満たしている。

税負担累進性は，課税前の所得の変化率に対する税負担の変化率の割合が1以上であることで示される。課税前所得の変化率と税負担の変化率は以下のように表される。

$$課税前所得の変化率：\frac{Y_2 - Y_1}{Y_1}$$

$$税負担の変化率：\frac{T_2 - T_1}{T_1}$$

税負担の変化率を表す式に $T_1 = t(Y_1 - D)$ と $T_2 = t(Y_2 - D)$ を代入すると，課税前所得の変化率を税負担の変化率で割ると，$\frac{Y_2 - Y_1}{Y_1 - D} > 1$ が得られ，これは税負担累進性を満たしている。

残余所得累進性は，課税前の所得の変化率に対する課税後の所得の変化率

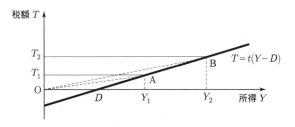

図5.1　線形所得税と累進性

の割合が1以下であることで示される。課税後所得の変化率は以下のように表される。

$$課税後所得の変化率：\frac{(Y_2 - T_2) - (Y_1 - T_1)}{Y_1 - T_1}$$

課税後所得の変化率を表す式に $T_1 = t(Y_1 - D)$ と $T_2 = t(Y_2 - D)$ を代入し，課税前所得の変化率を課税後所得の変化率で割ると，$0 < \frac{tD}{Y_1(1-t)} < 1$ が得られ，これは残余所得累進性を満たしている。

残余所得累進性は以下のように示される。残余所得累進性は課税前所得の変化率を税負担の変化率で割ることで求められる。
限界税率累進性は t で一定となっているので，線形所得税は満たしていない。したがって線形所得税は限界税率累進性以外の定義を満たす。日本の税制では地方税の個人住民税が線形所得税に近いものとなっている。

5.2.2 効率性

市場における効率性を阻害しない税としては，定額税（ランプサム・タックス）が望ましい。定額税は，政府が家計の所得や消費などと関係なく，家計の税負担能力に応じて一定の租税を課すものだ。したがって政府は，各家計の潜在的な税負担能力を正確に把握できるならば，所得や消費といった担税力を推測する税源を使用する必要はない。家計が税負担を嫌がり労働供給を減らしても，課される税負担が変化しないために効率性を阻害しない。現実には，政府は各家計の潜在的な税負担能力を正確に把握することができないので，定額税を課税することは不可能となる。したがって，課税は経済活動に対して非効率性を発生させる。

例としては，所得が高くなってきて税負担が高くなってきたと感じると，余暇や消費に時間を向けたくなるといった状況が挙げられる。

5.2.3 簡 素

簡素とは，徴税側と納税側の2つの側面から税制に求められる原則である。徴税側では，税務行政費（徴税費）をなるべく小さくすることが求められる。

税制を簡素化することは，徴税事務の簡素化にもつながり，これは徴税コ

ストを低下させることになる。納税側では、納税協力費を最小化することは、望ましい。簡素化された税制であれば、納税者は、税理士の手を借りずに、確定申告をできるようになるからだ。

5.3 租税設計の理論

政府は、公共財・サービスを供給する財源を租税によって調達している。望ましい租税制度とは、いかなるものであろうか。望ましい租税制度を考えるにあたっては、効率性と公平性の観点が必要になる。

本節では、まず、現在の日本の所得税制度の中心となっている包括的所得税論を説明する。次に直接税として、消費に課税をおこなう支出税について述べる。その後に1970年代から多くの研究がなされ、近年に新しい展開がもたらされている最適課税論について述べる。最後に、近年の日本の税制改革の論議で注目されている二元的所得税論について述べる。

5.3.1 包括的所得税論

包括的所得税論は、包括的所得にもとづき課税することが望ましいという租税理論である。包括的所得は、「2時点間の経済力の増加」として捉えることになる。包括的所得の考え方は、提唱者の名前によってヘイグ＝サイモンズ概念とよばれている。ヘイグ＝サイモンズの定義では、包括的所得とは消費と純資産の増加である。消費には現金化していない消費も含まれる。例えば、自家消費、帰属家賃、会社から支給される現物給付などである。

自家消費とは、農家などの生産者が自らの生産物を市場に出荷せずに、自分で消費できることを指す。自家消費は課税対象となっていないので、農家などは、生産物を購入して消費しなければならないサラリーマンなどより得をしているということである。

帰属家賃とは、家を所有するということは投資とみなされ、家賃は消費とみなされているギャップを埋める概念である。持ち家の人は、自宅に家賃を支払っていると擬制させて、賃貸住宅に住んでいる人と同じようにみなすようにしている。したがって、持ち家の人でローン返済などがない人は、家賃

とみなされる部分が存在せず，賃貸住宅者より有利となるが，これには課税されていない。現物給付とは，会社から提供される社用車や安価な，あるいは無料の社員食堂が該当する。

　純資産の増加とは，ある期間内の利子所得，配当所得，不動産や株式の売却利益などである。包括的所得とは，個人の資産価値を減少させることなく，財を消費できるだけの経済力あるいは消費力とみなせる。包括的所得税は課税ベースを広くとることができるので，税率を低く抑えることができる。また大企業だと利用できる社宅など福利厚生面も含めて，税負担を求めることになるので，公平性に優れている。ただし，現実には税務当局が農家の自家消費や現物給付を把握することは難しいという課題を抱えている。

5.3.2　支出税論

　支出税論は，課税ベースを消費に求めるものだ。支出税論は，消費は社会が生み出した財・サービスの蓄積からどれだけ取り出したのかという考え方を採用している。支出税の提唱者としてはカルドアがあげられる[9]。カルドアは「支出を標準とする租税は，人びとが共同のプールから汲み取る量に応じて彼らに課税するもので，彼らがそのプールへ注ぎ込む量に応じて課税しようとはしない。」と主張し[10]，消費の方が課税ベースとして望ましいとした。

　支出税は個人に対して消費を申告させて課税するため，納税者と税負担者が同じである直接税である。1959年にセイロン（現在のスリランカ），1958年にインドで支出税がカルドアの提案を受けて支出税を実施したが，税務行政費があまりにも高くなってしまい，短期間で廃止されている[11]。

　しかし，1978年にミードが『ミード報告』として，支出税の考え方を復活させた[12]。支出税は，所得から貯蓄を引いた消費に課税をおこなう。式で書くと，以下のようになる。

---

[9] Kaldor(1955)において提唱している。日本語版として時子山監訳(1963)ある。
[10] 時子山(1963)，p.49から引用。
[11] セイロンは1963年，インドは1966年に廃止されている。詳しくは，木村(2014)を参照されたい。
[12] ミード報告の正式名称は，『直接税の構造と改革(The Structure and Reform of Direct Taxation)』という。

$$C = Y - S$$

ただし，C は消費，Y は所得，S は貯蓄を表している。ミード報告では，個人に年間消費を申告させるのではなく，消費を所得から貯蓄を差し引くことで把握しようとしたわけだ。

支出税のメリットとして1つめは，負担の平準化を図ることができることがあげられる。所得の変動が激しい職業，例えば，作家やプロ野球選手などは，特定の時期に高い負担となってしまう。所得の変動が激しい職業の人たち，一時的な所得は貯蓄にまわす可能性が高い。したがって，生涯を通じてみると，消費は所得ほど変動しないと考えられるので，支出税の方が負担の平準化が可能となる。2つめは，貯蓄は投資に向かうため，これを推進させることから長期的な経済成長に役立つということがある。3つめは，所得税のようにインフレ調整にともなう制度改正の必要がないということがある。インフレによって名目所得が上昇してくると，所得税では税率表や控除額などを改正する必要があるが，支出税の場合は不要である。

支出税のデメリットとしては，貯蓄の取り崩しに課税される，あるいは借入金に課税されるという税制に国民が賛成するかという問題がある。いまひとつとして，所得に比べて課税ベースが狭いので，高い税率が課せられてしまうという問題がある。

5.3.3 最適課税論

効率性からみると，家計の経済活動への阻害がなるべく小さくして，必要な税収を確保することが望ましい。前述したように，定額税は経済活動に依存しない。税収を公共財・サービスによって市場に還元すれば，経済における資源配分を阻害しない。したがって，効率性の観点からは，定額税が最も望ましい税制となる。

厚生経済学の第2基本定理にあるように，定額税を用いた所得再分配によって，どのようなパレート効率的な配分も完全競争均衡として実現することができる[13]。したがって，定額税では，効率性だけでなく，公平性も満たすことができる。このような課税がなされても，パレート効率性が達成される。これはファースト・ベスト（最善）な意味での**最適課税**と呼ばれる。

5.3 租税設計の理論

しかし，現実には定額税を利用することは不可能なため，政府は，所得税や消費税といった効率性を阻害する税制の下で，社会的厚生を最大化させるというセカンド・ベストを目指すことになる。これは市場に対して効率性を阻害する租税が存在している状態の下で，政府が税制を構築するというセカンド・ベスト(次善)な意味での最適課税と呼ばれる。

最適消費税はラムゼーによる研究が出発点とされ，ラムゼー・ルール，あるいは逆弾力性命題と呼ばれる結論が導き出されている[14]。逆弾力性命題は，必需品などといった課税によって価格が上がってもあまり需要が減らない財(需要の価格弾力性が低い財)に重課し，奢侈品(ぜいたく品)など課税によって価格が上がると需要が大きく減少する財(需要の価格弾力性が高い財)に軽課することが最適な課税方法であるというものだ[15]。需要の価格弾力性が低い財ほど，課税による資源配分の非効率性(超過負担)が小さくなるから，高い税率が適用できるという命題である。

この命題には限界がある。1つは単純化のために代表的家計を仮定している点である。代表的家計とは，社会にはひとりの家計しか存在していないことを意味するものだ。代表的家計しか存在しないならば，所得再分配の必要性もない。しかし，現実の社会には能力の異なる複数の家計が存在している。

複数の家計が存在すると仮定した場合には，最適消費税の命題は以下のように修正されることになる。本間(1982)は，「消費税体系と人頭税が併用可能である場合，人頭税が資源配分の目標を担当し，消費税は所得分配の目標を担当することを意味している。」としている[16]。分配特性とは，井堀(2003)によると，「各家計の所得の社会的限界効用を各家計の需要構成比で加重平均したもの」である[17]。したがって，低所得者が相対的に多く消費する財の分配特性は高くなる。これによって，本間(1982)では，以下の命題を得ている[18]。

---

[13] 厚生経済学の第2基本定理については，第2章を参照されたい。
[14] Ramsey (1927)である。
[15] これはラムゼーの逆弾力性命題とも呼ばれる。
[16] 本間(1982) p.292 から引用。
[17] 井堀(2003) p.34 から引用。
[18] 本間(1982) p.292 から引用。

分配特性に関する命題　最適人頭税体系が実現できるならば，消費税体系は分配特性の高い財貨の補正的需要の変化率を低くするように個別税率を決定して，可能な限り所得分配上の公正さを保つように運用しなければならない。

この命題は，低所得者層が相対的に多く消費する財に対しては低い税率を適用すべきことを示唆している。

最適所得税はマーリーズの研究を出発点としている[19]。最適所得税は公共財・サービスのための一定の財源を所得税によって調達する場合，どのような税率構造であれば社会的厚生を最大化できるかを問うている[20]。

労働供給は，課税によって影響を受けるので，課税による労働抑制効果が高い場合は，最適な限界税率が低くなる。これは限界税率が所得水準の上昇につれて高くなる線形所得税から得られる結論である。

政府が非線形型の所得税制を設定することができるならば，最適な限界税率の結論は異なる。各家計の所得を稼ぐ能力がゼロから無限大に分布が広がっているものと仮定する。この場合，労働と消費の選択において補完的な関係でないのであれば，最適な租税関数の形状は，能力の上昇とともに上がっていくことになる(能力に対する非減少関数)。

サダカ，クーター，シードは，能力の分布についての想定を修正して，能力の分布に下限と上限が存在するものとした[21]。この想定の下での最適な租税関数の形状は，限界税率が能力の下限と上限においてゼロとなる。能力が高い人には，限界的な所得を多く稼いでもらって経済全体の所得を課税前より限界的に増加させることができる。政府は，限界的に増加した所得を再分配に使うことで，経済全体の満足度を上昇させることが可能になる。

1980年代の税制改革は，マーリーズが示唆した課税ベースの拡大と税率の引き下げの方向に向かった。その後，1990年代の終わり頃から「新しい

---

[19] Mirrlees(1971)である。
[20] 最適所得税の理論的な展開については，本間・橋本(1985)を参照されたい。
[21] Sadka (1976)，Cooter (1978)，Seade (1982)である。

5.3 租税設計の理論

最適所得税論」がダイヤモンドとサエズによって展開された[22]。彼らは所得分布，税率に対する所得弾性値，価値判断の3つの要素を数値化することで最適税率をマーリーズより高い値と算出した[23]。サエズは，アメリカにおける税率に対する所得弾性値についての実証研究結果を用いると，所得税の最高税率は50%より低くなるべきではないが，80%ぐらいの高さかもしれないとしている[24]。

このような結論は，ダイヤモンドとサエズがマーリーズと異なり，個票データによる現実の所得分布を用いたことで導き出されたものだ。現実の所得分布は，マーリーズの想定より高所得者層が多くなっている。このため高所得者層からの税収が多くなるように高い最高税率が望ましいとされたわけだ。

5.3.4 二元的所得税論

二元的所得税論は，所得の源泉に着目した税制である。二元的所得税論は課税ベースである所得を労働所得と資本所得に分離させ，前者には累進課税を適用させ，後者には比例税を適用させる。

北欧では90年代から包括的所得税から二元的所得税への移行が進んだ。移行の背景として，森信(2007)は「利子控除を通じて，不必要な借り入れをおこなうことにより所得の圧縮を図る租税回避が蔓延したり，金融所得を総合課税することによる高い限界税率を嫌い，高所得者が海外に資本を移したするといった，公平面で大きな問題を生じさせました。とりわけ，そのような行為が税収を減少させたという事実が，政府にとって二元的所得税の導入を決断させました。」としている[25]。

二元的所得税論は，資本移動の中立性を確保して実質的な税負担を一定水準に収めようという考え方である。二元的所得税は，資本移動の中立性を確保することで，国内資本の外国への流出を防ぐことを目的とし，効率性を重視している。

---

[22] Diamond (1998), Saez (2001)である。
[23] 新しい最適所得税論の記述内容については，岩本(2007)を参考にしている。
[24] Saez (2001) p.226 から参照。
[25] 森信(2007) p.29 から引用。

資本所得としては、利子、株式、配当などからのすべての所得を合算することが必要となる。これにはマイナンバー制度の導入による金融資産所得の把握が必須である[26]。

5.4 租税帰着

5.4.1 帰着の概念

政府が民間部門に課税をおこなうと、企業、家計の経済行動に影響が及ぶ。例えば、消費税のような間接税は、消費者価格を上昇させることで消費者に負担を転嫁させることを意図した税であるが、消費者価格の上昇に伴い消費者の需要が減少することで、企業収益の低下をもたらし、生産者に負担を転嫁させる可能性もある。このような課税による負担の最終的な落ち着き先が、租税の帰着である。

転嫁と帰着は、法人税を例にして考えると、以下のようにまとめることができる。法人をとりまく利害関係者(ステーク・ホルダー)はさまざまである。利害関係者としては、経営者、従業員、株主、消費者、仕入れ先などが考えられる。法人税が増税されるとなると、増税分はどこに向かうかが、租税の**転嫁**である。製品の価格を上げることで対処するという消費者に負担を転嫁するのであれば、これを**前転**という。一方、従業員の給料、株主配当を引き下げることで対処し、従業員や株主に負担を転嫁するのであれば、これを**後転**という。

帰着の概念は、法制上の帰着と経済的帰着に分類できる。法制上の帰着とは、税法で定められた税負担の落ち着き先を意味する。例えば、消費税の帰着先は、法制上は、消費者である。

一方、**経済的帰着**とは、法律上の規定とは関係なく、実際の税負担が落ち着く先を示すものである。このような市場を通じた帰着が、経済的帰着である。消費税の場合、法制上はすべて転嫁するものと規定されているものの、現実には価格を上げると、需要の減少を通じて企業利潤が減少し、生産者に

---

[26] 二元的所得税についての詳細は、政府税制調査会(1997)を参照。

も負担の一部が帰着する可能性がある。

帰着の経済分析の対象は，大きく3つに分類される。1つめは**差別的帰着**である。2つめは**均衡予算帰着**である。3つめは**均斉成長径路帰着**である。ここでは差別的帰着と均衡予算帰着をとりあげる[27]。

差別的帰着は2つの相異なる租税を代替した場合の帰着の違いをいう。例えば，所得税を減税させて，消費税(付加価値税)を導入する場合に帰着はどのように変化するのかを分析する。これには条件がつく。条件は，一定の財政支出を保持しながらこの支出をまかなうことができる税収を代替させるというものだ。この条件をつける理由としては，税制改革が起きた場合の財政支出からの影響を遮断して，税制改革の課税による分配上の変化のみの影響をみるためである。

均衡予算帰着は，税制改革による予算の増大あるいは減少にともなう財政支出の拡大あるいは縮小した場合の分配上の変化の影響を分析するものだ。均衡予算帰着では財政支出の規模を一定にするという条件がつかないので，税目を独立的に扱うことができる。例えば，完全雇用が達成されている状況において，新税が導入されたとしよう。新税の導入は国民所得の減少をもたらすことになる。この場合，均衡予算帰着では，新税を財源とした支出の増大によって完全雇用を維持させるという政策を組合せるという条件のもとで分配上の変化を分析することになる。

5.4.2　従量税と従価税の違い

従量税(specific tax)は生産量1単位あたりに課税される。日本の税制ではたばこ税，酒税，揮発油(ガソリン)税などが該当する。

従価税(ad valorem tax)は価格に一定比率の税率が課税される。日本の税制では消費税，関税などが該当する。

従量税あるいは従価税が供給側に課税されるとする。従量税の税率を t_s，従価税の税率を t_a として，供給曲線の変化を記述しよう。

課税前の供給曲線は，以下のようになっているものとする。これは，図5.2

---

[27] 均斉成長径路帰着は，差別的帰着を動学的モデルに拡張したものである。詳しくは本間(1982)を参照されたい。

における供給曲線 S_1 である。ただし，P は価格，X は生産量，a と b は定数である。

$$\text{課税前の供給曲線：} P = aX + b \qquad (S_1)$$

従量税が課税されると，以下のような式に変化する。

$$\text{従量税課税後の供給曲線：} P = aX + b + t_s \qquad (S_2)$$

つまり，従量税は，生産量1単位当たりに t だけ税を上乗せするものだから，供給曲線の各数量に対応して価格がそれぞれ t だけ上昇することになる。したがって，傾きはそのままで切片だけが増加するので，課税後の供給曲線は平行移動することになる。したがって，図5.2(a)の供給曲線は，S_1 から S_2 へシフトする。

一方，従価税は，消費税のように税込み価格を t_a%だけ上昇させることになる。例えば税率10％のもとで1,000円の商品は，$1000 \times (1+0.1) =$ 1100円となる。つまり，課税前の供給曲線に，$(1+t_a)$ を乗じたものを課税後の供給曲線となるので，課税後の供給曲線の式は，以下のように表される。

$$\text{従価税課税後の供給曲線：} P = (1+t_a)(aX + b) \qquad (S_3)$$

これは，図5.2(b)における供給曲線 S_3 で示されている。従価税が課税されると，切片と傾きが $(1+t_a)$ だけ増加することになる。

5.4.3 課税の超過負担

図5.3は従量税が課せられた場合の市場均衡の変化を表している。以下では従量税が課せられた場合に，資源配分に対してどのような影響があるかをみる。課税がない場合の取引と従量税が導入された場合の取引の違いを考察する。

課税前における需要曲線を D，供給曲線を S_1 とし，それぞれの曲線は以下のように与えられているものとする。

$$\text{需要曲線：} P = -0.4X + 17$$
$$\text{供給曲線：} P = 0.4X + 1$$

この2本の式から交点である $E_1(X_1, P_1)$ は $(20, 9)$ となる。課税前の総余剰は $(17-1) \times 20 \div 2$ で求められるので，160 となる[28]。

ここで例えば「1個あたり4円の従量税が課税される」としよう。この場合，

5.4 租税帰着

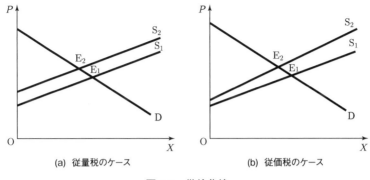

(a) 従量税のケース　　　(b) 従価税のケース

図 5.2　供給曲線

供給曲線は $P=0.4X+1$ から $P=0.4X+1+4$ と平行にシフトすることになる。図 5.3 における S_2 がこれにあたる。

これが「10％の従価税が課税される」としよう。この場合，供給曲線は $P=0.4X+1$ から $P=(1+10\%)(0.4X+1)$ となる。

以下では従量税が課税された場合を扱う。課税後の市場取引での新たな均衡点 $E_2(X_2, P_2)$ は $(15, 11)$ となる。課税後の経済全体の余剰はどうなるだろうか。まず消費者余剰は課税前の BE_1P_1 から課税後は BE_2P_2 へ変化する。生産者余剰は課税前の P_1EA から課税後は FGA へ変化する。税収は生産量 1 個あたり E_2G 分(4円)納税している。販売量は 15 個なので納税額は HE_2GA(60円)である。社会全体で納めた税は公共財・サービスとして市場に還元されるとすると，課税後の社会的余剰は BE_2GA となる。

完全競争がおこなわれているときと従量税が課税されたときと比較して社会的余剰は E_2E_1G 分(斜線部分：面積 10)が減少している(戻ってこない)。これを**超過負担**(excess burden)あるいは課税による**死荷重**(dead weight loss)と呼ぶ。

超過負担は税率の 2 乗に比例することが知られている。本節における数値例によって確認してみよう。税率が 2 倍の「1 個あたり 8 円の従量税が課税される」ものとしよう。この場合，供給曲線は $P=0.4X+1$ から $P=0.4X$

---

[28] 余剰については，第 2 章を参照されたい。

+1+8 と平行にシフトすることになり，超過負担を計算すると，面積は 40 が得られる。これは，税率 2 倍の 2 乗の 4 倍にあたる。

超過負担の大きさは，需要曲線と供給曲線の形状で決まる。課税される財やサービスによって影響が違うことになる。効率性を重視する立場で課税対象を考えてみると，超過負担の大きさは小さいほうがよいとされる。超過負担の大きさを小さくしたいとなれば，需要曲線の傾きが急な(高い)財・サービスに課税したほうがよい。すなわち税をかけてもなかなか需要量が減らないような財・サービスに課税するということになる。このような財・サービスとしては生活必需品(日用品や食料品など)があげられる。

5.4.4 完全競争市場の下での個別物品税の租税帰着

次に租税は誰が負担しているのかについてみてみよう。図 5.3 において生産量 1 個あたり 4 円の課税前後で均衡価格は 9 円から 11 円に上昇している。消費者にとって課税前後の価格の変化は 2 円である。1 個あたり 2 円の租税の 1 円分は消費者が負担していることになる。

生産者にとっては課税前では 20 個を 9 円で販売していたのに課税後では価格が 11 円で販売しなければならなくなっている。供給曲線は限界費用であることを考えると，20 個を販売するのであれば，1 個当たりは 9 円でよかったはずだが，1 円を余分に負担していることになる。

これら前転と後転の大きさは，需要曲線と供給曲線の傾きに依存することになる。図 5.3 で描かれている需要曲線と供給曲線の傾きは絶対値 0.4 で等しい。したがって，前転と後転の大きさが等しくなっている。もし，需要曲線の傾きが供給曲線の傾きよりも緩やかであるならば，消費者の負担は小さくなり，生産者の負担は大きくなる。

5.4.5 独占市場での租税帰着

独占市場での租税帰着を考えてみよう。費用曲線と需要曲線は以下のようになっているとする。費用は固定費用と生産量によって変化する可変費用に分けられるものとし，費用曲線を式 (5.1) のように表される。ただし，費用曲線は TC であり，X が生産量，a, b は定数であり，b は固定費用である。

5.4 租税帰着

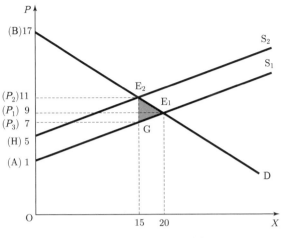

図 5.3　課税による超過負担

需要曲線は式(5.2)のように表される．ただし，P が価格であり，c，d は定数である．

$$費用曲線：TC = aX + b \tag{5.1}$$

$$需要曲線：P = -cX + d \tag{5.2}$$

すると，利潤は売上(収入)から費用曲線を引いた以下のように表される．売上は価格に生産量を乗じたものであるとし，利潤を π とすると，利潤は式(5.3)のように表される．

$$利潤：\pi = PX - TC \tag{5.3}$$

式(5.3)に式(5.2)を代入すると，π は式(5.4)のように表される．

$$\begin{aligned}\pi &= X(-cX + d) - aX - b \\ &= -cX^2 + Xd - aX - b\end{aligned} \tag{5.4}$$

利潤最大化は利潤関数を生産量 (X) で微分してゼロになるところであり，これは式(5.5)として表される．

$$\frac{d\pi}{dX} = -2cX + d - a \tag{5.5}$$

式(5.5)より利潤最大化の生産量 (X_1^*) は式(5.6)のように表される．

$$X_1^* = -\frac{a-d}{2c} \qquad (5.6)$$

売上(収入)と費用の差である利潤が最も大きくなるのは，それぞれの曲線の傾きが等しくなる(平行になる)ところである．収入曲線の傾きは限界収入(MR)であり，費用曲線の傾きは限界費用(MC)であり，それぞれは式(5.7)と式(5.8)として表される．

$$MR = \frac{d(PX)}{dX} - cX + d \qquad (5.7)$$

$$MC = \frac{d(TC)}{dX} = a \qquad (5.8)$$

すなわち $MR = MC$ のところで X_1^* が，独占企業にとって利潤が最大化される生産量となる．そのときの価格 P_1^* は，X_1^* を需要曲線に代入することで求めることができる．

$$P_1^* = \frac{a+d}{2} \qquad (5.9)$$

市場における需要側が望んでいる価格 a よりも高い価格 P_1^* と，供給側が望んでいる生産量 X_0 よりも低い生産量 X_1^* になってしまう．これが完全競争に比べて，独占による総余剰の減少という市場の失敗の例である．

ここで従量税が独占企業にかかるものとする．従量税は生産量1単位あたりに t(円)かかるために，1単位を生産する費用である限界費用 MC に t が加算されることになる．したがって，限界費用は式(5.10)のようになる．

$$MC_t = a + t \qquad (5.10)$$

利潤最大化は $MR = MC_t$ で解かれるので，生産量は式(5.11)のようになる．

$$X_2^* = -\frac{a-d+t}{2c} \qquad (5.11)$$

式(5.11)を需要曲線に代入することで課税後の価格 P_2^* が得られる．

$$P_2^* = \frac{a+d+t}{2} \qquad (5.12)$$

従量税 t が課された場合の価格上昇は，P_1^* から P_2^* を引くことで求められ，

これは $\frac{t}{2}$ である。独占市場の場合には，消費者の価格は，従量税の t の2分の1だけ上昇することになる。以上のことを図で表すと図5.4のようになる。

5.5 法人課税の理論

5.5.1 法人実在説と法人擬制説

「法人とは何か？」あるいは「法人の捉え方」として大きく分けて2つの考え方がある。1つは法人実在説であり，いまひとつは法人擬制説という考え方である。

法人実在説は「法人とはその企業活動者としての経済主体なので株主とは独立している。したがって経済主体として担税力がある」という考え方である。法人実在説によると，所得税のように法人税に累進税率を適用してもよいことになる。

一方で**法人擬制説**は「法人は株主の集合体である」という考え方である。この考えによると，法人税は所得税の前取りであり，二重課税であるという

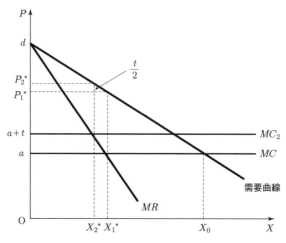

図5.4 独占市場における租税帰着

ことになる。法人は法人税を差し引いた利潤を株主に配当として分配する。株主の配当所得には所得税が課税される。これが二重課税にあたるというわけだ。

実際の日本の税制を2つの説から検討してみる。法人実在説的な税制としては、中小企業には軽減税率が課せられていることがあげられる。法人擬制説的な税制としては、二重課税への対応として配当控除がある。これには確定申告が必要であるが、配当所得がある場合に一定の金額が税額控除できる。現在の日本の税制では、2つの説が混在して採用されているわけだ。

5.5.2 租税理論からみた法人税とは

租税理論から法人税を考えるときには、先に説明した転嫁と帰着を考慮に入れる必要がある。法人をとりまく利害関係者(ステーク・ホルダー)はさまざまである。利害関係者として経営者、従業員、株主、消費者、仕入れ先などが考えられる。法人税が増税されるとなると、増税分はどこに向かうかが「租税の転嫁」である。

法人が法人税を課税される前に、短期的な利潤を最大化させるような価格を設定する行動をとるとすれば、法人は法人税を価格転嫁させることができない。法人税は利潤に課税するため、課税後に価格を引き上げると、総利潤が下がってしまうためである。

大企業4社程度しかない寡占市場の場合、法人は短期的な利潤を最大化させるような価格設定をしないので、法人税を価格転嫁する可能性がある。寡占市場での法人は長期的な視点によって、参入阻止を目的とした価格設定をする、あるいは経営者の効用最大化行動をする、マークアップ原理に基づいた価格設定をする場合がある[29]。このような短期的利潤の最大化行動をとらない場合では法人税を価格転嫁できる余地がある。

これまでの議論は、他の市場の影響を考慮しない部分均衡モデルによる議論となっている。法人税の帰着についての一般均衡モデルによる議論は、ハ

---

[29] マークアップ原理とは、製品の仕入れ値に自社の都合によってある程度の利益率(マークアップ率)をつけて販売価格にすることである。マークアップ率は長期的な利潤最大化を目指して設定される。

5.5 法人課税の理論

ーバーガーモデルが有名である[30]。一般均衡モデルとは，財市場，要素市場などにおける相互依存関係への影響を考慮する分析手法である。ハーバーガーによるモデル分析による結論の概要は，以下のようにまとめられる[31]。

いま企業を法人部門と非法人部門（自営業者）に分ける。法人部門と非法人部門は資本と労働という2つの生産要素で財を生産しているものとする[32]。2つの生産要素は法人部門と非法人部門への移動が自由であるとする。ここで非法人部門は，日本の農業のように資本に比べて労働を多用する企業であるとする。これは労働集約的企業という。一方，法人部門は，鉄鋼産業のように労働に比べて資本を多用する企業であるとする。

ここで法人税が法人部門にかかるとする。すると，法人部門は生産物の価格を引き上げる。生産物の価格が引き上がるので，生産物に対する需要が減少する。法人部門はこれまで通りの生産量を生産する必要がないので，資本と労働が余る。余った資本と労働は，移動が自由なので非法人部門に移動することになる。しかし，移動先の非法人部門は資本よりも労働を必要としている。よって非法人部門は労働に対する賃金を多くする（賃金収益率が上がる）これを労働分配率が上がるという。一方，余った資本は非法人部門に移動したとしてもそれほど稼働しないため，資本からの収益率が下がる。このように法人税が法人部門に課された結果，労働分配率を高めることになり，税の負担は資本に帰着することになる。

第6章で触れている近年における税制改革の報告書である「マーリーズ・レビュー」では，高い法人税率のままでは資本流出が発生して自国の生産性と賃金の低下が発生するとされている。したがって税制改革の方向性としては，法人税減税と所得税増税の組み合わせによって実質賃金を相対的に高くすることを提言している[33]。

---

[30] Harberger(1962)である。
[31] ハーバーガーモデルについての詳細は，Stiglitz(1988)(藪下訳(1996))あるいは，貝塚(1996)を参照されたい。
[32] 生産要素の総量は一定であるとする。
[33] Mirrlees(2011)のChapter 8を参照。

演習問題

1. 現在の日本の所得税における課題について述べよ。
2. 法人の捉え方の違いが法人税制にどのように反映されているか説明せよ。
3. 従量税と従価税の違いについて述べよ。
4. 二元的所得税論について述べよ。

6
租税制度の現状と課題

　本章では，まず，日本の租税の税収構造と負担について説明する。次に，日本の税体系について見ていく。さらに税体系のなかで主要な種目として，所得課税，消費課税，法人課税，資産課税についての現状，仕組みと課題について述べる。

6.1　税収構造
6.1.1　税収と負担の現状と推移
　図 6.1 は，一般会計における主要 3 税となっている所得税，法人税，消費税の各税収と名目経済成長率が，どのように推移してきたのかを描いたものである。図 6.1 によると，所得税と法人税の税収が名目経済成長率との関連性が見られる。その変動の多くは，景気変動の影響であると考えられる。
　所得税は，1987 年度(17.4 兆円)からバブル崩壊の年である 1991 年度(26.7 兆円)まで税収が急激に増加している。その後の 1992 年度(23.2 兆円)から 1999 年度(15.4 兆円)までは急激に減少している。1998 年度と 1999 年度には，名目成長率がマイナスに陥り，税収が大幅に減少している。この税収減の要因には，この間に景気対策として所得税の減税がおこなわれたことも指摘できる。
　2000 年度は，IT バブルによるプラスの名目経済成長率にともなって，3.4 兆円の増収となっているが，2001 年度と 2002 年度のマイナスの名目経済成

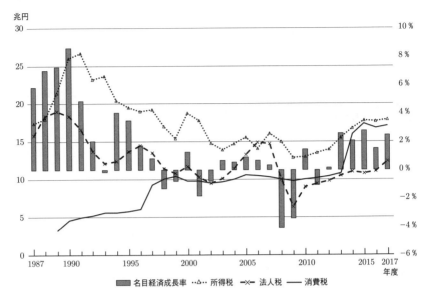

備考：2015年度以前は決算額，2016年度は補正後予算額，2017年度は予算額である。
出所：財務省資料より作成。

図 6.1　税収と経済成長率の推移

長率の影響により 2003 年度まで減収となっている。この間の減収額は 4.9 兆円である。

　2003 年度から 2005 年度は小泉政権期間中であり，低い名目経済成長率ではあるが，景気回復があり，増収となっている。その後のリーマン・ショック(2008 年金融危機)や欧州危機などによって 2008 年度と 2009 年度に減収となっている。その後，2010 年度から 2017 年度においては，増収となっている。この期間中の増収額は，5 兆円に上る。

　法人税は，1987 年度(15.8 兆円)から 1989 年度(19.0 兆円)にかけての高い名目経済成長率にともなって，増収となっている。その後，1990 年度から 1993 年度にかけて名目経済成長率の低下にともなって，大幅な減収となっている。

　1993 年度には 12.1 兆円にまで税収が落ち込んでいる。その後，1996 年度まで名目経済成長率の回復とともに増収となり，1996 年度では，14.5 兆円

6.1 税収構造

にまで回復している。その後，所得税と同様に，名目経済成長率の低下とマイナス成長にともなって，1999年度には，10.8兆円にまで減収となっている。

2000年度はITバブルによって11.7兆円に増収となるが，小泉政権期間に大幅に増収となり，2006年度では14.9兆円となっている。所得税と同様に，2008年と2009年度に大幅な減収となり，2009年度には9.0兆円となっている。その後は増収傾向にあり，2017年度(見込み)では，12.4兆円となっている。

消費税は，1989年4月に導入された。1989年時点は，1月から3月までの税収が生じないために，3.3兆円の税収にとどまっているが，次年度の1990年度には4.5兆円の税収となっている。1997年4月には消費税率は，5%への税率引き上げが実施されたことで，8.3兆円にまで増加している。その後，安定的に推移し，2014年に税率が8%まで引き上げられたことで，消費税の税収は伸び，2017年度では17.1兆円となっている。

図6.2は日本の租税負担率，社会保障負担率，および潜在的な国民負担率を国際比較したものである。**租税負担率**は，国税と地方税の合計額を国民所得で割った値である。**社会保障負担率**は，年金，医療，介護などの社会保障負担額を国民所得で割った値である。**国民負担率**は，租税負担率と社会保障負担率を足した値である。**潜在的な国民負担率**は，国民負担率に財政赤字分を国民所得で割った値を加えた値である。

$$租税負担率 = \frac{国税 + 地方税}{国民所得}$$

$$社会保障負担率 = \frac{社会保障負担額}{国民所得}$$

$$潜在的国民負担率 = \frac{国税 + 地方税 + 社会保障負担額 + 財政赤字}{国民所得}$$

図によると，日本の直近(2017年度)の租税負担率(対国民所得)は25.1%である。この値はアメリカ(24.4%)と同レベルであるが，ヨーロッパ諸国のイギリス(35.5%)，ドイツ(30.3%)，スウェーデン(50.2%)，フランス(40.9

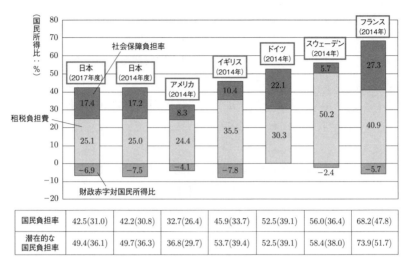

図 6.2 国民負担率の国際比較

備考1：日本は 2017 年度見通し及び 2014 年度実績。諸外国は 2014 年実績。
備考2：財政赤字の国民所得比は，日本及びアメリカについては一般政府から社会保障基金を除いたベース，その他の国は一般政府ベース。
備考3：国民負担率と潜在的な国民負担率のカッコ内の値は対 GDP 比率。
出所：財務省「国民負担率の国際比較」より引用。

%）よりかなり低いレベルである。

　日本の直近の社会保障負担率は 17.4％である[1]。この値はアメリカ（8.3％），イギリス（10.4％），スウェーデン（5.7％）より高い値となっているが，ドイツ（22.1％），フランス（27.3％）より低い値となっている。これは社会保障の財源として税（公費）と保険料をどの程度の割合でまかなっているのか[2]，あるいは，社会保障を政府がどの程度提供しているのかに依存する。

　日本の直近の国民負担率は 42.5％である。この値はアメリカ（32.7％）より高く，イギリス（45.9％）と同レベルである。ドイツ（52.5％），スウェーデン（56.0％），フランス（68.2％）は日本よりも高いレベルとなっている。

---

[1] 日本における社会保障の3本柱として，年金，医療，介護があげられる。
[2] 社会保障財源における保険料と公費（税）の違いは，保険料は受益と負担が一致しやすく，リスクを反映させる。一方，公費は受益と負担が一致せず，社会保障における所得再分配要素が強いというところにある。

6.1 税収構造

日本の直近の潜在的な国民負担率は49.4％である。この値は、ドイツ(52.5％)、イギリス(53.7％)と同レベルであるが、スウェーデン(58.4％)、フランス(73.9％)よりは低いレベルである。日本は、アメリカ(36.8％)よりは高いレベルである。

6.1.2 直接税と間接税

税収構造をとらえる見方の1つとしては、直接税と間接税の比率をみる直間比率と呼ばれる指標がある。**直間比率**は、国税と地方税の合計額を分母とし、分子に直接税をとった値と、分子に間接税をとった値の比である。

直接税の代表的な税目には所得税が、間接税の代表的な税目には消費税があげられる。**直接税**は、納税義務者と税負担者が同じであるものと定義できる。所得税における確定申告を考えると、納税義務者が直接的に税負担者として税務署に税を納めている[3]。一方、**間接税**は納税義務者と税負担者が違うものと定義できる。消費税は、事業者が税務署に納税しているが、商品価格に税を上乗せすることで、消費税を負担しているのは消費者となる。

直接税と間接税の違いとして、井堀・土居(2001)は、「個人の事情を考慮できるかどうか」が挙げられるとしている[4]。例えば、所得税は制度の中に、配偶者や扶養家族の存在や収入の高低など、個人の事情を考慮することができる。一方、消費税は制度の中にこのような仕組みは組み込まれていない。

直接税と間接税には、それぞれメリットとデメリットがある。直接税は、税負担者の個人の事情を考慮できるために、各種控除、累進税率の適用で負担能力にあった課税ができることから「垂直的公平」と「所得再分配機能」を発揮することができるというメリットがある。間接税は、個人の事情を考慮することができないので、消費税であれば、年齢や職業など関係なく、各個人の消費額に応じた税負担となる。また税収が景気変動の影響を受けにくく、安定性があるというメリットがある。

---

[3] サラリーマンなどは、源泉徴収制度によって会社側が所得税を支払っているから間接税ではないかという疑問がある。所得税は、国税庁によると、申告納税制度が建前とされている。給与所得は特定の所得とされ、源泉徴収制度を利用して会社が税務署に支払っている。

[4] このような捉え方としては、井堀・土居(2001)p.88を参照。

表 6.1　直間比率の国際比較

	日本	アメリカ	イギリス	ドイツ	フランス
直間比率	68:32	77:23	56:44	53:47	55:45

備考：出所によると，日本は 2014 年度実績額である。諸外国は OECD "Revenue Statistics 1965-2015" による 2014 年の額である。
出所：財務省「直間比率の国際比較(国税及び地方税)」より引用。

一方，直接税のデメリットとしては，税制が複雑化する，高い累進税率が勤労意欲を阻害する，税収の安定性に欠ける，所得の把握の難しさから「水平的公平」が確保できないなどが指摘できる。間接税のデメリットとしては，経済状態がよい人ほど，より高い税を負担すべきだという「垂直的公平」が確保できないことがあげられる。税制改革を考えていく場合に，これら直接税と間接税のメリットとデメリット，あるいはトレード・オフを理解することが必要となる。

表 6.1 は，直間比率を国際比較したものである。表 6.1 によると，国税と地方税を合わせた税収では，日本の直間比率は 68 対 32 となっている。この表からはアメリカの直間比率(77 対 23)ほどではないが，日本では直接税が中心の税体系となっていることがわかる。EU 諸国は付加価値税(消費税)の税率が高いことを反映して間接税の割合が高くなっている。

6.2　日本の税体系

表 6.2 は，国税と地方税の税目を，所得，消費，資産への課税で分類したものである。どのような経済社会になっていて，どこに課税ベースを求めるのかが重要になる。具体的にいえば，財政状況が悪く，少子高齢化が進行している経済において，勤労所得に課税ベースを求めるのが適当なのか，税収の安定性を求めて消費に課税ベースを求めるのか，経済のストック化が進行

---

[5] 地方法人特別税は 2008 年度から開始された税制である。事業税(地方税)の税率の引き下げ分を国が徴収し，都道府県に再分配する仕組みである。復興特別所得税は東日本大震災への復興財源として所得税額に 2.1% を乗じた額が課税される。課税期間は 2013 年から 2038 年まで(25 年間)である。

表 6.2　国税・地方税の税目

	国税	地方税		国税	地方税
所得課税	所得税 法人税 地方法人特別税 復興特別所得税 地方法人税	住民税 事業税	消費課税	消費税 酒税 たばこ税 たばこ特別税 揮発油税 地方揮発油税 石油ガス税 自動車重量税 航空機燃料税 石油石炭税 電源開発促進税 関税 とん税 特別とん税	地方消費税 地方たばこ税 ゴルフ場利用税 自動車取得税 軽油引取税 自動車税 軽自動車税 鉱区税 狩猟税 鉱産税 入湯税
資産課税等	相続税・贈与税 登録免許税 印紙税	不動産取得税 固定資産税 事業所税 都市計画税 水利地益税 共同施設税 宅地開発税 特別土地保有税 法定外普通税 法定外目的税 国民健康保険税			

出所：財務省「税の種類に関する資料」より引用。

しているために資産に課税ベースを求めるのかが問われることになる。

所得課税として国税では，所得税，法人税，地方法人特別税，復興特別所得税，地方法人税がある[5]。地方税では，住民税と事業税がある。**消費課税**として国税では，消費税，酒税，たばこ税，揮発油税（ガソリン税），地方消費税，地方たばこ税，自動車税などがある。**資産課税**として国税では，相続税・贈与税，登録免許税，印紙税がある。地方税では，固定資産税，事業所税などがある。

図6.3は2017年度（平成29年度）の国税と地方税の予算から所得，消費，資産に対する課税の現状を描いている。2017年度の国税・地方税の総税収は，101兆3,229億円となっている。所得，消費，資産への課税割合は，それぞれ所得が52.9%，消費が33.0%，資産が14.1%となっている。所得課税の構成は，個人所得課税が30.8%であり，法人課税が22.1%の割合となっている。消費課税の構成は，消費税の割合が最も高く，これに地方消費税，揮発油税，酒税が続いている。資産課税の構成は，地方税である固定資産税が約63%を占めていて，最も高い割合となっている。

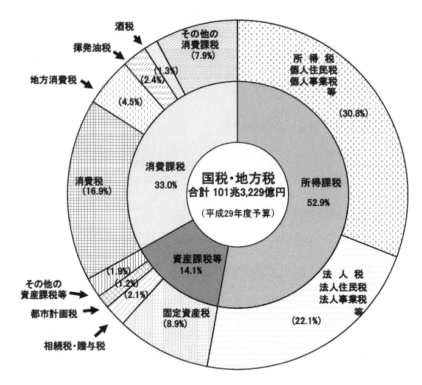

出所：財務省「税の種類に関する資料」より引用。
図6.3　課税の現状

6.3　所得課税

図6.1に示しているように，所得税は日本の国税収入の中で重要な位置にある。所得税は直接税の代表的存在である。

6.3.1　所得税の仕組み

　所得税の仕組みは，まず，税法上10種類に分けられた所得の合計から個人の事情を考慮した諸々の所得控除を差し引いた金額（課税所得）が算出される。税額は，課税所得に累進税率表を適用させて算出される。この仕組みを総合課税方式という。表6.3にある10種の所得のうち，山林所得と退職所

6.3 所得課税

表6.3 所得税における所得の種類

	種類	所得の内容		種類	所得の内容
1	利子所得	預貯金や公社債の利子。公社債投資信託などの収益の分配。	6	退職所得	勤務先から受け取る退職手当や一時恩給金。
2	配当所得	株主が法人から受け取る配当。投資信託などからの収益の分配（利子所得部分は除く）。	7	山林所得	山林を伐採して譲渡して得られる所得。山林を譲渡して得られる所得。
3	不動産所得	土地や建物などの不動産を貸すことから得られる所得。	8	譲渡所得	土地、建物、株式、ゴルフ会員権などを譲渡して得られる所得。
4	事業所得	農業、漁業、製造業、卸売業、サービス業、その他の事業から得られる所得。	9	一時所得	上記までの所得にあてはまらない所得である。懸賞金、競馬・競輪の払い戻し金、生命保険の一時金、損害保険の満期払い戻り金などがあてはまる。
5	給与所得	勤務先から受け取る給料やボーナス(賞与)。	10	雑所得	上記までの所得にあてはまらない所得である。公的年金、著述家や作家以外の人(研究者など)が受け取る原稿料や印税。

出所：国税庁「所得の区分のあらまし」より作成。

得は，総合課税の対象とならずに分離課税が適用される。利子所得は，源泉分離課税される部分がある。配当所得は，源泉分離課税を選ぶことができるが，確定申告不要制度を利用すると，源泉徴収課税で納税ができる[6]。譲渡所得については，土地・建物等と株式等の譲渡による譲渡所得は総合課税の対象とならない。

　給与所得には，給与所得控除が適用される。給与所得控除の性格として，「勤労費用の概算控除」と「他の所得との負担調整のための特別控除」がある。「勤労費用の概算控除」とは，サラリーマンが給料を稼ぐための経費を概算的に認めるものである。「他の所得との負担調整のための特別控除」は，政府税制調査会によると「サラリーマンは，専ら身一つで，使用者の指揮命令に服して役務提供をおこなうことから，失業の不安定性のほか，空間的・時間的

---

[6] 確定申告不要制度は国税庁によると，「上場株式等の配当等及び投資法人からの金銭の分配の場合(大口株主等が受ける場合を除きます。)支払を受けるべき配当等の金額にかかわらず，確定申告を要しません。」「上場株式等及び投資法人以外の配当等の場合。一回に支払を受けるべき配当等の金額が，次により計算した金額以下である場合には，確定申告を要しません。10万円×配当計算期間の月数÷12」とされている。ほとんどの納税者は大口株主ではないので，確定申告不要制度を利用しているのが現状である。

表 6.4　給与所得控除の内容（2018 年税制）

給与収入	給与所得控除額
180 万円以下	給与収入 × 40% ※ 65 万円以下は 65 万円
180 万円超～ 360 万円以下	給与収入 × 30% ＋ 180 万円
360 万円超～ 660 万円以下	給与収入 × 20% ＋ 54 万円
660 万円超～ 1,000 万円以下	給与収入 × 10% ＋ 120 万円
1,000 万円超	220 万円（上限）

出所：筆者作成。

な拘束や居住地選択の制限等他の所得にはみられない有形，無形の負担を余儀なくされていることは否定できず，しかも，その対価としてその役務の提供による成果のいかんにかかわりなくあらかじめ定められた定額の給与の支給を受けるにとどまるといつた事情に対してしん酌を加えるものである。」と解説されている[7]。

　累進課税制度は，所得が上昇するにつれて税負担率が上昇していくものであるが，実は所得控除の一部を形成している給与所得控除も累進税率表と同様の効果を持っている。2018 年現在，日本の給与所得控除額は，表 6.4 のようになっている。

　例えば，給与収入が 150 万円の場合，給与収入に 40% を掛けた額は 60 万円となるが，最低控除額が 65 万円となっているので，給与所得控除額は 65 万円となる。給与収入が 700 万円の場合，給与収入に 20% を掛けた額に 54 万円を加えた 194 万円が給与所得控除額となる。

　近年，給与所得控除額は，高所得層に対して縮減されてきている。2012 年分以前では，控除額には上限がなかった。2013 年分以降から，上限が設定されるようになった。2013 年から 2015 年分については，給与収入 1,500 万円超に上限 245 万円が設定された。2016 年分については，給与収入 1,200 万円超に上限 225 万円が設定された。2017 年分以降については，給与収入 1,000 万円超に上限 220 万円が設定されている[8]。

　図 6.4 は，近年の制度改正に基づいて給与収入 1,800 万円までの給与所得

---

[7] 政府税制調査会（1986）p.31 から引用。

6.3 所得課税

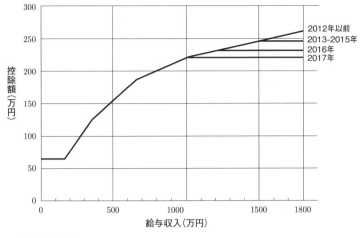

出所：筆者作成

図6.4　給与所得控除の構造

控除額を描いている。図6.4を見ればわかるように，2017年以降給与収入1,000万円で220万円の上限が設定されているが，2012年以前には給与収入が上昇するにつれて給与所得控除額は増加していた。

サラリーマンの場合，給与収入から給与所得控除を差し引いたものが給与所得金額となる。次に，給与所得から諸々の所得控除を差し引くと，課税所得が求まる。現在，所得控除には，15種類あるが，表6.5には主なものをあげている[9]。

配偶者控除は専業主婦(主夫)を扶養していることを考慮したものだ[10]。扶

---

[8] 2020年分から改正が予定されている。改正の内容は以下のようになっている。給与収入162.5万円以下は55万円，162.5万円超から180万円以下は給与収入×40％−10万円，180万円超から360万円以下は給与収入×30％＋8万円，360万円超から660万円以下は給与収入×20％＋44万円，660万円超から850万円以下は給与収入×10％＋110万円，850万円超は195万円となっている。ただし，子育てや介護をおこなっている世帯への配慮として，23歳未満の扶養親族や特別障害者控除の対象者がいる人に対しては負担増にならない措置がとられる。

[9] 所得控除は次の15種類である。雑損控除，医療費控除，社会保険料控除，小規模企業共済等掛金控除，生命保険料控除，地震保険料控除，寄附金控除，障害者控除，寡婦控除，寡夫控除，勤労学生控除，配偶者控除，配偶者特別控除，扶養控除，基礎控除の以上である。

[10] 2018年分からは，配偶者控除は高所得層には適用されない。格差是正を名目に高所得層へ増税を図る意味と女性の社会進出を配偶者控除が妨げているという批判を受けた措置である。

表6.5 主な所得控除と内容(2018年度税制)

控除の種類	内容	金額
配偶者控除	生計を1つとして、配偶者の合計所得が38万円以下の場合。配偶者がパートやアルバイトをしている場合、必要経費を除いた金額となる。	38万円
扶養控除	一般:16歳以上の扶養親族	1人:38万円
	特定:19歳以上23歳未満の扶養親族	1人:63万円
	老人:70歳以上の扶養親族	1人:58万円(同居) 1人:48万円(同居以外)
基礎控除	本人分の控除	38万円
社会保険料控除	社会保険料の本人負担分	各納税者によって異なる
医療費控除	本人、配偶者、扶養者にかかった医療費	最高限度額:200万円
生命保険料控除	生命保険料の一部	最高限度額:5万円

出所:筆者作成

養控除は,子育て,あるいは老人を扶養している納税者は,それだけ経費がかかることを考慮している。社会保険料は,社会保障制度に組み込まれた国民の義務経費である。社会保険料控除は,公的年金保険料,医療保険保険料,介護保険保険料(現在では40歳以上が負担),雇用保険保険料などの社会保険料の本人負担分を控除するものである[11]。

医療費控除は,世帯が直面する疾病リスクを考慮している。医療費控除は本人と家族が支払った医療費の一部を控除するものである。医療費控除は,歯科や医科にかかった場合の診療費,治療費などが対象となっているが,健康診断の費用は対象外となっている。また治療や療養に必要な医薬品の購入費は医療費控除の対象となっているが,ビタミン剤などの病気を予防する,あるいは健康を増進するための医薬品の購入費は対象外となっている。そこで2017年度税制から導入されたのが,セルフメディケーション税制である。セルフメディケーション(自主服薬)とは,世界保健機関(WHO)の定義によると,「自分自身の健康に責任を持ち,軽度な身体の不調は自分で手当てす

---

[11] 社会保険料は基本的に労働者と企業が互いに半分を負担(労使折半)しているが,企業側が多めに負担するところもある。

6.3 所得課税

表 6.6　所得税の累進税率表（2018 年税制）

課税所得		限界税率
195 万円まで		5%
195 万円超	330 万円以下	10%
330 万円超	695 万円以下	20%
695 万円超	900 万円以下	23%
900 万円超	1,800 万円以下	33%
1,800 万円超	4,000 万円以下	40%
4,000 万円超		45%

出所：筆者作成

ること」とされている[12]。セルフメディケーション税制は，健康維持と増進や病気予防への取組をおこなっている個人が対象となっている[13]。このような個人が 2017 年 1 月 1 日から 2021 年 12 月 31 日までに，個人の世帯がスイッチ OTC とよばれる医療用から転用された医薬品の購入費が対象となる[14]。購入費が 12,000 円を超えた場合，超えた部分が所得控除の対象なる。購入費が 88,000 円を超えた場合は，88,000 円が所得控除額となり，上限が設定されている。ただし，セルフメディケーション税制と医療費控除の併用はできない。

生命保険料控除は，過去に政府が国民に生命保険に加入することを推奨したことによるものである[15]。

これらの適用される所得控除を差し引いて課税所得が求まると，表 6.6 で示した累進税率表を適用することで，所得税額が算出される[16]。日本の所得税制は，税率が所得の増加とともに上昇する「超過累進課税」の仕組みを採用している（表 6.6 参照）。

---

[12] 日本語訳は厚生労働省によっている。

[13] 対象となっている取組としては，特定健康診査，予防接種，定期健康診断，健康診査，がん検診となっている。

[14] 対象となっている医薬品は，かぜ薬，胃腸薬，鼻炎用内服薬，水虫・たむし用薬，肩こり・腰痛・関節痛の貼付薬となっている。

[15] 2012 年以降に締結した介護医療保険契約，個人年金保険契約が新たに控除対象となった。これをもって 2011 年以前の生命保険料控除を旧個人年金保険料，2012 年以降の個人年金保険料の部分を新個人年金保険料と呼ぶようになった。

[16] 2013 年分から 25 年間は，所得税額の 2.1％の復興特別所得税が加算されている。

例として給与収入(800万円)だけのサラリーマン世帯(以降, 世帯Aとする。)の税負担はどのようになるかを検討しよう。家族構成は以下のように想定し, 世帯Aの所得税負担を考えてみよう。

家族構成 (世帯A)	想定
夫	サラリーマン (給与収入800万円のみ)
妻	専業主婦 (収入なし)
子ども：2人	13歳と19歳

世帯Aの給与収入が800万円の場合, 給与所得控除は概算控除によって200万円が認められる。したがって給与所得は800万円から200万円を差し引いた600万円となる。

所得控除としてまず, 基礎控除(38万円)が控除される[17]。世帯Aの配偶者は専業主婦なので, 配偶者控除(38万円)が控除される。2018年度から配偶者控除に納税者所得が900万円超に段階的に減額される仕組みが導入された(表6.7参照)。また2018年度から配偶者の所得制限が103万円未満から150万円未満までに引き上げられた。

世帯Aは扶養している子どもの年齢が13歳と19歳であるため, 特定扶養控除は, 19歳の子のみの適用となる。これは2010年度改正であり, 当時

表6.7 配偶者控除の段階的減額

控除を受ける納税者合計所得	配偶者控除
900万円以下	38万円
900万円超　950万円以下	26万円
950万円超　1,000万円以下	13万円
1,000万円超	なし

出所：国税庁「配偶者控除」より作成

---

[17] 2018年度税制改正(2018年12月22日閣議決定：政府税制改正大綱)によって2020年分から基礎控除が48万円に引き上げられる。基礎控除の引き上げにともない, 給与所得控除が10万円引き下げられる。

の民主党の「子ども手当」の創設によって，15歳以下の子に適用される年少扶養控除が廃止されたためである．また，高校の実質無償化によって16歳から18歳に適用される特定扶養控除63万円も25万円減額されるようになった．

世帯Aの給与所得者の年収は800万円であるため，社会保険料控除は80万円となる[18]．

以上からこの給与所得者の所得税額は以下のように計算される．

給与収入(800万円) − 給与所得控除(200万円) = 給与所得(600万円)

給与所得(600万円) − 基礎控除(38万円) − 配偶者控除(38万円)

　− (扶養控除(38万円) + 特定扶養控除(63万円)

　− 社会保険料控除(80万円)

= 課税所得(343万円)←累進税率表を適用

195万円×5% + (330万円 − 195万円)×10% + (343万円 − 330万円)×20%

　= 25.85万円：所得税額

このように世帯Aの給与所得者の所得税額は25万8,500円となる．

6.3.2　所得税の課題

所得税の課題としては，クロヨン，課税単位，所得控除をあげておく．クロヨンとは，税務当局における業種別の所得の捕捉率格差の数字の語呂合わせである．税務署の所得の捕捉率は，ほぼ源泉徴収されているサラリーマンと，申告納税となっている自営事業者や農業において，それぞれ9割，6割，4割ぐらいではないかというものである[19]．これは，水平的公平の観点から問題視されている．専門家の間では，所得の捕捉率格差は実在するという見方が多い[20]．

課税単位は課税を世帯単位でおこなうのか，個人単位でおこなうのか課税

---

[18] 社会保険料控除の額は財務省の簡易計算法によった．簡易計算法によれば，社会保険料控除額は給与収入が900万円以下は10%，1,500万円以下は4% + 54万円，1,500万円超は114万円となる．

[19] クロヨンについては石(1981)の先駆的な研究によって数量的に明らかになった．その後，本間・井堀・跡田・村山(1984)においても数量的に明らかにされている．

[20] 立岡(2016)．を参照されたい．

の公平性と中立性からみて、どちらが優れているのかという問題である。日本は個人単位で課税がおこなわれているが、フランスでは世帯課税が徹底されている。

フランスはn分n乗方式という世帯課税がなされている。n分n乗方式は、以下のような課税方式である。家族の所得を合算し、これを家族係数で割ることで、係数1単位あたりの課税額を算出する。この額に家族係数を乗じることで世帯レベルでの納税額が決まる。ここで家族係数は大人1人あたりが1、子2人目までが0.5、子3人目から1とされている。n分n乗方式では子の数が多くなれば課税所得が少なくなる。

所得控除は、現在の働き方改革の一環として改革が注目されている。配偶者控除が、共働き世帯と片働き世帯の間における担税力に対して中立性を阻害しているというものである[21]。これには「共働き世帯と片働き世帯のどちらにも夫婦控除を認めてもよいのではないか」という議論も政府税制調査会でなされている[22]。

6.4 消費課税

6.4.1 日本の消費税

消費税は大型間接税として1989年4月から導入された。消費税は流通の各段階で課税され、各段階で課税されることによる租税の累積を排除するための仕組みとして**帳簿方式(アカウント方式)**を採用した、付加価値税(Value-Added Tax：VAT)の一形態である。租税の累積を排除する仕組みには、EUで採用されている**伝票方式(インボイス方式)**も存在している。当初の税率は3%であった。1997年4月に3%から5%に税率が引き上げられ、2014年4月に8%に引き上げられた。図6.5は、財務省が発表している付加価値税率の国際比較である。図によると、日本の税率(8%)はカナダ、台湾とならんで最も低いことがわかる[23]。図6.5に従って計算すると、EU諸国

---

[21] 夫婦世帯において片働き世帯は専業主婦による家事労働サービスという恩恵を受けているが、これに対しては制度上では課税されないということがあげられる。

[22] 税制調査会(2016)を参照されたい。税制調査会(2016)p.5ページ、27行目から引用。

6.4 消費課税

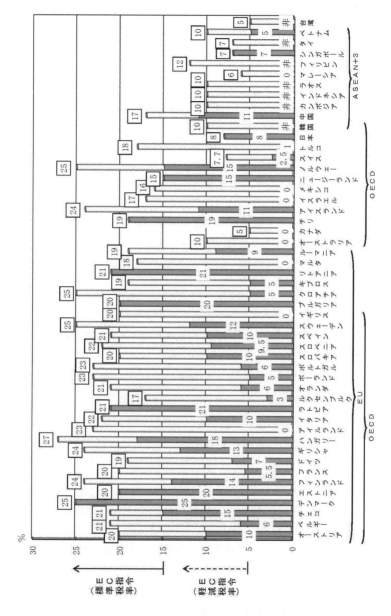

出所：財務省「付加価値税率(標準税率及び食品に対する適用税率)の国際比較」より引用。

図 6.5 消費税率の国際比較(2018 年 1 月現在)

の平均税率は約 21.5% となる。EU では，VAT 指令として付加価値税率を 15% 以上にしなければならない。税率が高い EU 諸国では，医療，金融・保険などで非課税，食料品や医薬品などでゼロ税率ないし，低い複数税率を採用している。一方で，日本は医療・保険などで非課税を採用しているが，複数税率を採用していない[24]。

以下では帳簿方式が採用されている消費税の仕組みについてみていく。

6.4.2 消費税の仕組み

われわれがスーパーなどで買う商品は，付加価値の集まりである。パンを例にあげてみる。パンの製造過程においては，小麦農家が畑から小麦を生産することで付加価値を生み出している。製粉事業者は，小麦を小麦粉にするという付加価値をつける。製パン事業者は小麦粉からパンにするという付加価値をつけてスーパーに卸す。われわれは，これまでの付加価値の集合であるパンをスーパーで購入し，最終消費者として食べている。

表 6.8 は，消費税率を 10% と想定して消費税の仕組みを示したものだ。消費税課税前には，小麦農家は土から 40 円という付加価値をつけた小麦を生産して製粉事業者に 40 円で販売していたとしよう。消費税が課税されると 40 円 × 10% の 4 円の消費税を上乗せして 44 円で製粉事業者に小麦を売る[25]。課税前に製粉事業者は，粗利益(付加価値)として 20 円を加算していたとしよう。消費税課税後には，44 円の仕入価格に粗利益 20 円と消費税 2 円を上乗せした 66 円で製パン事業者に売るかといえば，そうではない。製粉事業者の課税後の仕入価格 44 円には，小麦農家が納税した消費税額 4 円が含まれている。製粉事業者は，この前段階で納税された税額 4 円を税込価格 44 円から取り除いた 40 円に，粗利益 20 を加算し，税抜きの売上価格を 60 円に設定しなければならない。この税抜きの売上価格 60 円には，6 円の消費税が課税されるので，製粉事業者の税込売上価格は 66 円になる。製粉

---

[23] 本章の執筆時点では 2019 年 10 月に 10% に引き上げ予定となっている。

[24] 消費税率が 10% に引き上がると，飲食料品(外食，ケータリング，酒類は除く)や定期購読している新聞に対して軽減税率が適用されることになっている。

[25] 厳密には小麦農家も小麦の生産には，肥料，農薬等の仕入れが必要となるが，単純化のために，小麦農家の仕入価格はゼロと仮定した。

6.4 消費課税

表 6.8 消費税の流れ

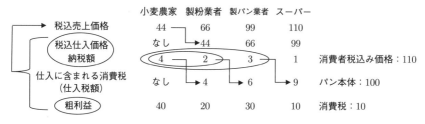

出所：筆者作成

事業者は，売上に含まれる消費税額6円から仕入に含まれていた4円を差し引いた2円を税務署に納税しなければならない。この納税額は，帳簿上で

$$納税額 = 税込売上価格 \times \frac{0.1}{1+0.1} - 税込仕入価格 \times \frac{0.1}{1+0.1}$$

で計算されることから帳簿方式と呼ばれている。

製パン事業者は，税込仕入価格66円で小麦粉を仕入れることになる。この税込仕入価格の66円のうち6円は，前段階で納税された消費税であるので，税抜き仕入価格は60円となる。この税抜き仕入価格に粗利益30円を上乗せして90円で消費者に販売すると，税込売上価格は99円となる。製パン事業者は，税込売上価格に含まれる税額9円から税込み仕入価格に含まれていた税額6円を差し引いた3円を納税することになる。

スーパーは，税抜き仕入価格90円に10円の粗利益を上乗せして100円で販売するとしよう。消費者価格は，消費税が上乗せされて110円となる。スーパーは，税込売上価格に含まれる税額10円から税込仕入価格に含まれる税額9円を差し引いた1円を税務署に納付することになる。消費者の負担は，10円となる。この負担額は，各事業者の納税した金額の合計額10円=4+2+3+1と等しくなる。

6.4.3 益　税

基本的にすべての財・サービスの消費に課税される消費税をわれわれは事業者に預けている。事業者は消費税を税務署に納税することになっている。しかし，実際には消費者から預かった消費税をすべての事業者が税務署に納

税しているわけではない。零細事業者の納税事務負担を免除するために，売上高が一定以下の零細事業者には，消費税の納税を免除する「**免税点制度**」が存在する。さらに，免税点制度が適用される零細事業者よりも売上規模が大きい中小事業者は，納税事務負担を軽減するために，売上高だけから税負担を計算する**簡易課税制度**が利用できる。

消費税が導入された1989年当時，免税点制度は，売上額3,000万円が適用上限と設定されていた。消費者側からは，事業者が免税点制度を利用できるかどうかを判断できないため，売上が年間3,000万円以下の事業者が課税事業者と同様に消費税分を上乗せして販売することも可能であった。その場合は，消費税を名目として値上げした部分が免税事業者の利益となる。現在，免税点の適用上限は1,000万円に下がっている(2003年改正)。

簡易課税制度は売上額のみで事業者の納税額を計算する制度である。事業者は6つの事業区分に分けられて，それぞれの売上に占める仕入率があらかじめ決めている。これは「みなし仕入率」と呼ばれている。簡易課税制度は，消費税の導入時において適用上限が5億円であった。しかし，現在では5,000万円に下がっている(2003年改正)。

表6.9は事業区分別のみなし仕入率の一覧である。本来であれば，事業者の納税額は「売上高×消費税率－仕入額×消費税率」である(本則課税)。簡易課税制度を利用した事業者の納税額は「売上高×消費税率－売上高×みなし仕入率×消費税率」となる。

事業区分が卸売業である場合の納税額は以下のように計算される。

表6.9 みなし仕入率

事業区分	みなし仕入率
第一種事業(卸売業)	90%
第二種事業(小売業)	80%
第三種事業(製造業等)	70%
第四種事業(その他の事業)	60%
第五種事業(サービス業等)	50%
第六種事業(不動産業)	40%

出所：財務省「消費税の中小・小規模事業者向けの特例に関する資料」より作成。

6.4 消費課税

$$税額 = 売上高 \times 消費税率(8\%)$$
$$\quad - 売上高 \times みなし仕入率(90\%) \times 消費税率(8\%)$$
$$= (売上高 - 売上高 \times 90\%) \times 8\%$$
$$= 売上高 \times 10\% \times 8\%$$
$$= 売上高 \times 0.8\%$$

事業者は本則課税より簡易課税制度を利用した納税額が低くなるのであれば，本則課税を適用する必要はない。

中小企業への特例措置によって，原則課税で納税される額の一部が事業者の手元に残ったままになる。これは消費税の**益税**とよばれている。しかし，これまでの消費税の改正によって特例措置が適用されるハードルを上げてきていることから，益税の額は少なくなっている[26]。

消費税には，**非課税項目**が設定されている。国税庁によると，「税としての性格から課税の対象としてなじまないもの」と「社会政策的配慮から」非課税取引を設定している。「税の性格から課税対象としてなじまないもの」としては，土地の譲渡と貸付，貸付金の利子，保険料，郵便切手，印紙などがある[27]。

「社会政策的配慮から課税対象とされていないもの」としては，診療報酬制度に基づく医療，家賃，学校の授業料と入学金及び施設設備費などがある。

非課税取引の問題としては，仕入税額控除ができないということがある。たとえ仕入税額控除ができないとしても，販売価格に転嫁させるという方法もある。販売価格に転嫁させることができない業界として医療がある。価格が診療報酬制度という公定価格であるからだ。診療報酬体系は2年に1度に見直されることになっていて，消費税が増税されるときには，増税分だけ診療報酬体系を引き上げているとされている。しかし病院などの経営者側は引き上げ率が低いと反発している。

医療を充実させるために病院は，医療機器をはじめ，さまざまな投資をおこなって医療を提供しているが，診療報酬体系に基づく医療費から仕入税額控除ができないわけだ。

---

[26] 詳細は，橋本・鈴木(2012)第9章を参照されたい。
[27] ただし，古い郵便切手を切手収集家が収集目的で買った場合は，課税される。

6.4.4 消費税の課題

消費税の課題としては，負担の逆進性とその対応策をあげておく。負担の逆進性とは，税負担率が低所得者よりも高所得者の方が低くなってしまうことである。これは公平性（垂直的公平）の観点から問題であるという指摘だ。これに対応するために，消費税率が高いヨーロッパ諸国では，生活必需品などに低い税率を課す**複数税率**を採用している。日本でも消費税率を10％に引き上げる段階で複数税率を採用することが決まっている。

しかし，複数税率の採用は，逆進性緩和策としては効果が小さいという指摘もある[28]。所得水準が高い人も生活必需品は消費するため，複数税率はすべての所得水準の人に恩恵が生じてしまうからだ。逆進性緩和策としては，カナダが採用している GST 控除制度のような制度を導入すべきだという意見もある。GST（Goods and Services Tax）控除制度は世帯の基礎的消費額に応じた消費税を還付するというものであり，ピンポイントで消費税の公平性への問題点に対応できるとされる[29]。

6.5 法 人 課 税

6.5.1 法 人 課 税

日本の法人課税は国税としての法人税と地方税として**事業税**（道府県）と**法人住民税**（道府県民税と市町村民税）がある。財務省は国税と地方税の法定税率から計算される負担率を実効税率としている[30]。図6.6は財務省が発表している法人の実効税率の国際比較である。

図6.6によると，日本の法人実効税率は29.74％となっている。日本の法人税実効税率は2011年度では40.69％とアメリカ（カリフォルニア州）の40.75％と同じ程度と比較対象国では高い部類に入っていた。しかし2012年度から40％を下回る38.1％に引き下げられ，2016年度には30％を下回る29.97％となり，2017年度から29.74％となった。図6.6での比較対象国で

---

[28] 大竹（2014）の指摘を参照されたい。
[29] 消費税の逆進性問題への対応としては，橋本・鈴木（2012）第9章を参照されたい。
[30] 財務省型の法人実効税率の計算式は橋本・鈴木（2012）第10章を参照されたい。

6.5 法人課税

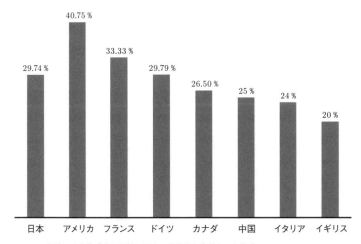

出所:財務省「法人課税に関する基本的な資料」より作成。

図 6.6 法人実効税率の国際比較

はアメリカとフランスよりは高い実効税率となっているが，ドイツとは同じ水準にまで下がっている。

6.5.2 法人税の仕組み

法人税の課税ベースは，所得税と同様に収益から費用を差し引いた所得額である。課税ベースに国税の法人税の場合，比例的に 23.2％が課税される。なお，法人税法では収益のことを**益金**，費用のことを**損金**という。実は収益と益金，費用と損金はそれぞれ差額が生じる。収益と費用は，公正妥当な会計処理によって計算された金額となっている。ここで「別段の定め」というプラスとマイナスの調整が収益と費用になされる。このプラスとマイナスはそれぞれ「算入」と「不算入」と呼ばれる。これらは法人税法に従っていることから税の公平性や租税政策が反映されている。すなわち，会計上の益金と損金は，税法上のそれらと異なっている。

損金の計上に含まれる減価償却費については，定額法と定率法でおこなわれる。**減価償却費**とは，企業が長期的な設備投資として，機械や店舗などの固定資産を購入した費用(取得価額)を使用する期間に配分することである。企業が初期に購入した固定資産は，年々に価値が下がっていくことになる。

その年々の固定資産の価値は残存価額といわれる[31]。設備投資資産の価値が下がることは，企業の利潤が下がることにつながる。

損金の計上に含まれる減価償却費は，定額法と定率法でおこなわれ，それぞれは以下のようになされる。

定 額 法

$$年間減価償却費＝(取得価額－残存価額)／耐用年数$$

定額法は，減価償却費を取得した設備投資費から毎年の一定額の価値目減り額を差し引いた額を耐用年数で割って評価する。定額法は，減価償却費を平準化できるというメリットがある。一方，設備投資資産が使用される中で，メンテナンスがされる費用が高くなるとすると，耐用年数が上がるにつれて年間減価償却費がかかってしまうというデメリットがある。

定 率 法

$$残存価額＝取得価額×(1－償却率)^n$$

ただし，n は耐用年数である。定率法は，初期に取得した設備投資費を，その価値が目減りする率(償却率)を耐用年数で加速度的に評価している。定率法は，初期投資額が高い場合に，償却費が早く回収できるというメリットがある。一方，創業したての企業で，初期段階での投資額が少なく，定率法は利益を優先することを目標としている場合は，デメリットとなる。

6.5.3 赤字法人

法人税は税法上の所得がゼロとなると課税されない。課税されない法人のことを欠損法人(赤字法人)と呼ぶが，日本では赤字法人の割合が高いことが知られている。

図6.7は1975年から2015年までの法人数と赤字法人割合の推移を描いたものである。法人数は，2000年以降に伸び悩んでいるものの増加傾向にある。法人数は1975年時点では121万社であったものが，2015年では263万社と

---

[31] 日本では，2007年の税制改正によって残存価額が事実上廃止されている。詳細は，国税庁「平成19年度 法人の減価償却制度の改正のあらまし」を参照されたい。

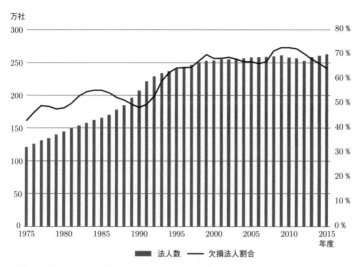

出所：国税庁『会社標本調査結果(長期時系列)』より作成[32]。

図 6.7　法人数と欠損法人割合の推移

なっている。一方，赤字法人は1990年が最も低い割合で48％となっていたものが，バブル崩壊以降は，小泉政権時代の景気回復期を除いて，増加傾向にある。赤字法人の割合は2015年時点で64％となっている。したがって，現在では法人の約4割しか法人税を負担していないことがわかる。

6.5.4　法人税の課題

　法人税の課題としては，近年の法人課税の実効税率が引き下げられ続けている現状をどのように考えるかである。1つめは，法人税の引き下げが国内外からの投資，企業の企業参入による課税ベースの拡大につながるかどうかである。政府税制調査会(2014)は，「「課税ベースを拡大しつつ税率を引き下げる」という世界標準に沿った改革をおこなうことにより，成長志向の法人税改革をおこなうべき時に来ている。」と指摘している[33]。

　2つめは，法人課税における地方税分の割合が高いことがあげられる[34]。

---

[32] 2006年度以降は4月から3月決算ベースとなっている。2005年度までは2月から1月決算ベースとなっている。

[33] 政府税制調査会(2014) p.1から引用。

地方税分は応益原則によって課税されているが，地方の行政サービスの財源としては安定性が求められる[35]。景気に左右されやすい法人所得に過度に依存するべきではなく，外形標準課税分を拡大させる，あるいは地方税分を引き下げることが課題としてあげられる[36]。

6.6 資産課税

資産への課税は，土地譲渡益，株式譲渡益といったフローと，相続，贈与を受けた場合，あるいは保有する土地，家屋といったストックの両面になされる。預貯金からの利子所得には，所得税と個人住民税が課税される。株式を保有して企業から配当を受けると，配当所得に所得税と個人住民税が課税される。株式，土地，建物を譲渡すると，譲渡所得に所得税と個人住民税が課税される[37]。

これらの資産を相続あるいは贈与された場合には，それぞれに相続税，贈与税が課税される。保有している土地，建物に対しては，固定資産税が課税される（表6.10参照）。

表6.10　資産課税の概要

資産	フローと課税		ストックと課税
預貯金	利子所得	所得税（国税） 個人住民税（地方税）	相続・贈与税（国税） 不動産には固定資産税（地方税）
株式	譲渡所得		
	配当所得		
不動産	土地譲渡所得		

出所：筆者作成

---

[34] 住民税率が12.9％，事業税率が3.78％となっている。国税であるが地方に配分する地方法人税率が4.4％となっている（2018年度税制）。
[35] 地方税の固有の原則については，林・橋本（2014）第5章を参照されたい。
[36] 外形標準課税については第5章を参照されたい。
[37] ゴルフ会員権，金地金（金，銀，プラチナなど）の譲渡にも課税される。

6.6.1 相続税

　相続税は，死亡した人が遺した財産を移転する場合に課税される。移転資産への課税の方式としては，大きく分けて遺産課税方式と遺産取得税方式がある。**遺産課税方式**は，財産を遺した人(死亡者)に課税するやり方であり，遺産取得税方式は，財産をもらった人(相続人)に課税するやり方である。イギリス，アメリカは遺産課税方式を採用している。これは亡くなった人が，生涯においてさまざまな面で受けた税の優遇あるいは軽減を，社会へ還元するものとして課税するという考え方である[38]。一方でドイツ，フランスなどは遺産取得税方式を採用している。**遺産取得税方式**は，相続を偶然に起きた資産の取得であると捉えて，富の集中を防ぐために課税するという考え方である[39]。

　課税方式の違いを念頭におくと，日本の相続税制は，**法定相続分課税方式**という遺産取得税方式と基本としながら，遺産課税方式を加味した課税方式を採用している。日本の相続税は，まず，遺産総額から基礎控除が差し引かれた遺産を法定相続人で分割される。課税は法定相続分に応じたそれぞれの遺産額になされる。この部分では遺産取得税方式が導入されている。しかし，日本の相続税は，法定相続人に課せられた税額を合計し，実際の相続した額によって按分する。その上で配偶者は税額が軽減されるといった仕組みになっている。

　図6.8は，相続税負担の国際比較である。図では配偶者と子ども2人で相続した場合の負担率が比較されている。日本の相続税は課税価格から基礎控除として配偶者は3,000万円が差し引かれ，また600万円に法定相続人数を乗じた額が差し引かれる(法定相続人比例控除)。したがって，図にあるモデル世帯の場合，4,200万円が課税最低限となる。これは2013年1月改正である。改正前では，配偶者の基礎控除は5,000万円であり，法定相続人比例控除は，1人あたり1,000万円であった。課税最低限は同じモデル世帯で7,000万円であった。

　2013年改正では，税率も改正されている。累進税率表の刻みを細かくし，

---

[38] これを「被相続人の生前所得の清算」という。
[39] これを「無償の財産取得」という。

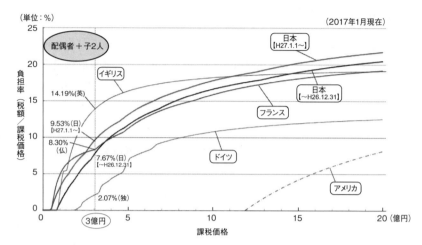

(注1)配偶者が遺産の半分,子が残りの遺産を均等に取得した場合である。
(注2)フランスでは,夫婦の財産は原則として共有財産となり,配偶者の持分は相続の対象ではないため,負担率計算においては除外している。
(注3)ドイツでは,死亡配偶者の婚姻後における財産の増加分が生存配偶者のそれを上回る場合,生存配偶者はその差額の2分の1相当額が非課税になる(ここでは,配偶者相続分の2分の1としている。
(注4)アメリカでは,2010年に遺産税は一旦廃止されたが,2011年に,基礎控除500万ドル,最高税率35%で復活した。当該措置は2012年までの時限措置であったところ,2013年以降については,2012年米国納税者救済法により,基礎控除500万ドルは維持しつつ最高税率を40%へ引き上げることとされた。なお,基礎控除額は毎年インフレ調整による改訂が行われ,2017年1月現在は549万ドル(5.9億円)となっている。
(備考)邦貨換算レート:1ドル=108円,1ポンド=134円,1ユーロ=117円(基準外国為替相場及び裁定外国為替相場:平成29年(2017年)1月中旬適用)。なお,端数は四捨五入している。
出所:財務省「相続税の負担水準に関する資料」より引用。

図6.8　相続税負担の国際比較

最高税率の引き上げがおこなわれている(表6.11参照)。図6.8は,改正前と改正後の負担の違いを反映させたものとなっている。改正前は,課税価格3億円のところでフランスより下回っていたが,改正後では上回っている。しかし,その前の段階ではフランスより負担が低い。イギリスは課税価格3億円までの負担率グラフの傾きが急である。また日本の場合,10億円から15億円の間で比較対象国の負担率を上回る。しかし,日本においてこのような課税価格が適応される事例は,極めて少ない。

現実に相続税が課税されるケースは少ない。図6.9は相続税の課税割合と税収の推移が描かれている。1993年をピーク(2.9兆円)にして相続税収は低下傾向にある。2017年では2.1兆円になっている。同じ動きをしているのが課税割合である。課税割合のピークは1987年であり7.9%となっている。

6.6 資産課税

表 6.11 相続税制の主な改正

改正前(2003年改正)		改正後(2013年改正)	
定額控除 5,000 万円		定額控除 3,000 万円	
法定相続人数比例控除 1,000 万円 ×法定相続人の数		法定相続人数比例控除 600 万円 ×法定相続人の数	
税率	取得金額	税率	取得金額
10%	1,000 万円以下	10%	1,000 万円以下
15%	3,000 万円以下	15%	3,000 万円以下
20%	5,000 万円以下	20%	5,000 万円以下
30%	1 億円以下	30%	1 億円以下
40%	3 億円以下	40%	2 億円以下
50%	3 億円超	45%	3 億円以下
		50%	6 億円以下
		55%	6 億円超

出所:財務省「相続税の改正に関する資料」より作成。

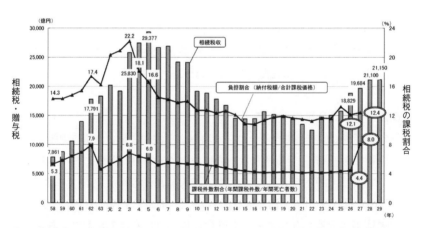

(注1)相続税収は各年度の税収であり,贈与税収を含む(平成27年度以前は決算額,平成28年度は補正後予算額,平成29年度は予算額)。
(注2)課税件数,納付税額及び合計課税価格は「国税庁統計年報書」により,死亡者数は「人口動態統計」(厚生労働省)による。
出所:財務省「相続税の改正に関する資料」より引用。

図 6.9 相続税の課税割合及び相続税・贈与税収の推移

相続税収がピークとなっている1993年は6.0%であり，2011年では4.1%にまで下がっている。つまり相続税は亡くなった人の4%しか課税されていないのが現状であった。今回の改正によって課税割合は高くなり，2016年度には8.0%となり。相続税収は増収となっている。

課税割合が低い原因の1つに，相続税の特例が存在する。特徴的なものとして「小規模宅地等の評価の特例」があげられる。これは亡くなった人（被相続人）が自宅と事業所を兼用していた宅地を財産として遺した場合，一定の限度面積までを課税価格を減額しようとするものだ。一方で預貯金や株式などの遺産にはこのような特例はない。したがって，相続税負担額が，同額の資産を土地で遺すのか預貯金で遺すのかによって異なることになる。このような制度は，資産形成の中立性を阻害するし，租税原則の水平的公平性から問題があるものといえよう。

少子高齢化経済は，亡くなる人の数が生まれてくる人の数よりも多くなる。1人当たりの相続が多くなることが予測できる。持つ者と持たざる者の格差が拡大してくると，ある程度の所得再分配は必要になってくるだろう。現状では，日本における年間相続財産は約50兆円におよぶとされている[40]。有力な課税ベースとして相続資産が考えられる。

6.6.2　固定資産税について

固定資産税は保有している土地，家屋および償却資産の価値に課税される資産課税である[41]。固定資産税は地方税の中でも市町村財政における基幹税の1つである。2018年度「地方団体の歳入歳出総額の見込額」によると，市町村の総税収は20.0兆円である。この中で，固定資産税は9.4兆円であり，シェアは47%と高い値である。市町村民税（所得割）は7.8兆円であり，こちらのシェアも高い（39%）。

固定資産税が地方税（市町村税）の基幹税とされているには理由がある。税負担者と納税地域が一致するというものである。地方の行政サービスとして

---

[40] 宮本（2010）を参照。
[41] 償却資産への固定資産税の対象となるのは事業で用いる機械や備品などのことをいう。事業で用いる土地や家屋は課税対象外となっている。

代表的なものとしては、ごみ収拾、上下水道、消防などが連想される。これらの行政サービスは受益の範囲が限定的であるために受益者負担が適当である（応益課税）と考えられている。したがって、固定資産税は、市町村の財源に適当であるというわけである。

固定資産税の課税ベースは土地価格である。道路を含め行政サービスが充実している土地には価格が反映されているだろうということである。この土地価格は「適正な時価」とされ、公示地価の7割程度となっている。標準税率は1.4%となっている。

固定資産税の課題としては、課税ベースである地価にある。必ずしも地価と行政サービスが対応しないというものだ。80年代の日本のように投機的な地価高騰が起きた場合、地価と行政サービスは対応しないが、税負担が高くなってしまう。短期的に税負担が増大しても行政サービスの内容はそれほど充実しない。このため固定資産税の負担調整がおこなわれることが多くなっている[42]。

6.6.3 資産課税の課題

資産課税の課題として、1つめは、日本は高齢化社会にあり、資産が高齢者に偏在している現状では、資産は今後の有力な課税ベースであることがあげられる。前述したように、日本では多額の相続がなされているにもかかわらず、相続税収が約2兆円程度であり、少ないことが課題である。

2つめは、資産保有の大小が相続によって大きな影響を受けている現状と所得の格差につながっていることに資産課税による格差是正機能が対応できていないことである[43]。

3つめは、相続税制度が実物資産と金融資産で課税価格が異なっていることがあげられる。前述したとおり、金融資産に比べて実物資産、特に住宅資産がかなり優遇されている。これは家計の資産形成にゆがみをもたらす税制である。

---

[42] 詳細については佐藤(2011)第6章を参照されたい。
[43] 詳細については橋本・鈴木(2012)第15章を参照されたい。

演 習 問 題

1. 直接税と間接税のメリットとデメリットについて説明せよ。
2. 消費税の逆進性について説明せよ。
3. 相続税における小規模宅地に対する特例は，資産形成にどのような影響を持つと考えられるか。
4. 所得税の課税単位として，フランスの制度はどのような特徴をもっているか説明せよ。

7
財政とマクロ経済

　財政はフロー，ストック両面でマクロ経済と関わっている。政府支出は国内総生産(GDP)の一部であり，不況期には景気対策として公共事業がしばしばおこなわれる。また，膨張する政府の借金は日本経済に多大な影響をもたらしている。本章では，マクロ経済の観点から政府の経済活動の規模や他の経済主体に与える影響について見ていく。

　まずマクロ経済の基幹統計である『国民経済計算』を用いて，日本経済における政府部門の位置づけや規模を確認する。その上で，財政赤字の問題点について説明する。また近年の経済財政運営を振り返り，財政とマクロ経済の関係のあゆみと今後の方向性について考える。

7.1　国民経済における公的部門

7.1.1　公的部門・一般政府とは

　マクロ経済の観点から政府の経済活動を捉えるために，まず一国全体の経済活動を捉える統計を見ることからはじめよう。『国民経済計算』(SNA, System of National Accounts, 以下 SNA と記す)は，GDP をはじめ一国のマクロ経済全体の構造・循環や一般政府の財政収支について，フロー・ストックの両面から包括的・整合的に記録する計算体系である[1]。SNA において，

---

[1] 内閣府『国民経済計算』は，2016 年に「平成 23 年基準改定」が実施され，これと同時に最新の国際基準である 2008SNA への対応が図られた。

政府，あるいは公的部門が何を指しているのか，どこまでを「政府」と見なすかについて，明らかにしておこう。

SNAでは，経済取引をおこなう主体を非金融法人企業，金融機関，一般政府，家計(個人企業含む)，対家計民間非営利団体の5つの制度部門に分類し，それぞれについて経済取引を記録する。このうち非金融法人企業と金融機関については，それぞれ公的と民間に分けられる。各政府機関が5つの制度部門のどれに該当するかについては，図7.1に示すように「金融機関か否か」「市場性の有無」「政府による所有・支配」という3つの基準により分類される。

最初の分類となる「金融機関か否か」は，売上高に占める金融仲介活動または補助的金融活動の割合によって判定される。この割合が50%以上であれば金融機関，そうでない場合は非金融機関となる(図中の①)。非金融機関に分類されると，次に「**市場性の有無**」により分類される(図中の②)。市場性は，生産した財・サービスが「経済的に意味のある価格」で販売されているか否かが基準となる。経済的に意味のある価格とは，「生産者が供給しようとする量と購入者が買おうとする量とに意味のある影響を及ぼす価格」と定義される。実務上は，売上高が生産費用の50%以上であれば市場性があるとして市場生産者(非金融企業)に，それ以外は非市場生産者(一般政府，対家計民間非営利団体)に分類される[2]。最後の分類基準となる「**政府による所有・支配**」は，金融機関・非金融企業については政府が議決権の過半数を所有している，または取締役会等の統治機関を支配している，のいずれかを満たす場合に公的金融機関，公的非金融企業に分類される(それぞれ図中の③，④)。また非市場生産者については，政府が役員の選任権を保有している場合は一般政府，そうでない場合は対家計民間非営利団体に分類される(図中の⑤)。

公的部門は，図7.1で網掛けしている一般政府，公的金融機関，公的非金融企業が該当する。公的部門のうち**一般政府**は，中央政府，地方政府，社会

---

[2] ただし売上高が生産費用の50%以上であっても，政府に対して財貨・サービスを販売する機関の場合，対象機関が当該財貨・サービスの唯一の売り手で，かつ政府が唯一の買い手である場合には，市場性がないと判断する。

7.1 国民経済における公的部門

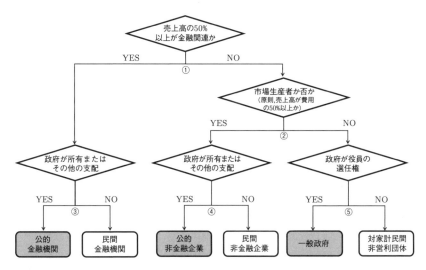

注：網掛けしている部分は公的部門であることを示す。
出所：内閣府(2016)「2008SNAに対応した我が国国民経済計算について(平成23年基準版)」より作成。

図 7.1 SNAにおける政府諸機関の制度部門分類

保障基金の3つに分類される。**中央政府**は，国の一般会計，特別会計の一部，独立行政法人等の一部が含まれる。**地方政府**には地方公共団体の普通会計，公営事業会計の一部，地方独立行政法人の一部が含まれている。**社会保障基金**は政府により支配され，社会の全体ないし大部分をカバーし，強制的な加入・負担がなされるという基準を全て満たすものがこれに該当する。具体的には，公的年金や雇用保険を運営する国の特別会計，地方公共団体の公営事業会計のうち医療，介護事業，公務員年金を運営する共済組合の一部などが該当する。

公的金融機関には，日本銀行やゆうちょ銀行，国の特別会計の一部，独立行政法人の一部が含まれる[3]。**公的非金融企業**には，国の公社，公団，事業団，

---

[3] ゆうちょ銀行は，2007年10月の日本郵政公社民営化に伴って設立された。ゆうちょ銀行の株式は日本郵政株式会社が半数以上の株式を保有し，日本郵政株式会社の株式は政府が半数以上を保有している。現行の分類基準では，持株会社を通じた間接保有も含めて，政府が議決権の50%超を保有または支配する場合も，公的部門に分類することとなっている。詳細は総務省国民経済計算部会第1回財政・金融専門委員会配布資料3「日本郵政公社民営化後の各機関の分類について」を参照。

独立行政法人のほか，中央政府の特別会計や地方政府の事業会計の一部も含まれる。

7.1.2 SNA でみる政府の支出

一国の経済のうち，公的部門の経済活動がどの程度の規模を占めているかについて，SNA により確認しよう。国際比較などで最もよく使われる指標は，1 章でも見たように GDP に占める公的部門による支出の割合である。

公的部門による支出（公的需要）は，政府最終消費支出と公的総資本形成に分かれる[4]。

政府最終消費支出は，一般政府による行政，教育，外交，警察，消防，産業振興等に関わる経常的なサービスに対する支出である。こうした財・サービスについて，SNA では

(1) 市場生産者から購入する財・サービス（現物社会移転）と，

(2) 非市場生産者としての一般政府による財・サービスの産出額

の合計として計測する。(1)は，無料ないし経済的に意味のない価格で家計に提供することを目的とした政府の購入である[5]。社会保障制度の医療・介護費における保険給付分，公費負担医療給付，義務教育の教科書購入費などが含まれる。(2)は，政府を公共財・公共サービスの生産者として捉え，生産されたサービスを政府自らが消費すると考える。これらの公共財・公共サービスは市場を通じた価格による評価をおこなうことが難しく，一般政府の財貨・サービスに対する経常的支出である政府サービス生産者の産出額（中間投入＋雇用者報酬＋固定資本減耗＋生産・輸入品に課される税）から，他部門に販売した額（財貨・サービスの販売）および一般政府自身の総固定資本形成（自己勘定総固定資本形成）を差し引いて，計上される。

---

[4] SNA では支出を消費と総固定資本形成に分けて記録している。消費は，経済主体が財貨・サービスを費消する活動のことであり，個々の経済主体が必要に応じて，また欲求を満たすために財貨・サービスを使う「最終消費」と，生産者が生産過程で財貨・サービスを会計期間内に使い切る「中間消費」に分かれる。このうち中間消費は，生産をおこなうための必要経費にあたる部分であるから，GDP に計上されない。また総固定資本形成は，生産者が会計期間を超えて継続的に生産活動に使用する固定資産の取得を指す。

[5] 経済的に意味のない価格とは，生産者が供給しようとする量にほとんど，又はまったく影響を与えず，また需要される量にもごくわずかな影響しか与えない価格のことをいう。

7.1 国民経済における公的部門

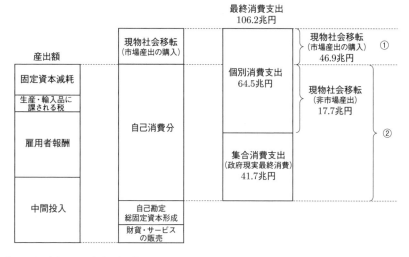

注：図中の金額は 2016 年度の名目値。
出所：内閣府(2016)「2008SNA に対応した我が国国民経済計算について(平成 23 年基準版)」より作成。

図 7.2　政府最終消費支出の内訳

政府最終消費支出の内訳と産出額等の関係をまとめると，図 7.2 のようになる。

政府最終消費支出は，受益者の特定の可否によって「集合消費支出」と「個別消費支出」に分かれる。**集合消費支出**は，外交や防衛，警察といった受益者を特定することが難しいサービス，言い換えれば社会全体に便益が及ぶサービスの消費のことを指す。これに対して**個別消費支出**は，個々の家計の便益のためにおこなわれるサービスで，受益者が特定できる。図 7.2 における①の現物社会移転(市場産出の購入)と，②の一部の現物社会移転(非市場産出)からなる。現物社会移転(市場産出の購入)とは，家計に対して現物での支給を目的とした市場生産者からの購入である。具体的には，社会保障制度における医療費や介護費のうちの保険給付分，公費負担医療給付，義務教育における政府による教科書購入費等がこれにあたる。現物社会移転(非市場産出)とは，一般政府や対家計民間非営利団体といった非市場生産者が，個々の家計に対して供給する財貨・サービスのうち，経済的に意味のない価格に基づく財貨・サービスの販売による収入分を除いた部分を指す。具体的には，公

立保育所や国公立学校，国立の美術館等の産出額のうち利用者からの料金負担等でまかなわれない部分がこれにあたる。

またSNAでは消費に関して，当該サービスの費用を誰が負担したかという「最終消費支出」概念と，誰がその便益を受けたかという側面に注目した「現実最終消費」概念に二元化してそれぞれ計測している。「現実最終消費」でみれば，一般政府の現実最終消費は，最終消費支出から家計に対する現物社会移転を控除した額，すなわち集合消費支出に等しくなる[6]。

ちなみに，国公立の教育機関で発生する費用は，一部が授業料など家計の支払いによりまかなわれ（家計最終消費支出となる），残りの部分が政府最終消費支出となる。また国公立病院で受ける医療サービスは，政府によるサービスではなく市場サービスとして取り扱う。病院等で支払う自己負担分は家計最終消費支出に含まれるが，社会保障制度からの保険給付分は，一般政府（社会保障基金）による最終消費支出であり，現物社会移転として受益者の家計に移転されると考える。

公的総資本形成は，公的総固定資本形成と公的在庫変動からなる。公的総固定資本形成は，一般政府および公的企業の支出のうち，建設物や機械設備等資本ストックの購入がこれにあたる。具体的には，道路や橋梁，上下水道，ダム・堤防などの構築物や国公立の学校・病院・官公庁といった公共施設等の建設・維持管理・更新である。公的在庫変動は，公的企業や一般政府の在庫の増減である。

2016年度の名目政府最終消費支出は106.2兆円（対名目GDP比19.7％），名目公的総資本形成は27.0兆円（同5.0％）であった。後者の大半を占める公的総固定資本形成の内訳は，住宅が0.8兆円，公的企業が6.5兆円，一般政府が19.7兆円となっている。公的在庫変動は-309億円である。政府最終消費支出と公的総資本形成を合計した公的部門の支出額（公的需要）は133.2兆円であり，対名目GDP比では24.7％となっている。

公的支出の対名目GDP比について，1980年代以降の推移をみよう（図7.3）。政府最終消費支出は，高齢化の進行にともなう医療サービスに関する支出増

---

[6] 家計現実最終消費には，一般政府から家計に対する現物社会移転，すなわち政府による個別消費支出が含まれることになる。

7.1 国民経済における公的部門

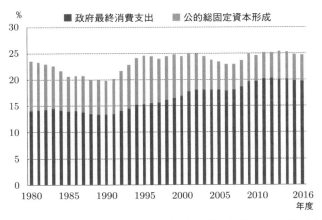

注：1980-1993年度は平成12年基準(1993SNA)，1994年度以降は平成23年基準(2008SNA)による計数である。
出所：内閣府『国民経済計算』より作成。

図7.3　公的支出の対名目GDP比の推移

を受けて，1990年代以降，上昇基調が続いている。一方公的総資本形成は，1990年代前半を除いて，財政再建の要請から減少傾向にある。2010年代以降は，政府最終消費支出の対GDP比は約20%，公的総資本形成は約5%で推移している。

7.1.3　SNAにおける財政収支

SNAにおける一般政府の勘定記録をみれば，財政収支(SNAベース)とその内訳を見ることができる。表7.1は，2016年度における一般政府の部門別勘定の要約表である。なお網掛けがかかっていない項目は受取項目，網掛けがかかっている項目は支払項目であることを示している。

表中の1.～7.は「第1次所得の配分勘定」として，付加価値税による収入や利子の受払が記録されている。8.～15.は「所得の第2次分配勘定」で，現物社会移転を除く所得の再分配が記録されている。15.可処分所得はここまでのバランス項目である。続く16.は「現物所得の再分配勘定」として，可処分所得(15.)から現物社会移転の支払(17.(1))を除いたもので，調整可処分所得として示される。これは現実最終消費に対応する源泉となる。次に17., 18.は「所得の使用勘定」で，可処分所得から最終消費支出を差し引い

表 7.1 一般政府の部門別勘定（2016 年度）

(単位 10 億円)

	取引の種類＼部門	合計(一般政府全体)	中央政府	地方政府	社会保障基金
第1次所得の配分勘定	1．生産・輸入品に課される税(受取)	45,189.2	26,111.4	19,077.8	0.0
	(1)生産物に課される税 31,520.7	24,329.1	7,191.6	0.0	
	a．付加価値型税(VAT)	21,931.0	17,228.2	4,702.8	0.0
	b．輸入関税	939.0	939.0	0.0	0.0
	c．その他	8,650.7	6,161.9	2,488.8	0.0
	(2)生産に課されるその他の税	13,668.5	1,782.3	11,886.2	0.0
	2．(控除)補助金(支払)	3,031.8	980.0	2,051.8	0.0
	3．財産所得(受取)	7,154.0	2,520.5	587.6	4,045.9
	4．第1次所得の受取	49,311.3	27,651.9	17,613.6	4,045.9
	5．財産所得(支払)	9,731.6	8,191.1	1,537.2	3.3
	6．第1次所得の支払	9,731.6	8,191.1	1,537.2	3.3
	7．第1次所得バランス(純)	39,579.8	19,460.8	16,076.4	4,042.6
所得の第2次分配勘定	8．所得・富等に課される経常税(受取)	52,079.9	31,542.8	20,537.1	0.0
	(1)所得に課される税	43,884.2	29,431.2	14,453.0	0.0
	(2)その他の経常税	8,195.7	2,111.7	6,084.0	0.0
	9．社会負担(受取)	69,140.0	502.4	2,012.9	66,624.7
	(1)現実社会負担	66,614.3	0.0	0.0	66,614.3
	(2)帰属社会負担	2,525.7	502.4	2,012.9	10.4
	10．その他の経常移転(受取)	66,752.8	1,709.8	29,863.4	35,179.6
	11．所得の第2次配分の受取	227,552.4	53,215.9	68,489.7	105,846.9
	12．現物社会移転以外の社会給付(支払)	67,787.1	889.3	9,214.0	57,683.7
	(1)現金による社会保障給付	57,673.3	0.0	0.0	57,673.3
	(2)その他の社会保険非年金給付	2,525.7	502.4	2,012.9	10.4
	(3)社会扶助給付	7,588.1	387.0	7,201.1	0.0
	13．その他の経常移転(支払)	72,263.6	57,041.5	14,729.2	492.9
	14．所得の第2次分配の支払	140,050.7	57,930.8	23,943.2	58,176.6
	15．可処分所得(純)	87,501.8	-4,715.0	44,546.5	47,670.3
※	16．調整可処分所得(純)	22,957.2	-6,447.8	27,003.6	2,401.4
所得の使用勘定	17．最終消費支出	106,205.6	15,713.7	45,199.2	45,292.7
	(1)現物社会移転(個別消費支出)	64,544.6	1,732.9	17,542.9	45,268.8
	a．現物社会移転(非市場産出)	17,653.5	1,647.7	14,383.1	1,622.7
	b．現物社会移転(市場産出の購入)	46,891.0	85.1	3,159.8	43,646.1
	(2)現実最終消費(集合消費支出)	41,661.1	13,980.8	27,656.3	23.9
	18．貯蓄(純)	-18,703.9	-20,428.7	-652.7	2,377.5
資本勘定	19．資本移転(受取)	14,272.4	3,579.2	6,271.8	4,421.5
	20．(控除)資本移転(支払)	10,813.0	7,297.3	3,413.0	102.6
	21．貯蓄・資本移転による正味資産の変動		-24,146.8	2,206.0	6,696.3
	22．総固定資本形成	19,728.1	6,354.2	13,332.7	41.2
	23．(控除)固定資本減耗	17,795.9	5,840.1	11,952.5	3.3
	24．在庫変動	-28.9	-28.6	-0.4	0.0
	25．土地の購入(純)	943.3	123.9	822.7	-3.3
	26．純貸出(+)／純借入(-)	-18,091.1	-24,756.3	3.5	6,661.7
参考	(参考)プライマリーバランス	-14,059.8	-18,517.8	1,815.0	2,643.1
	(参考)受取利子(FISIM 調整前)	6,500.8	2,249.8	226.1	4,024.9
	(参考)支払利子(FISIM 調整前)	10,532.2	8,488.3	2,037.6	6.3

※現物所得の再分配勘定
出所：内閣府『国民経済計算』より作成

7.1 国民経済における公的部門

て，貯蓄(18.)が算出される[7]。19.～25.は「資本勘定」で，固定資本形成や在庫変動，土地の購入(純)が記録されている。貯蓄と資本勘定の収支を合計した結果が，26. の純貸出(＋)／純借入(－)である。これが政府部門の財政収支に相当する。さらに「純貸出(＋)／純借入(－)」から利子の受払を除くと「プライマリーバランス」(表7.1最下段，参考)が得られる[8]。

図7.4は2000年度以降の一般政府および各部門の純貸出(＋)／純借入(－)対名目GDP比を示している。一般政府の財政赤字は2000年代に縮小傾向にあった。しかし世界金融危機に伴う景気低迷，およびその後の景気対策によって財政収支は大幅に悪化した。2010年度以降，財政収支は緩やかに改善しているが，赤字基調は今なお続いている。2016年度の一般政府全体の財政収支は，18.1兆円(対名目GDP比3.4％)の純借入である。また2016年度における一般政府の「プライマリーバランス」は14.1兆円(対名目GDP比2.6％)の赤字である。部門別には，中央政府が24.8兆円の赤字，地方政府はほぼ均衡，社会保障基金は6.7兆円の黒字である。地方政府および社会保障基金の収支は，中央政府からの資金移転によりほぼ均衡で推移している。

財政収支以外に，表7.1で注目するべきポイントをいくつか指摘しておこう。一般政府の歳入の大部分となる税収の大半は，生産・輸入品に課される税(1.)および所得・富等に課される経常税(8.)に記録されている。どちらに記録されるかは，経済活動の産出費用に影響を与えるかどうかで分類される。**生産・輸入品に課される税**は，産出費用に影響する税で，消費税，酒税，揮発油税，地価税，固定資産税等が該当する。**所得・富等に課される経常税**は，経済活動の産出費用に影響せず，主に毎課税期間に定期的に支払われる家計

---

[7] 調整可処分所得は，現実最終消費と貯蓄に分けられる。現実最終消費は最終消費支出に現物社会移転を加えたものであるから，バランス項目となる貯蓄は，可処分所得から最終消費支出を引いた金額と等しくなる。

[8] 「プライマリーバランス」は，SNA上の項目名であるが，その概念は第1章で説明した基礎的財政収支と同じである。なお政府は『中長期の経済財政に関する試算』等において「国・地方の基礎的財政収支」を示している。しかし政府が公表している「基礎的財政収支」は，SNAの「プライマリーバランス」と数値に若干のズレが見られる。このズレは，特別会計および独立行政法人を一部含んでいない，支出・収入の記録時点が会計年度ベース(SNAは発生主義)という違いによる。

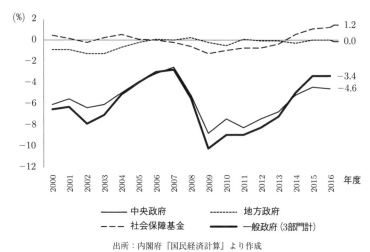

出所:内閣府『国民経済計算』より作成
図7.4 一般政府の純貸出(+)/純借入(−)(財政収支,対名目GDP比)

の所得,法人企業の利潤に課される税,富に課される税からなる。具体的には,所得税,法人税,住民税等が該当する。なお自動車関係諸税については,企業負担分は産出費用に影響するため生産・輸入品に課される税とされ,家計負担分は生産活動に直接影響しないため,所得・富等に課される経常税に記録される。また相続税や贈与税は,経常的に課されるわけではないため資本税として,この両者には記録されず資本勘定の「資本移転」に記録される。2016年度の生産・輸入品に課される税は中央政府26.1兆円,地方政府19.1兆円で一般政府計では45.2兆円である。また同年度の所得・富等に課される経常税は中央政府31.5兆円,地方政府20.5兆円で一般政府計では52.1兆円である。税収では中央政府が地方政府を大きく上回っている。

一方,歳出については税収とは逆に,地方政府および社会保障基金が主体となっている。前項で述べた政府最終消費支出および公的総固定資本形成は,最終消費支出(17.)および総固定資本形成(22.)に記録されている。2016年度の最終消費支出は中央政府15.7兆円,地方政府45.2兆円,社会保障基金45.3兆円で一般政府計では106.2兆円である。同年度の総固定資本形成は中央政府6.4兆円,地方政府13.3兆円,社会保障基金412億円で一般政府計では19.7兆円である。地方政府の歳出に必要となる財源は,地方政府の

税収に加えて，中央政府から地方政府への経常移転（地方交付税交付金や国庫負担金等）および資本移転（地方政府がおこなう公的固定資本形成に対する補助金等）によりまかなわれる。

社会保険をめぐる家計と政府の間の移転は，社会保障基金が受払を担っている。社会保障基金の主な受取は社会保障負担（受取）(9.)とその他の経常移転（受取）(10.)である。前者は各種社会保障制度に対して家計自身が支払う保険料負担であり，後者は主に中央政府および地方政府からの経常移転（年金や医療等への国庫負担および地方負担）である。2016年度の値をみると，それぞれ66.6兆円，35.2兆円が社会保障基金の受取となっている。一方社会保障基金からの支払は，現物社会移転以外の社会給付(12.)と前述の最終消費支出における現物社会移転(17.(1))である。前者は年金給付，雇用保険給付，児童手当等の現金による社会保障給付で，2016年度には57.7兆円が支払われている。後者は社会保障制度の医療・介護費における保険給付分，公費負担医療給付で，同年度には45.3兆円が支払われている。

7.1.4 ストックからみた財政

財政の状況を見る際には，毎年度の財政収支，すなわちフローを把握することも重要であるが，フローの収支が蓄積した結果となるストックにも注視すべきである。一時点におけるストック，すなわち資産と負債の状況を示した表をバランスシート（**貸借対照表**）という。民間企業では，経営状況を把握するために，バランスシートを作成・管理することが必須となっている。政府部門でもストックの状況を把握しておく必要がある。

非金融資産 698兆円	負債 1,285兆円
	うち債務証券 1,057億円
金融資産 604兆円	
	正味資産18兆円

出所：内閣府『国民経済計算』より作成

図7.5 一般政府のバランスシート（2016暦年末）

政府のバランスシートは，SNAのストック編「制度部門別期末貸借対照表」の一般政府部門に掲載されている。図7.5は2016年度のバランスシートを図示したものである。資産側には，非金融資産および金融資産が計上されている。一般政府は非金融資産として土地や固定資産を，金融資産として現金・貯金，株式，証券等を保有している。2016暦年末の非金融資産は698兆円，金融資産は604兆円で，両者を合計した期末資産は1,302兆円である。これは，国全体の資産の12.4％を占めている。総負債・正味資産側には，負債およびバランス項目となる正味資産が計上されている。一般政府が抱えている負債は主に公債（国債と地方債）である。2016暦年末の負債は1,285兆円であり，このうち公債にあたる債務証券が1,057兆円と大半を占める。正味資産はバランス項目であり，非金融資産＋金融資産－負債として定義される。近年，負債の増加に伴い，一般政府の正味資産は減少が続いており，2016暦年末の一般政府の正味資産は18兆円である。同時点の国全体の正味資産（いわゆる国富）は3,351兆円であり，これに占める一般政府の割合は0.5％にとどまる。

またSNAのストック編付表3「一般政府の部門別資産・負債残高」では，一般政府の部門別ストック残高も掲載されている。図7.6は，一般政府各部

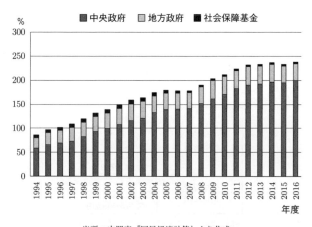

出所：内閣府『国民経済計算』より作成

図7.6　一般政府の部門別負債残高（対名目GDP比）の推移

門について負債残高の対名目 GDP 比率の推移を示したものである。2016 年末には中央政府の負債の対名目 GDP 比は 199.5％，地方政府が同 35.2％，社会保障基金が同 3.5％となっている。特に中央政府の負債の増加が顕著である。これは，社会保障基金における年金や医療等の支出をまかなうために，中央政府から財政移転（中央政府から見れば繰り出し）がおこなわれており，年々その額が増加しているためである。

7.2 財政赤字とマクロ経済

7.2.1 財政赤字の何が問題か

　財政支出の増加や税収の低迷によって**財政赤字**が累増すると，マクロ経済にとって望ましくない影響がもたらされる。具体的には，(1) 公的サービスの水準の低下，(2) 世代間の不公平，(3) 民間部門の経済活力の低下，(4) 財政への信認低下による金利上昇，の4点が挙げられる。以下，それぞれ詳しく見ていこう。

(1) 公的サービスの水準の低下

　財政赤字が拡大して国債の償還費や利払費が増加すると，他の政策経費の支出の圧迫につながる。これにより，社会保障，文教，防衛，インフラ整備といった国民生活に必要不可欠な公的サービスが十分に提供されなくなってしまう。また時々で必要とされる重点的に対応するべき政策課題に対する支出や災害や経済危機といった突発的な支出が必要となった場合に，弾力的に財政支出をおこなう余裕がなければ，政府が果たすべき財政の機能を発揮できなくなってしまう。

　図 7.7 は，歳出の内訳の推移を示したグラフである。歳出総額に占める国債費の割合をみると，1960 年度，70 年度はそれぞれ 1.5％，3.5％にとどまっていた。ところが 1975 年度に第 1 次石油危機による歳入不足を補うためにいわゆる**赤字国債**（特例公債ともいう。詳細は第 1 章を参照）が発行された。これ以降，赤字国債はほぼ毎年発行されるようになり，徐々に国債費の割合が大きくなった。2016 年度の歳出総額に占める国債費の割合は 22.6％で，

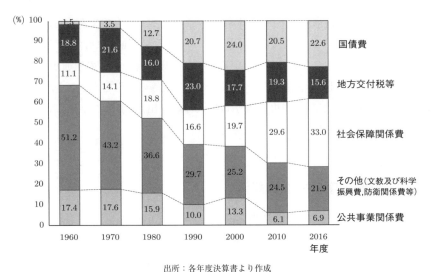

出所:各年度決算書より作成

図7.7 歳出の内訳の推移

社会保障関係費に次ぐ規模の歳出項目となっている。国債費の割合が大きくなるにつれて,それ以外の歳出の割合が小さくなる。社会保障関係費は高齢化の進展に伴って増大しているが,削減が困難である。結果として,社会保障関係費・国債費以外の歳出,特に公共事業関係費や文教及び科学振興費の割合が低下している。

(2) 世代間の不公平が拡大する[9]

　国債による財源調達は,財政負担を将来世代に先送りするおそれがある。現役世代が受益した結果残された債務は,将来世代に付け回される。将来世代は,過去に生じた膨大な債務を償還するため,給付の減少や負担の増加を強いられる。すなわち,受益と負担の不均衡を現状のまま維持すれば,国民皆保険制度や年金制度の維持が困難となってしまう。このように,国債による財源調達は,現役世代と将来世代の世代間で受益と負担の不均衡という不公平をもたらす。しかも債務残高が累増するほど,その不均衡はますます拡

---

　[9] 第9章では,理論モデルを用いて詳細に解説している。あわせて参照のこと。

7.2 財政赤字とマクロ経済

大する。さらに，国債発行による財源調達は，現役世代の税負担を小さくし，国債に対する負担感をもたらしにくいため，財政支出拡大の要求につながるおそれがある。こうした現象のことを**財政錯覚**という。

(3) 政府部門の資金調達の増大が民間企業の資金調達を阻害する

国債発行により政府部門の資金調達が増加し，市中の資金が国債の購入にあてられると，市中の資金需給が逼迫する。資金需給の逼迫は，民間部門が資金を調達する際の金利の上昇をもたらす。金利上昇に伴い資金調達コストが上昇すると，民間投資が抑制され，民間部門の経済活力が低下してしまう。このように，国債を発行して政府支出を増加させても，金利が上昇することで，民間投資を抑制し，経済成長を阻害する現象のことを**クラウディングアウト**という(クラウディングアウトについては，第8章を参照)。

財政赤字のファイナンスについて，各経済主体の**貯蓄投資差額**(ISバランス)の観点から検討してみよう。

国民所得を処分面から捉えると，政府部門への税金が引かれた後，消費か貯蓄に回される。これは次式のように書ける。

　　　国民所得＝民間消費＋民間貯蓄＋税収

一方，支出面から国民所得を捉えると，次のように表すことができる。なお輸出－輸入には海外からの要素純所得も含まれている。

　　　国民所得＝民間消費＋民間投資＋政府支出＋(輸出－輸入)

2式を差し引いて整理すると，次の関係が恒等式として成り立つ。

　　　(輸出－輸入)＝(民間貯蓄－民間投資)＋(税収－政府支出)

この式は貯蓄投資(IS)バランス式と呼ばれ，経常収支が民間部門の貯蓄投資差額と政府部門の財政収支の和に等しくなることを示している。

図7.8は，1980年度以降の制度部門別の純貸出(＋)／純借入(－)，いわゆる貯蓄投資差額(ISバランス)の対名目GDP比の推移を示したものである。これをみると政府部門の財政収支は，90年代中盤以降，赤字が続いている。この財政赤字は家計及び民間法人企業といった民間部門の貯蓄超過によってファイナンスされている。

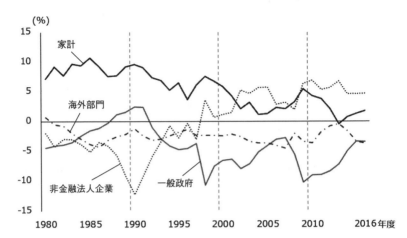

注：1980-1993年度は平成12年基準(1993SNA)，1994年度以降は平成23年基準(2008SNA)による計数である。
海外勘定は，海外部門から見た当該国との間での収支であるため，符号は逆転して表示される(日本が海外に対して収支が黒字であれば経常対外収支は赤字となる)。
出所：内閣府『国民経済計算』より作成

図 7.8　部門別に見た貯蓄投資差額(対名目 GDP 比)

(4) 財政への信認低下によって金利が上昇する

財政赤字が拡大し，国債依存度が高まってくると，財政への信認が損なわれる可能性がある。国債の**債務不履行(デフォルト)**の懸念が拡大すると，金利の上昇を招くおそれがある。財政不安による金利の上昇分は**リスクプレミアム**と呼ばれる。金利の上昇が利払費を増加させ，財政赤字がさらに累増する，という悪循環に陥れば，財政の持続可能性に対する国内外の不安をますます増幅することになりかねない。近年は金融部門のグローバル化が進んでいることから，一国の財政危機が国際金融市場や株式市場を通じて世界経済全体に影響が波及することもある。

また債券市場では，国債がベンチマークのひとつとしての役割を果たしていることから，国債金利の上昇に伴って，地方債金利や社債金利も上昇する。これにより企業の資金調達に悪影響を及ぼし，設備投資が抑制され，経済成長を阻害するおそれもある。

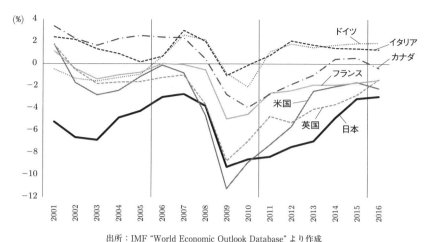

出所：IMF "World Economic Outlook Database" より作成
図 7.9　G7 各国の基礎的財政収支（対名目 GDP 比）

7.2.2　日本と海外諸国の財政状況

財政赤字が増加すると様々な問題をもたらすことから，政府は財政赤字をできるだけ抑制するような経済財政運営が求められる。国の財政状況を示す指標としては，第1章で述べたように，基礎的財政収支や公的債務残高等がある。ここでは，IMF のデータにより主要国の財政状況を見てみよう。

図 7.9 は G7 各国の基礎的財政収支（対名目 GDP 比）の推移を示している。G7 各国とも，2008 年のリーマンショックに端を発する**世界金融危機**で財政状況が悪化したが，2010 年以降改善した。日本も 2013 年以降の景気回復局面での税収増から徐々に改善してはいるが，G7 各国の中では依然として最悪の財政状況が続いている。また図 7.10 は同じく G7 各国の**政府総債務残高**（対名目 GDP 比）の推移を示している。2016 年の日本の総債務残高対 GDP 比は 235.6% となっており，G7 各国の中でも群を抜いて高い水準にある。なお，政府の総債務残高から政府が保有する金融資産を差し引いた**純債務残高**（対名目 GDP 比）で見ても，2016 年の値は 152.9% で，G7 の中で日本が最も高い。

このように，財政収支や債務残高について諸外国を比較すると日本は厳し

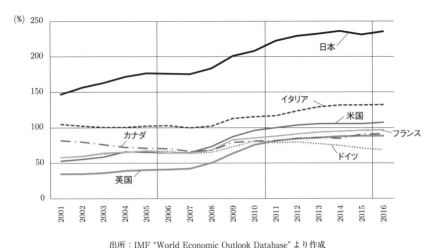

出所：IMF "World Economic Outlook Database" より作成
図 7.10　G7 各国の政府債務残高（対名目 GDP 比）

い状況にあるように見える。しかしその一方で，日本国債の長期金利（国債利回り）は国際的にみて最も低い水準で推移している。長期金利が低水準にあるということは，国債価格が高水準にあることを意味する。すなわち，日本国債が金融マーケットから信認を得ているといえる。これは，日本国債の大部分が，民間の貯蓄超過と経常収支の黒字によってファイナンスされていることが大きな要因となっている。改めて図 7.8 をみると，民間部門は貯蓄超過が続いており，経常収支は 1980 年代以降黒字である。日本では民間部門に対する増税によってファイナンスできる余裕があると判断されているのであろう。しかし，財政赤字は前述したような悪影響をもたらすことから放置することはできないし，対外的な信認についても楽観視はできない。

　国家財政に対する信認が失墜した例として，2010 年以降にギリシャで発生した「ギリシャ危機」がある。ギリシャは財政赤字対 GDP 比を 5％程度と公表していたが，政権交代を機に実際は 13.6％に達していることが発覚し，放漫財政が表面化した。ギリシャ政府は財政健全化計画を発表したが，楽観的な経済成長を前提としていたため，格付会社が相次いでギリシャ国債の格付けを引き下げ，債務不履行リスクの高まりからギリシャ国債は暴落した。

さらにギリシャの信用不安はギリシャ内だけにとどまらず，ポルトガルやイタリアなど，ユーロ圏の財政不安を抱える国にも飛び火した．外国為替市場ではユーロが下落するなど，世界的な金融不安へと繋がった．その後，ギリシャは増税，年金給付水準の切り下げ，公務員改革といった財政改革の受け入れを条件として IMF・EU から数度にわたり支援を受け，債務不履行の危機は当面回避されている．しかし財政改革により行政サービスや社会保障は削減され，景気は大きく落ち込んだ．ギリシャ国民は生活水準の引き下げという代償を負わされることになった．

7.3 政府の成長戦略と日本経済の課題

これまで述べてきたように，わが国では財政健全化が政策課題の一つとなっている．しかしながら，財政健全化に向けて増税や歳出削減を急進的に行うと，景気を悪化させたり経済成長を阻害したりするおそれがある．一方，景気対策や経済成長を目的として政府支出の拡大や課税を行えば，財政健全化は遠のくこととなる．政府は，経済成長と財政再建の両立する経済財政運営に取り組まなければならない．

ところで経済成長には，家計部門と企業部門の安定的・持続的な好循環が欠かせない．このため近年日本では生産性の向上や民間部門の好循環を促す「**成長戦略**」が経済政策の柱のひとつとして位置づけられるようになった．例えば 2017 年 6 月に政府が発表した「未来投資戦略 2017」では，表 7.2 に示すような政策メニューが用意されている．政府は，成長戦略を着実に実行し，その成果の発現によって，経済成長と財政再建を目指している．

目標達成に向けて，政府は定期的に経済・財政に関する先行き見通し(以下，試算と記す)を発表している．2018 年 1 月に公表された試算では，足下の成長ペースを維持する「ベースラインケース」と，政府の成長戦略による効果が発現する「成長実現ケース」が示されている[10]．

図 7.11 では，2018 年 1 月時点における実質 GDP 成長率の試算結果を示した．ベースラインケースでは実質成長率は 1% 台前半にとどまるが，成長実現ケースでは，経済成長率が緩やかに上昇していき，2020 年代前半に実

表7.2 「未来投資戦略 2017」の概要

Ⅰ　Society 5.0 に向けた戦略分野
　1. 健康・医療・介護(健康寿命の延伸)
　2. 移動サービスの高度化、「移動弱者」の解消、物流革命の実現
　3. 世界に先駆けたスマートサプライチェーンの実現
　4. インフラの生産性と都市の競争力の向上等
　5. FinTech の推進等
　6. エネルギー・環境制約の克服と投資の拡大
　7. ロボット革命／バイオ・マテリアル革命
　8. 既存住宅流通・リフォーム市場を中心とした住宅市場の活性化

Ⅱ　Society 5.0 に向けた横割課題
　A. 価値の源泉の創出
　1. データ利活用基盤の構築
　2. 知財・標準化戦略の推進、公正な競争環境の確保
　3. 人材の育成・活用力の強化
　4. イノベーション・ベンチャーを生み出す好循環システム
　B. 価値の最大化を後押しする仕組み
　1. 規制の「サンドボックス」制度の創設
　2. 規制改革・行政手続簡素化・IT 化の一体的推進
　3. 「形式」から「実質」へのコーポレートガバナンス・産業の新陳代謝
　4. 公的サービス・資産の民間開放(PPP/PFI の活用拡大等)
　5. 国家戦略特区による大胆な規制改革
　6. サイバーセキュリティの確保
　7. シェアリングエコノミー

Ⅲ　地域経済好循環システムの構築
　1. 中堅企業・中小企業・小規模事業者の革新／サービス産業の活性化・生産性向上
　2. 攻めの農林水産業の展開
　3. 観光・スポーツ・文化芸術

Ⅳ　海外の成長市場の取り込み

出所：日本経済再生本部(2017)「未来投資戦略 2017」より作成

---

[10] 内閣府(2018)「中長期の経済財政に関する試算」(2018 年 1 月 23 日経済財政諮問会議提出)。ベースラインケースでは，全要素生産性(TFP)上昇率が将来にわたって 1.0% 程度で推移するといった前提を置いている。一方，成長実現ケースは「政策効果が過去の実績も踏まえたより現実的なペースで発現する姿を試算したもの」として，全要素生産性(TFP)上昇率を日本経済がデフレ状況に入る前に実際に経験した上昇幅とペースで，足元の水準(0.7%程度)から 1.5%程度まで上昇する，女性・高齢者の労働参加率がベースラインよりも高い上昇トレンドが継続するといった前提を置いている。なお 2019 年 10 月の消費税率引き上げは，どちらのケースとも織り込まれている。

7.3 政府の成長戦略と日本経済の課題

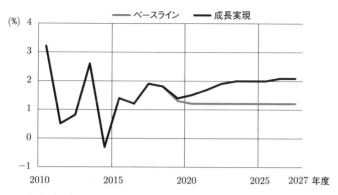

出所：内閣府「中長期の経済財政に関する試算」(2018年1月公表)より作成

図 7.11　政府の試算：実質 GDP 成長率

質2%を実現する。

また図7.12には，国・地方の基礎的財政収支の試算結果を示している。2020年における国・地方の基礎的財政収支は，ベースラインケースでも成長実現ケースでも赤字のままである。しかし2023年以降，ベースラインケースと成長実現ケースでは大きな乖離が見られる。成長実現ケースでは2027年度には基礎的財政収支の黒字化が見込まれるが，ベースラインケースでは同年度時点でも赤字のままである。なお2016年度時点の国・地方の公債残高は1,012兆円(対名目GDP比187.6%)であるが，2027年度時点ではベースラインケースで1,213兆円(同181.4%)，成長実現ケースで1,200兆円(同158.3%)となる。成長実現ケースでは公債残高対GDP比は低下していくが，ベースラインケースでは低下ペースは緩慢となり，2027年度以降再び上昇に転じる。

政府としては，安定的な経済成長と財政健全化に向けて，成長実現ケースを現実のものとする経済財政運営が求められる。しかしながら，日本経済・社会が直面している課題には様々なものがあり，これらは成長実現のリスクとなりうる。具体例としては以下のようなものが挙げられる。

① 少子化と高齢化(詳細は第10章を参照)

少子化と高齢化の進展は，日本の歳出入構造を大きくゆがめるリスク要因

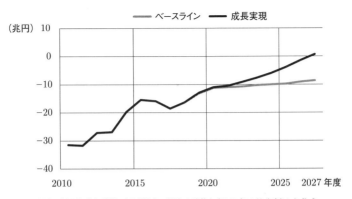

出所：内閣府「中長期の経済財政に関する試算」（2018 年 1 月公表）より作成

図 7.12　政府の試算：国・地方の基礎的財政収支

である。相対的に生産年齢人口（現役世代）の割合が低下することから所得・法人税を中心とした直接税由来の税収が期待できなくなる。現役世代 1 人あたりの社会保障負担が増大する一方で老年世代に対する社会保障給付は増加し，社会保障制度の持続可能性に大きな影響を与える。

② グローバル化

　経済のグローバル化にともない，海外の財政事情，景気動向に日本の為替レートが影響され，為替レートの著しい乱高下も生じている。日本では外需（純輸出）がマクロ経済において重要なウェイトを持つため，財務省管轄下の外国為替資金特別会計が為替介入をおこなうこともある。グローバル化，IT 化により，海外で起こった経済危機が急速かつ大幅に日本経済に波及するようになっていることから，経済状況の変化に対して，これまで以上にすみやかに対処することが求められるようになっている。

③ 自然災害・環境問題への対応

　近年の日本では，地震や豪雨など甚大な被害を伴う自然災害が相次いでいる。たとえば 2011 年 3 月に発生した東日本大震災では，その被害額は 16 〜 25 兆円，復興にかかる費用は 10 年間で約 23 兆円と推計されている。この巨額の復興費用をまかなうために，所得税・法人税・住民税に上乗せする形で復興特別税が課されることとなった。限られた予算の中で，防災・減災といった災害に対するリスク管理やコスト増にいかに対応するかは，政府の重

要な課題である。

　また，持続可能な経済活動のためには，自然環境の維持が担保されていなければいけない。地球環境問題への対応も，新たな政府の課題である。

演習問題

1. 財政赤字が累増すると，どのような問題が生じるかについて，説明しなさい。
2. 国家財政の信認が失われると，マクロ経済に対してどのような影響が生じるか，説明しなさい。
3. 民間部門の貯蓄投資差額，政府の財政収支，純輸出の関係について，数式を使って説明しなさい。
4. 2000年代以降の日本の財政をめぐる状況について説明しなさい。

8
経済安定化政策

　この章では,財政の機能の一つである経済安定化がどのように実現されるかを見る。景気刺激策(政府支出の増加または減税)をとった場合,その影響は金融政策のスタンスによって変わる。金融政策が利子率を一定に保つ場合には,所得は景気刺激策以上に拡大する(これを「乗数効果」という)。金融政策が景気の過熱を抑えるように変化すると,投資と純輸出が減少することで所得の拡大効果は小さくなる。

8.1　マクロ経済と財政

　財政には景気対策への役割も期待されている。デフレからの脱却が日本の課題として長期間にわたってあげられており,大幅な金融緩和政策とともに,機動的な財政出動が期待をもたれていた。では,これらの政策は有効に機能したのであろうか。
　これについて考えるためには,景気対策の代表とされる公共投資や減税のような政策が景気回復をもたらすメカニズムを説明する基礎理論について知る必要がある。この章ではまず,「乗数モデル」と呼ばれる比較的簡単なマクロ経済モデルを用いて,財政政策がGDPの拡大をどのようにもたらすと考えられているのかをまとめる。そこでは財政政策がGDPを大きく拡大するメカニズムが提示されるが,現実の景気刺激策の結果と対比させてそのギャップについて考えていく。単純なマクロ経済モデルをより現実的なマクロ

経済モデルに近づけていくと，財政政策が景気拡大をもたらす場合とそうでない場合とがあることがみえてくる。

第7章で見たように，国内総生産を支出面から捉えると民間部門の消費支出と投資支出，政府部門の消費支出と投資支出，および海外部門への純輸出（輸出－輸入）の合計として捉えることができる。この関係を式で表すために，国内総生産を Y，民間消費を C，民間投資を I，政府消費と政府投資をまとめて G，純輸出（輸出－輸入）を $X-M$ と書くことにすると，

$$Y = C + I + G + X - M \tag{8.1}$$

の等式になる。

景気の低迷している状態は Y の値が小さい状態とも表現できる。景気刺激策によって Y を大きくすることができるかどうかを考えてみよう。式(8.1)の関係を使うと，左辺の Y を大きくするには右辺の $C+I+G+X-M$ を大きくすることが目標になる。

ここで政府の立場に立つと，政府が直接決定できるのは G であり，例えば公共投資の増額という景気刺激策は G を大きくすることである。これ以外の民間消費 C や民間投資 I は家計や企業がそれぞれそれらの大きさを決めている。純輸出 ($X-M$) は輸入品への日本国内の需要とともに，海外における日本の輸出品への需要の動向を反映して決まる。

これをふまえてもう一度政府の立場で Y を大きくする目標について考えてみよう。この目標は，右辺の $C+I+G+X-M$ 全体を大きくすることである。その際，景気刺激策である G の拡大が民間部門の C と I，海外部門の $X-M$ を変動させる効果を持つかどうか，変動させる場合はどれくらいの大きさなのか，によって目標の達成度合いが違ってくる。

8.2 消費への波及効果を含んだ景気刺激策（乗数モデル）

8.2.1 消費関数

まず，もっとも単純なモデルとして，海外部門を除いて国内のみに注目し，民間投資 I がある水準で変化しないと想定しよう。海外への輸出については海外の景気の動向だけでなく，為替レートの変動などにも左右されると考え

られる．輸入についても為替レートのみならず，海外ブランドのスマートフォンの人気急増といった嗜好に関することや，原発停止による発電用燃料輸入増といったある種の国内の規制の影響など複雑な要素が現実には存在すると考えられる．民間投資についても，企業が設備投資をおこなう場合にはその投資によって将来どれくらいの収益が期待できるのかといった見通しや，投資の資金を調達するコストがどれだけかかるのかといった見積もりが左右する．この場合には国内での販売見通しだけでなく海外での需要予測も関わるかもしれない．これらの要因は，現実の政策を考える際に無視できるものではないが，すべてを取り上げると複雑さが増すために，まず単純化したモデルから始めて徐々に複雑化していこう．

　ここではまず，民間消費Cへの影響のみに注目しよう．民間消費については，可処分所得の増加関数，すなわち可処分所得が増加するとそれにしたがって民間消費が拡大すると想定する．可処分所得は，第2章で見たように，国民所得から税と社会保険料を差し引き公的年金などの給付を加えた額である．ここでは，税＋保険料－給付を民間部門の政府への純負担と捉えて，一括してTで表すことにする．これにより可処分所得は$Y-T$で表される．これを使って民間消費は，

$$C = c_0 + c_1(Y-T) \qquad (8.2)$$

と想定する．この式のc_0は基礎的消費，c_1は限界消費性向とよばれ，$0<c_1<1$である．可処分所得が大きくなるにつれて消費は拡大していくと想定しているが，消費の増加の程度をc_1で一定としている．例えばc_1が0.8ならば可処分所得が1万円増加したら消費はその0.8倍の8千円増加し，残りの2千円は貯蓄にまわるという想定になっている．

　ここでの簡単なモデルでは，民間投資はある水準$\bar{I}$で一定とし，海外部門を除くので$X-M=0$とすると，式(8.1)と式(8.2)から

$$Y = [c_0 + c_1(Y-T)] + \bar{I} + G \qquad (8.3)$$

となる．式(8.3)は式(8.1)のうち，民間消費のみが変化しうると想定した場合のGDP（Y）の水準が決まる式である．この式の中で，政府が直接決定できるのはGおよびTである．また，式(8.3)の右辺をよく見ると，c_0，c_1，および$\bar{I}$は定数で変化しないので，GとTの大きさを政府が決めると，Y

8.2 消費への波及効果を含んだ景気刺激策(乗数モデル)

の大きさが決まることがわかる。両辺の Y を左辺に移項して整理すると

$$Y = \frac{c_0 + \bar{I} + G - c_1 T}{1 - c_1} \tag{8.4}$$

となる。式(8.4)は式(8.1)の右辺の変数のうち G と T 以外について特定化をしたあと式の変形をして記述したものだ。

8.2.2 政府支出と GDP の関係

公共投資などの政府支出の増大は GDP をどれだけ増加させるのか式(8.4)をもとにみよう。まず数値例をあげてみる。$c_0 = 10$, $c_1 = 0.8$, $\bar{I} = 90$, $G = 100$, $T = 100$ とする。これらを式(8.4)に代入すると

$$Y = \frac{10 + 90 + 100 - 0.8 \times 100}{1 - 0.8} = \frac{120}{0.2} = 600$$

と計算でき, 均衡 GDP の $Y = 600$ を得る。ここで, G のみ 100 から 110 へ変更してみよう。均衡 GDP を同様に求めると

$$Y = \frac{10 + 90 + 110 - 0.8 \times 100}{1 - 0.8} = \frac{130}{0.2} = 650$$

となり, Y が 650 から 50 増加したことがわかる。政府支出を 10 増やすことが GDP を 50 増加させる結果につながったのである。

このメカニズムを考えてみよう。式(8.4)の計算の手順を見直してみると, 右辺の分子の計算では G の数値の増加分だけ 10 増加し, 分母の $1 - c_1$ で割るときに 0.2 で割るので, 右辺全体の値が 50 の増加になったことが確認できるだろう。このことを G や Y の水準ではなく, これらの変化の大きさとして ΔG と ΔY と表すことにすると, 上で計算した結果は

$$\Delta Y = \frac{\Delta G}{1 - c_1} \quad \left(50 = \frac{110 - 100}{0.2} \right) \tag{8.5}$$

と表すことができる。つまり, GDP の増加は政府支出増加の $\frac{1}{1-c_1}$ 倍になる。この比率

$$\frac{1}{1-c_1}$$

は**政府支出乗数**と呼ばれている。政府支出乗数は (1 − 限界消費性向) 分の 1 の大きさである。

政府支出乗数の大きさは，限界消費性向の大きさによって決まることは計算の手順を見ることでわかった。数値例では政府支出増大の5倍ものGDP拡大効果が示されている。ではなぜこれだけの効果があるのだろうか。これを見るために式(8.3)に数値例をあてはめて考えることにする。まず，消費関数を代入する前の

$$Y = C + \bar{I} + G \tag{8.6}$$

式(8.6)でGの拡大のYへの効果をみる。右辺のGを10増やすと右辺のYも等式が保たれるように10増加する。ここで消費関数を組み込んだ式(8.3)を見よう。括弧で括られた消費は可処分所得の関数なので，GDPのYが増加すると可処分所得($Y-T$)の増加を通じて限界消費性向分だけ消費を拡大させる。ここでの数値例では，先ほどYが10増加していたので，消費Cは8増加する(10×0.8)。

公共投資の増加がGDPを増加させる効果を第1次の効果とすると，消費の増加はYの増加からの第2次の効果とみなされる。この第2次の効果は式(8.3)に当てはめると右辺の8の増加になる。ここまで第1次では右辺も左辺も10の増加なので，第2次まであわせると右辺の10＋8の増加につりあうように左辺の第2次にも8の増加が起きる。すなわち第2次の消費の拡大も同じ額のGDPの増加を招くのだ[1]。

このような所得の拡大が消費の拡大を通じてさらにあらたな所得の拡大を引き起こすという，一連の波及効果がこのモデルでは想定されているのだ。上の数値例では所得の増加が徐々に小さくなっているので，これがゼロになるまでの効果を総合すると，公共投資のGDP拡大の総量が求められる。

$$\Delta Y = 10 + 0.8 \times 10 + 0.8^2 \times 10 + 0.8^3 \times 10 + 0.8^4 \times 10 \cdots \tag{8.7}$$

のように公比0.8の等比級数の無限和であり，公比が1未満なので，上記の

---

[1] 公共投資を例にすると，公共投資の10の増加はGDPの10の増加であったが，これは公共投資を請け負った建設会社の所得の増加10であり，この所得の増加を得た建設会社の社員は8だけ消費の拡大(例えばレストランでの食事)に向けたのだ。レストランのオーナーや従業員は8の所得の増加を得た。ここまでが第2次の効果の例示である。レストランの従業員たちは8の所得の増加を洋服の購入に使い($8 \times 0.8 = 6.4$)，ブティックの主人は所得増加6.4の一部で本を買うかもしれない($6.4 \times 0.8 = 5.12$)。このようにイメージした場合，本屋さんの所得の増加までが第4次の効果である。

和の値はある値に収束する。この値を求めるために，式(8.7)の両辺を0.8倍すると，

$$0.8\Delta Y = 0.8 \times 10 + 0.8^2 \times 10 + 0.8^3 \times 10 + 0.8^4 \times 10 + 0.8^5 \times 10 \cdots \quad (8.8)$$

である。式(8.7)から式(8.8)を左辺と右辺それぞれ引き算すると

$$(1-0.8)\Delta Y = 10 \quad (8.9)$$

を得る。式(8.9)は式(8.5)の政府支出乗数と一致する。

8.2.3 減税による景気刺激

　景気対策の手段の1つに減税がある。かつて実施された経済対策のうち，所得税の定額減税は，個人の所得税負担を低下させ消費を刺激しGDPの拡大を図ろうとした。上記のモデルを用いて減税の効果を考えよう。先ほどの数値例では政府支出 G を100から110へ10増加させたが，ここでは G は100の水準を保ったままで，T を100から90に10減少させるとしよう。式(8.4)に先の数値例と同様に $c_0=10$, $c_1=0.8$, $\bar{I}=90$, $G=100$, $T=100$ のケースでは均衡GDPは600である。T のみ90に変更すると式(8.4)は

$$Y = \frac{10+90+100-0.8 \times 90}{1-0.8} = 640 \quad (8.10)$$

となり，10の減税によって均衡GDPは640へと40増大することがわかる。この効果を政府支出拡大の効果と比較しながら考えてみよう。

　まず，政府支出拡大と減税の財政収支へのインパクトを見ておこう。政府支出の拡大をおこなった場合は $G=110$, $T=100$ なので，10の財政赤字が発生したことになる。減税の場合の数値例は $G=100$, $T=90$ なので，これも財政赤字の規模は10で同じである。いずれの政策でも財政赤字をファイナンスするために10の公債発行がおこなわれたと想定しよう。

　景気刺激策として，公債を10発行し，それを財源として政府支出(公共投資など)をおこなう場合と，減税(所得税の減税など)をおこなう場合とで，GDPを拡大する効果はどちらが大きいのかを比較できる。上記の計算例では，いずれの政策もGDPを拡大するが，政府支出の拡大の方が減税よりも効果が大きいことがわかる。この違いは波及過程を見直すと理解できる。

　減税10は可処分所得の10の増加なので，限界消費性向0.8を乗じた8だ

け消費を拡大する。これは式(8.3)の右辺の支出側の拡大であり，これと釣り合うように左辺の生産側のYを8増大させる。これが第1次の効果である。左辺のYの8の拡大は可処分所得を8大きくするので，消費をさらに拡大させる波及過程が先ほどと同様に展開していく。

減税の波及過程は第1次の8から始まるが，これは政府支出拡大の第2次以降と同じ規模である。つまり，政府支出拡大の方が，その第1次の10の分だけ大きいのだ。GDPの支出面を項目にGすなわち政府支出は入っているので，その拡大はGDPを直接拡大させる効果を持つ。これに対して減税10はGDPの項目ではないので，GDPへの効果はその項目である消費Cの拡大を通じて生じる。減税は直接効果がない分だけ政府支出よりも効果が小さい。

8.3 民間投資への影響を考慮する場合の財政政策の効果

政府支出の拡大や減税がGDPをどのように拡大するのか，という問いに対して，これまでは消費Cが可処分所得によって変動することをモデル化して考察してきた。もう1つの民間支出である，民間投資Iについては政府支出の拡大や減税による影響を考慮していなかった。また，GDPや消費が拡大するという財政政策の効果を見てきたが，そのような予見に対しても民間投資については「ある水準で決定されている」とみなしていた。ここでは投資の変動を考慮に入れることにしよう。

投資の水準がどのように決定されるのかに関しては，多くの研究がおこなわれている。民間投資は民間の設備投資，住宅投資，および在庫投資の3つに整理されるが，このうち企業活動に密接に関係する設備投資について取り上げよう[2]。

---

[2] 設備投資は工場を敷設したり，製造用機械を据えつけたりすることを指し，企業が生産に用いる資本の増加を意味する。企業の設備投資は，将来の生産に寄与する資本をどのように積み上げるのかという長期戦略の一環とみなすことができよう。住宅はそれを利用する家計部門がその需要者である。住宅投資による住宅の量的・質的な充実は，そこから得られる住宅サービスの享受が目的である。住宅投資については，家計の消費行動と関連しており，企業の設備投資とは動機が異なる。

8.3 民間投資への影響を考慮する場合の財政政策の効果

8.3.1 投資関数

　企業が工場や機械を増強するのは，それによって生産力が上がり売り上げを伸ばすことによって利益の増加を見込むからだと説明される。企業が利潤最大化を図るのであれば，設備投資については，それがもたらす売り上げの増加とその投資にかかるコストの比較を当然おこなう。売り上げの増加については，投資で増加した資本が有効に利用できる期間も考慮するので，現在だけでなく将来にわたる生産力の増加をまず計算するだろう。さらにこのように長期的な視点に立つならば，将来の需要についても予測をおこなうはずである。設備投資によって生産力が増加してより多くの製品を供給できることが計算できても，その製品の需要が先細りするようであれば，結果として収入の増加につながらないかもしれない。

　設備投資の水準を決めるもう1つの要因は設備投資の費用である。設備投資を借り入れでファイナンスする場合，その借入の利払いが投資のコストとして計上される。設備投資を内部資金でおこなう場合，利子支払いは不要なので一見するとコストは発生しないように見える。しかしながら，厳密には設備投資の機会費用を考えなければならない。設備投資に充当した内部資金は，設備投資ではなく他の手段として金融商品への投資をおこなうならばそこで収益をあげることができたかもしれない。機会費用は，その資源を他の用途に使用したときに得られる利得で一番大きいものである。内部資金を設備投資に充当すると，他の手段で得られたはずの収益を手放したという費用を負担することになる。機会費用を考える際に利子率は重要な指標である。

　この費用面を取り上げ，投資と利子率の関係をモデル化しよう。ここではこの投資関数を使って経済安定化政策の効果を考えよう。

　ある企業の投資プロジェクトについて考えてみよう。様々な事業を展開しており事業ごとにいくつかの投資プロジェクトを持っているとする。どのプロジェクトを採択するかについてはその投資の収益率の見込み(投資1円に対して何円の収益が見込まれるか)を一覧するであろう。このとき，投資の費用として利子率(投資資金の1円に対して何円を利子として支払うか)を見ながら収益率の比較をおこなう。投資をおこなうことにより利益が出るのは収益率が利子率を上回るケースである。プロジェクトを収益率の高いほうか

ら順番に並べた一覧表のうち利子率を上回るプロジェクトが何個あったかによって投資の総額が決まる考えることができる。

利子率が高くなるとこれを上回る投資プロジェクトが減少し，利子率が低下すると収益率の低いプロジェクトも採用されるであろう。このような推論から投資は利子率をrと記すと，その減少関数として

$$I = i_0 - i_1 r \tag{8.11}$$

と表すことにする。景気刺激策に投資の変動を考慮するには，利子率がどのように経済のなかで決まるのかも同時に考慮しないといけない。利子率は金融政策によって決定される。

8.3.2 金融政策

財政政策の効果（どれだけ所得を動かすのか）を決めるのは，中央銀行（日本では日本銀行）がとる金融政策のスタンスである。金融政策の主要な手段は，短期利子率をコントロールして，需要に影響を与える金利政策である。8.3.1節では，利子率が高くなると，投資が減少して需要が減少することを見た。つまり，需要は利子率の増加関数である。

財政支出の増加が景気の過熱を招くことが懸念されるときは。中央銀行は利子率を引き上げ，需要の増加を抑え，経済の安定化を図ろうとする。利子率が上がることで，財政支出の増加分だけ投資が減少すれば，所得に変化がある。

一方で，景気対策として財政支出の拡大を図るときには，利上げをしては景気対策の効果が相殺されてしまう。中央銀行は利子率を一定のままか，財政政策と同時に利下げを図ろうとするだろう[3]。

財政政策の影響が金融政策のスタンス次第だとすると，財政政策と金融政策が同時に発動された場合，どれが財政政策の効果でどれが金融政策の効果かはわかりにくい。両者を区別する方法としては，利子率が一定のもとで，

---

[3] 利子率がゼロかゼロ近くまで下がった場合には，それ以上の利下げの余地がないため，金利政策を景気刺激の目的には使うことができない。このため，金利政策以外の手段が用いられる。このような政策は「非伝統的金融政策」と呼ばれるが，その詳細についてはマクロ経済学の教科書を参照されたい。

8.4 財政政策の有効性

財政支出あるいは税制が変化した場合の影響を財政政策の効果として，財政支出と税が一定のもとで利子率が変化した場合の影響を金融政策の効果とすることが考えられる。

利子率が変化しなければ投資も変化しないので，投資を一定とした45度線モデルの分析が財政政策の影響となる。以上の財政政策と金融政策の影響の区分を踏まえて，次節で財政政策の影響を考えていこう。

8.4 財政政策の有効性

8.4.1 ゼロ金利のもとでの財政政策の効果

まず，ゼロ金利政策がとられているときに政府支出を拡大したときの影響を考えよう。Yを増加させたいとしてもこれ以上の利下げが困難なため，金融緩和実行が難しい[4]。図8.1のMP曲線は，そのようなときの金融政策を表している。Yが低いときにはゼロ金利となり，ある点以上のYでは経済の過熱を抑えるために利子率を上昇させる。

所得が図8.2のY_0であったとしよう。ここで政府支出が増加すると，上でのべた財政政策の効果として，乗数効果によってY_1まで増加する。

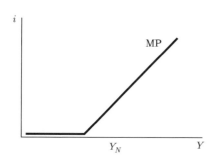

図8.1 金融政策による利子率の決定

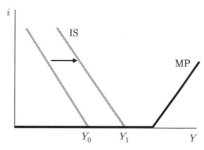

図8.2 ゼロ金利のもとでの財政政策の効果

---

[4] マイナス金利政策によって，ゼロよりもわずかに低い利子率に誘導されるが，それ以上のマイナス金利を目指すことは金融機関の収益を圧迫して銀行貸出に悪影響を与えるなど，負の効果があるとされている。ここでは簡単化のため，中央銀行が政策的に誘導する利子率の下限はゼロとする。

8.4.2 金利が正常化したときの財政政策の効果

今度は，図8.3のように，ゼロ金利ではない状態で所得が Y_0 にあったときの財政政策の影響を考えよう。財政政策によって，IS曲線が右にシフトすると，中央銀行は需要増加による景気の過熱をおそれ，利子率を引き上げて経済の安定化を図ろうとする。利子率が上がることで投資が減少するため，投資量が一定であるときの所得の増加よりも，所得の増加は小さくなるだろう。

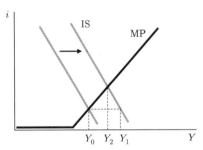

図8.3 金融政策で相殺された財政政策の効果

図8.3では，この様子が示されている。政府支出の増加によってIS曲線は右にシフトする。利子率の変化がなければ，所得は Y_1 まで増えるが，利子率が引き上げられることによって，実現される所得は Y_2 になる。Y_1 から Y_2 へ減少する効果は，クラウディング・アウトと呼ばれる。民間投資に回っていた資金を政府が利用することによって民間投資が「押し出されている」という意味である。

8.4.3 消費と財政政策の有効性

ここまで消費は可処分所得の関数と想定してきた。乗数モデルは政府支出の増加は可処分所得の増加を通じて消費を拡大させるという帰結を示している。現実の税制として所得税や法人税などを前提にすると，GDPが増加するとその一部は税収増加につながる。この税収増は可処分所得の増加を抑制する。ここで所得税率を t とし，$T=tY$ とすると，政府支出乗数は

$$\frac{1}{1-c_1(1-t)}$$

に低下する。数値例として所得税率 t を 0.2 とすると，限界消費性向 c_1 が 0.8 のケースでは政府支出乗数は $\frac{1}{0.36} \fallingdotseq 2.78$ になり，税が一括税の場合の 4 から低下していることがわかる。

消費関数については，可処分所得の関数というシンプルな仮定の妥当性が問われる。つまり，ある年の消費はその年の可処分所得のみで決定されるとみなしていいのかという疑問である。ある年の消費はその年の可処分所得だけでなく翌年の所得の見通しにも影響を受けると考えられる。

ある年の可処分所得が前年よりも減少した場合，それを一時的な変動であり翌年以降は元の水準に戻るととらえる場合と，可処分所得の減少が継続するととらえる場合では，消費の変化は異なるであろう。恒常的な所得の変化は消費を変化させるが，一時的な所得の変動であれば，消費の変更はゼロか軽微なものと考えられる。これは恒常所得仮説と呼ばれる。家計の消費が恒常所得仮説で説明されるなら，一時的な減税は消費拡大効果をもたないことになり，景気対策は無効になる。

家計が将来を予測しながら消費・貯蓄計画を策定する場合，生涯における効用(満足)の最大化を図るというという「ライフサイクル仮説」も有力な考え方として経済モデルに採用されている。

8.5 開放経済での財政政策の効果

財市場および貨幣市場は，現実には国内市場で閉じているのではなく，海外の市場とつながっている。ここまでは外国との貿易が存在しない閉鎖経済を考えていたが，ここでは外国との貿易をおこなっている開放経済での財政政策の効果を考えよう。フローの財市場では，式(8.1)にあるように輸出 X および輸入 M が GDP の水準に影響を与えている。また，ストック面でも貨幣をはじめ株式，債券などの金融商品が国境を越えて取引されており，株価や長期金利の日々の変動は為替レートの変動と関連している。

まず，フローの財市場の輸出と輸入に焦点を当てよう。

輸入が所得の増加関数であると仮定する。すなわち所得が増加するとその

一定割合は輸入品の購入に充てるものとし，

$$M = m_0 + m_1 Y$$

とおく。m_1 は限界輸入性向である。この場合，政府支出乗数は

$$\frac{1}{1 - c_1 + m_1}$$

に書き換えられる。数値例として，$c_1 = 0.8$，$m_1 = 0.05$ を想定すると，政府支出乗数は4である。先の輸入を考慮していない数値例では政府支出乗数は5だったので，輸入の変化を考慮すると乗数が低下することがわかる。限界輸入性向の値が大きくなるほど乗数の値は低下することも確かめられるだろう。輸入性向が大きい場合には，所得の増大が輸入製品の購入に向けられ，その分だけ国内の生産増加につながらないので乗数が低下するのである。

ストック市場の国際化を考える場合には，為替レートの変動の影響を織り込んで考える必要がある。為替レートの変動は，フローの財市場の輸出・輸入の大きさを左右する要因でもある。いま円が他の通貨に比べて安くなる円安が起こったとしよう。日本円で同じ価格の（日本からの）輸出品が，外国の通貨建てでは安くなるので，輸出品への需要が増えるだろう。一方，外国の通貨建てで同じ価格の（日本への）輸入品が日本円では高くなるので，輸入品への需要が減るだろう。したがって円安は，輸出を増やし，輸入を減らすことで，純輸出 X（輸出 − 輸入）を増加させる。為替レートを e（外国の通貨単位／円）と置くと，以上の関係を考慮することで純輸出は

$$X - M = -x_0 e - m_0 + m_1 Y \tag{8.12}$$

と表すことができる。x_0 は正の係数である。外国が一国であれば，為替レートはその国の通貨単位と円の比で表される。例えば米国であれば，ドル／円となり，100円を1ドルと交換できる場合は $e = 0.01$ となる。実際には多数の外国がそれぞれの通貨単位をもっているので，e に相当する実際の統計として使われるのは，貿易相手国の為替レートを加重平均した「実効為替レート」である。円安になることは，1円で交換できる外国通貨の金額が減少するので，e が減少する。

また，為替レートは実質利子率の影響を受ける。日本の実質利子率が外国の実質利子率よりも低いとき，為替レートは円安になる傾向がある。これは，

投資家が資産を日本で運用するか,外国で運用するかの選択において働く裁定によって,説明できる。日本で資産を運用した場合の収益率は日本の利子率である。外国で資産を運用した場合の収益率は,現在の為替レートで外国通貨に交換して,外国の利子率で運用された後,その時点の為替レートで円に交換されて得られる利回りになる。つまり,外国の利子率と為替レートの変化率を合わせたものが収益率になる。

日本と米国の間で資産運用をする事例で考えよう。米国の利子率を$\bar{r}$,現在の為替レートをe(ドル／円),将来の為替レートを$\bar{e}$とする。現在の1円を現在の為替レートでドルに両替して外国で運用して,将来の為替レートで円に換算する運用では,収益率は,$e\bar{r}/\bar{e}$となる。一方で,日本で運用したときの収益率はrである。

投資家は収益率の高い方を選択しようとするから,両方の資産運用手段が存在するためには,両方の収益率が等しくならなければいけない[5]。日本と米国の例では,$e\bar{r}/\bar{e}=r$が成り立つ。これを変形すると,

$$e = \frac{\bar{e}r}{\bar{r}} \quad (8.13)$$

となる。為替レートは日本の利子率が上昇すれば,円高に動くことになる。したがって,日本の利子率が外国の利子率よりも低い場合には,為替レートは将来に向けて円高の方向に動くことになる。現在の政策変更による為替レートへの影響は,将来よりも現在に大きく現れると考えられるであろう。すると,日本の利子率が下がった場合,現在の為替レートが円安になり,将来円高の方向に動いていく(もし円安にならなければ,現在よりも将来の為替レートの方が円高の方向に大きく反応してしまう)。

式(8.13)を式(8.12)に代入すると,

$$X - M = -\frac{x_0 \bar{e}}{\bar{r}} r - m_0 + m_1 Y$$

と,純輸出を利子率と所得の関数として書くことができる。こうして,為替レートへの影響を通して,実質利子率は純輸出に影響を与える。日本の実質利子率が低下すると,為替レートが円安になり,純輸出を増加させることになる。閉鎖経済では純輸出がゼロで一定であったが,開放経済で変動為替レ

---

[5] 現実には,将来の為替レートがどうなるかわからないリスクがあるので,完全には等しくならない。

ート制の国では，実質利子率が低下すると，投資が増加し，為替レートが減価することを通して純輸出が増加する．投資と純輸出の動く方向が同じであるので，所得が動く方向については純輸出が一定であるとした閉鎖経済と同じになる．したがって，8.4 節までの議論に示されたことと同じことがここでも当てはまる．

政府支出を増加させたときに，経済が過熱しないように中央銀行が利子率を上げるスタンスをとると，利子率が上昇することにより投資が減少することに加えて，利子率の上昇で為替レートが円高になることと，所得が増加することで純輸出が減少することで，乗数効果で考えられる所属の増加を相殺する方向に働く．

8.6 短期の経済財政運営と公共投資

日本政府が過去に実施してきた経済財政運営を振り返ってみよう．図 8.4 には，政府が 1990 年代以降に実施した主な経済対策の規模を示している．

バブル経済が崩壊した 1990 年代以降，日本経済の平均実質 GDP 成長率は 1% 程度にとどまった．90 年代には数次の景気対策がおこなわれたが，抜本的な打開策にはならず，低迷が続いた．2000 年代に入ると海外経済に牽引される形で戦後最長となる景気回復となったが，成長率は低調であった．またこの時期，政府は経済財政運営に関する議論について，経済財政諮問会議を中心に進めるようになった．特に小泉内閣期には，郵政民営化や三位一体改革など「骨太の方針」に基づいた財政再建が進められた．

2000 年代後半になると，サブプライムローン問題に端を発する世界金融危機により景気が悪化した．特に 2008 年秋に発生したリーマンショック後の悪化のスピードは急激で，これまでにない深刻な不況となった．こうした状況下では，市場経済に任せておくと過剰な信用収縮を引き起こし，需要が必要以上に冷え込み，倒産や失業が相次ぐという景気の底割れを招きかねない．これを回避するため，政府は大規模な財政出動をおこなった．

その後，民主党への政権交代および東日本大震災を経て，2012 年 12 月に第 2 次安倍内閣が成立した．安倍内閣では「経済財政運営と改革の基本方針」

8.6 短期の経済財政運営と公共投資   205

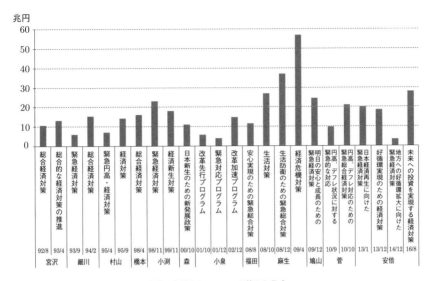

出所：内閣府ホームページ等より作成

図 8.4 日本での主な経済対策とその規模

（「骨太の方針」を改称したもの）を柱として，「中期財政計画」と「日本再興戦略」にしたがい，いわゆる「アベノミクス」が実行されている．アベノミクスは，短期的な景気回復を企図した金融政策・財政政策と，長期的な経済成長をターゲットとした成長戦略から成る政策パッケージである．

図 8.4 をみると，景気対策が実施された時期には偏りがある．1998 年から 2002 年までの景気後退期には頻繁に景気対策がおこなわれたが，2000 年代前半の景気回復期には景気対策はおこなわれていない．

景気対策のメニューは，家計に対する消費喚起策，企業に対する補助金や資金繰り支援など様々な施策がおこなわれてきた．特に中心となっているのは公共投資である．

公共投資は，マクロ経済に対してさまざまな形で効果をもたらす．その効果は，大きくフロー面での効果とストック面での効果に分けられる．フロー面での効果とは，公共投資に伴う短期的な経済波及効果のことである．例えば，財・サービス市場で有効需要を創出する，あるいは労働市場で雇用を増やすという効果である．ストック面での効果は，公共事業の実施により蓄積

された社会資本ストックが，国民の生活や経済活動に長期的に多様な便益をもたらす効果であり，生産力効果と厚生効果に分けることができる。生産力効果は，公共投資によって整備された社会資本が移動時間の短縮や輸送費の低下，貨物取扱量の増加をもたらし，経済活動の生産性を向上させ，経済成長に寄与する効果のことである。厚生効果は，アメニティの向上，衛生状態の改善，安心感の向上といった生活水準の向上に寄与し経済厚生を高める効果をもたらす効果のことである。

景気対策を目的とする公共投資では，主にフロー面での効果を期待して実施されている。しかしながら短期的なGDPの押し上げ効果はあるにしても，政府支出一本槍で長期的な経済成長を期待することは難しい。また，財政支出の拡大や減税がマクロ経済に対してマイナスの影響を与える可能性も指摘されている。人々は将来の予測に基づいて経済行動を決定することから，現時点の財政支出の拡大や減税は，将来の増税を意識させることに繋がり，これが現在の消費を手控えさせるという考え方である。これは，ケインズが提唱したマクロ経済学とは逆の効果となることから「非ケインズ効果」と呼ばれる。

演習問題

1. 家計の限界消費性向が高まったとき，財政支出拡大の所得への影響はどうなるかを説明しなさい。
2. 政府が財政赤字を増やさないように，政府支出を増加させると同時に同額の増税をおこなったときの所得はどのように変化するか。乗数効果モデルの式を用いて説明しなさい。
3. 財政当局と中央銀行が協調して経済対策をおこない，政府支出の増加と利下げが同時におこなわれたときに所得はどのように変化するか。図を用いて説明しなさい。
4. 中央銀行が為替レートを一定に保つように金利を調整しているときに，政府支出を増加させると，所得はどのように変化するか。8.5節のモデルに即して，式を用いて説明しなさい。

9
国債と年金

　この章では現役世代だけではなく，将来世代とも結びつきの深い国債と年金に焦点をあてる。国債や年金については，2期間世代重複モデルによる説明が便利である。そこで2期間世代重複モデルを紹介し，国債の負担，国債に関する中立命題，公的年金の経済効果について説明をする。

9.1　2期間世代重複モデルの準備

　例えば年金の受益と負担を考えると，現役世代のみならず将来世代にまで及ぶように，この章で扱う国債，年金は現在時点(現役世代)と将来時点(将来世代)との間における異時点間(世代間)の所得移転に他ならない。このような異時点間，世代間の所得移転を扱う際に有益なモデルがある。

　マクロ経済学では個人の貯蓄行動を説明する仮説の1つとして，モディリアーニとブルンバーグによるライフサイクル仮説がある[1]。ライフサイクル仮説の場合，現役世代にのみ焦点があてられ，現在の消費は現在の可処分所得ではなく，生涯所得によって決定されるという考え方が反映されている。具体的には個人の生涯を2つの期間に大別し，若年期では個人が労働をし，所得を消費と貯蓄に配分する。退職期には，その個人は貯蓄を取り崩して消費し，死を迎える時点で生涯所得をすべて使いゼロとする。つまり若年期の

---
[1] Modigliani, F. and R. Brumberg(1954)

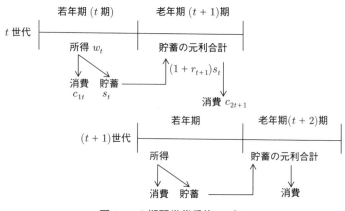

図9.1　2期間世代重複モデル

個人は正の貯蓄を行い，退職後の個人は負の貯蓄をおこなっている。個人が貯蓄をする目的は，退職後の所得減少に備え，所得が発生している若年期にあらかじめ備えるところにある[2]。

上のライフサイクル仮説での現役世代に，将来世代といった異なる世代を導入することができる。そこで現役世代を t 世代，その次の世代を $(t+1)$ 世代と呼ぶことにしよう。そして t 世代，$(t+1)$ 世代とも，それぞれ若年期と老年期の2期間を生きるものとしよう。ライフサイクル仮説で紹介した個人の生涯にわたる行動を考慮すると，図9.1を描くことができる。

図9.1の t 世代を見てみよう[3]。この t 世代は若年期（t 期）と老年期（$t+1$ 期）の2期間を生きる。t 世代の個人は若年期である t 期に労働を提供し，その対価として労働所得 w_t を得る。その労働所得 w_t は，退職後の消費のために貯蓄 s_t として，残りは t 期における個人の消費 c_{1t} として費やされる。若年期の経済活動は，t 期において若年期を迎えている個人の予算制約式(9.1)として表される。

$$w_t = s_t + c_{1t} \tag{9.1}$$

---

[2] ライフサイクル仮説を含む消費や貯蓄に関するトピックは，例えば三野(2013)を参照されたい。

[3] なお図9.1では t 世代から $(t+1)$ 世代への遺産を考慮していない。

9.1 2期間世代重複モデルの準備

t期に若年期の個人が貯蓄をすることで，老年期を迎えたその個人は貯蓄の元利合計$(1+r_{t+1})s_t$を得る。なおr_{t+1}は私的貯蓄に対する利子率である。そしてその貯蓄の元利合計は，$(t+1)$期において老年期を迎えている個人の消費c_{2t+1}として費やされる。老年期の経済活動は，$(t+1)$期において老年期を迎えている個人の予算制約式(9.2)として表される。

$$(1+r_{t+1})s_t = c_{2t+1} \qquad (9.2)$$

ただし期にかかわらず，若年期を迎えている個人の消費をc_1，老年期を迎えている個人の消費をc_2と表している。そしてそれらに実際の期を加え，例えばt期における若年期の個人の消費をc_{1t}と表している。図9.1から，老年期を迎えているt世代は，若年期の$(t+1)$世代と重なり合い，お互い共存している。このように，どの世代も若年期と老年期の2期間生存し，しかも2世代が共存する期間もあるといった構造をもち，上で述べた個人の経済活動が反映されているモデルを，**2期間世代重複モデル**と呼ぶ。

式(9.1)と(9.2)を，それぞれ貯蓄について解き，それらを1つの式にまとめると，t世代の個人の生涯予算制約式(9.3)を得る。

$$c_{1t} + \frac{1}{1+r_{t+1}} c_{2t+1} = w_t \qquad (9.3)$$

式(9.3)は，t世代の個人の生涯消費(左辺)とt世代の個人の生涯所得(右辺)が等しいことを意味している。また，t世代の個人が生涯所得w_tの下で，t期に消費財c_1を価格1で，$(t+1)$期に消費財c_2を価格$\frac{1}{1+r_{t+1}}$で購入しているものと解釈できる。なお式(9.3)は図9.2の太線として描かれる。

次に，t世代の個人は若年期の消費，老年期の消費から効用を得る。そこでt世代の個人の効用関数をu_tと表すならば，式(9.4)として表される。

$$u_t = u(c_{1t}, c_{2t+1}) \qquad (9.4)$$

そして図9.2に，ある効用水準を維持している右下がりの無差別曲線を描くことができる。ここで大切なことは，個人の生涯予算制約式の下で，最大の効用水準を維持している無差別曲線を描くことにより，この個人の最適消費点を図示できることである。それは図のA点(c_{1t}^*, c_{2t+1}^*)である。

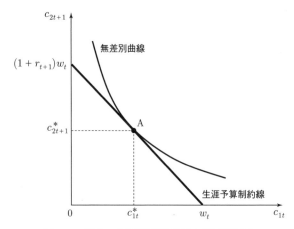

図9.2 家計の生涯予算制約線と最適消費点

具体例 —— 特定化された効用関数を用いる場合

この具体例では特定化された効用関数を使い,最適消費点を求める。t 世代の個人の効用関数 u_t は,次のとおり表される。

$$u_t = c_{1t}^{\alpha} c_{2t+1}^{\beta}, \quad \alpha + \beta = 1, \ \alpha > 0, \ \beta > 0 \tag{9.5}$$

この効用関数(9.5)は,コブ=ダグラス型効用関数と呼ばれている[4]。t 期に若年期を迎えている個人の予算制約式,$(t+1)$ 期に老年期を迎えている個人の予算制約式,t 世代の個人の生涯予算制約式は(9.1),(9.2),(9.3)と同じである。式(9.3)はそのままで,式(9.1),(9.2)を書き直すと

$$c_{1t} = w_t - s_t$$

$$c_{2t+1} = (1 + r_{t+1}) s_t$$

$$c_{1t} + \frac{1}{1 + r_{t+1}} c_{2t+1} = w_t$$

である。上の生涯予算制約式を c_{1t} について解き,それを式(9.5)に代入すると

---

[4] アメリカの経済学者コブ(Cobb, C. W.),そしてダグラス(Douglas, P. H.)らによって提案された生産関数(コブ=ダグラス型生産関数)と同じ形をとっていることから,コブ=ダグラス型効用関数と呼ばれている。

9.1 2期間世代重複モデルの準備

を得る[5]。式(9.6)を c_{2t+1} について最大化し，式を整理すると最適な $(t+1)$ 期の消費水準として

$$u_t = \left(w_t - \frac{c_{2t+1}}{1+r_{t+1}}\right)^\alpha c_{2t+1}^{1-\alpha} \tag{9.6}$$

$$c_{2t+1} = (1+r_{t+1})(1-\alpha)w_t \tag{9.7}$$

を得る。式(9.7)を生涯予算制約式に代入することにより，最適な t 期の消費水準として

$$c_{1t} = \alpha w_t \tag{9.8}$$

を得る。上の式(9.8)と t 期の予算制約式(9.1)から，貯蓄 s_t は

$$s_t = (1-\alpha)w_t \tag{9.9}$$

として得られる。コブ＝ダグラス型効用関数の下では，図9.2のA点に対応する最適消費点 (c_{1t}^*, c_{2t+1}^*) が，$c_{1t}^* = \alpha w_t$，$c_{2t+1}^* = (1+r_{t+1})(1-\alpha)w_t$ と表される。

なお式(9.8)や(9.9)が示すように，コブ＝ダグラス型効用関数の下では，最適な t 期の消費水準，貯蓄は利子率 r_{t+1} に影響されない。つまり式(9.8)や(9.9)から

$$\frac{dc_{1t}}{dr_{t+1}} = \frac{ds_t}{dr_{t+1}} = 0 \tag{9.10}$$

であり，利子率が変化しても t 期の消費水準，貯蓄はまったく影響を受けない。このことはコブ＝ダグラス型効用関数の場合，図9.3のように利子率が変化しても，代替効果と所得効果が完全に相殺されることを意味している。

図9.3の実線で表された生涯予算制約線は，利子率が増加する前の生涯予算制約線である。点線で表された生涯予算制約線は，利子率が増加した後の生涯予算制約線である。すると利子率が高くなることによる代替効果は，図の実線のA点から破線上のB点への移動で表される。そして所得効果は破線上のB点から点線上のC点への移動で表される。ただし図9.3でも示しているように，コブ＝ダグラス型の効用関数の下では，代替効果と所得効果の大きさが等しい。そのため利子率が変化しても，t 期の消費水準は変化せ

---

[5] ラグランジュ関数を利用しても同じ結論を得る。

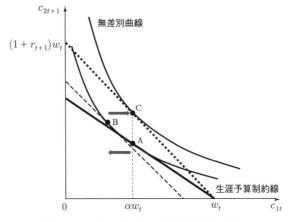

図 9.3　コブ＝ダグラス型効用関数の場合

ず αw_t のままであり，貯蓄も変化しないのである。このようなことから最適な t 期の消費水準及び貯蓄は，利子率 r_{t+1} に影響されないのである。

9.2　国債の負担

9.2.1　伝統的な国債負担論

政府が財政政策のために国債を発行する場合，どのような経済主体が，どのような形で国債の負担をするのかといった点を考慮する必要がある。そこで，ここでは伝統的な国債の負担論について鳥瞰する。

まずラーナーによる国債の負担論である[6]。ラーナーは国債の負担を経済全体で利用可能な資源の量で把握する。ラーナーの強調点は，民間資金は国債発行（特に内国債発行）によって政府部門に吸収される。言い換えると国債発行分だけ民間資金が政府部門に移動しているに過ぎないと説明する点である。国債発行によって，民間資金が民間から政府部門に移動するため，経済全体では資金総額が変化しない。なお国債発行で民間資金が政府部門に移動するため，その分だけ民間資金の活用機会が減り，民間資源が減ってしまう。

---

[6] Lerner, A. P. (1948)

9.2 国債の負担

しかし政府が国債発行で吸い上げた民間資金を活用し，その分だけ資源を増やすため，民間そして政府を含む経済全体で利用可能な資源の量は変化しない。経済全体で利用可能な資源の量が変化しないことをもって，ラーナーでは国債の負担が生じないと説明している。

財務省(2018)「国債等の保有者別内訳(平成30年3月末(速報))」によれば，国債合計額995兆6,806億円のうち，ゆうちょ銀行，証券投資信託及び証券会社を含む銀行等が188兆6,868億円(19.0%)，かんぽ生命を含む生損保等が205兆2,532億円(20.6%)，公的年金が46兆8,859億円(4.7%)，日本銀行が437兆2,791億円(43.9%)，家計が12兆3,823億円(1.2%)，年金基金が31兆2,033億円(3.1%)といった額の国債を保有している。一方で海外は59兆5,311億円(6.0%)である。アベノミクスの非伝統的な金融政策によって，日本銀行による国債保有額が437兆円に達しているところが特徴的であるが，日本国債のかなりは，日本国内から調達されたものとみることができる。ラーナーが言うように，日本の場合，日本国内の資金が日本政府に移動しているに過ぎない状況とも解釈できる。しかしラーナーの場合，国債を保有し国債の償還を受ける個人といった視点，あるいは現役世代と将来世代といった世代間の視点が欠落している[7]。

次にボーウェン＝デービス＝コップらは，国債を購入，保有する個人，国債の償還を受ける個人に着目し，家計の消費機会がどの程度阻害されるかで，国債の負担を論じた[8]。例えば政府が今期において，来期以降に償還される国債を発行し，t世代がその国債を購入したものとしよう。そして，その国債の償還前にt世代が国債を$(t+1)$世代へ売却するものとしよう。するとt世代は国債の売却益を得るため，t世代の消費が阻害されることはなく，t世代において国債の負担が生じないものと考えられる。政府がt世代の死亡後に国債の償還を増税でおこなうものとするならば，$(t+1)$世代は増税の影響を受けるため，$(t+1)$世代の消費は減少する。ここに国債の負担が発生する。このように世代間の視点を取り込むことにより，国債の負担が世代をまたが

---

[7] 7章では，国債による財源調達で生じる世代間の不公平を，財政赤字とマクロ経済の観点から言及している。

[8] Bowen, W. G., R. G. Davis and D. H. Kopf (1960)

って生じる点を，ボーウェン＝デービス＝コップは強調している。

さらにモディリアーニによれば，国債の負担は発生するものと説明している。ただしボーウェン＝デービス＝コップらが，国債負担を個人の「消費機会」で把握する一方で，モディリアーニは国債の負担を「資本蓄積(資本ストック)」の量をもって把握する。課税の場合と比べ国債発行は，その発行分だけ民間貯蓄が政府部門に吸収され，民間部門で利用可能な資本蓄積が減少し，民間投資も阻害される。これが将来世代の利用可能な資本蓄積の減少に結びつくのである。モディリアーニは現在だけではなく，将来の視点をもって国債の負担を論じ，しかも民間部門にとって利用可能な資本蓄積を国債負担の尺度としている。

9.2.2 新古典派による国債負担論 ── ダイアモンドのケース ──

9.2.1で説明したモディリアーニの国債負担論は，その後，家計が効用を最大化し，企業が利潤を最大化しながら行動する新古典派型経済の枠組みで応用された。それはダイアモンドによる2期間世代重複モデルといったモデルで応用された[9]。

9.1節では2期間世代重複モデルを図で説明した。その2期間世代重複モデルにダイアモンドは，国債(必要な資金が国内から調達される内国債，必要な資金が海外から調達される外国債の2つ)を導入した。以下では内国債の方だけに注目する。

ダイアモンドの分析では，政府が前期に発行した国債の元利償還のために，今期，新たに1期国債(国債を発行した次の期に国債の償還がおこなわれる)の発行をおこなう。ただしその国債の新規発行でまかないきれない部分については，若年世代からの定額税を充当するものと想定されている。このような想定の下では，政府が内国債の発行を増やすことで，民間資金が国債に吸収されるため，民間資金の需給がひっ迫する。そのため利子率が上昇し，資本蓄積は減少する[10]。

---

[9] Diamond, P. A. (1965)

[10] 国債発行から民間資金が政府部門に吸収され，利子率の上昇，民間投資の抑制といったクラウディング・アウトが生じることについては，7章や8章で説明される。

9.2 国債の負担

さらにダイアモンドは，内国債発行による国債の負担が資本蓄積の減少を介して，個人の厚生に与える効果まで分析している。ダイアモンドの場合，内国債発行の負担，影響は利子率(資本蓄積)だけではなく，個人の厚生にも現れる。具体的には内国債の発行が厚生に与える影響は，利子率と人口成長率の大小によって決まる。

まず利子率が人口成長率よりも大きい場合，政府が内国債の発行を増やすことによって，厚生が減少するものとされる。利子率が人口成長率よりも大きい場合，資本蓄積は最適な資本蓄積よりも少ない状態にあることが知られている。このとき，もともとの資本蓄積が少ない状態で，政府が内国債を発行すると，ますます民間資金は政府部門に吸収され，民間で利用可能な資本蓄積がさらに少なくなる。このような背景から，利子率が人口成長率よりも大きい場合の内国債の発行は，個人の厚生を阻害することになる。

逆に，人口成長率が利子率よりも大きい場合，政府が内国債の発行を増やすことによって，厚生が増加するものとされる。人口成長率が利子率よりも大きい場合，資本蓄積が最適な資本蓄積よりも多い状態にあることが知られている。このとき，もともと資本蓄積が多い状態(遊休の資本蓄積がある状態)で政府が内国債を発行すると，民間資金が政府部門に吸収され，資本蓄積が減少するものの，その量は経済にとって最適な資本蓄積水準に近づく。このような背景から，人口成長率が利子率よりも大きい場合の内国債の発行は，個人の厚生を高める。ただし利子率と人口成長率が等しい場合，政府が内国債の発行を増やしても，厚生には何の影響も与えない。

以上からダイアモンドによる内国債の負担は，その経済における資本蓄積水準と厚生水準に現れる。内国債の負担，その影響について資本蓄積と厚生水準をとりあげ，その発行が厚生水準に与える影響を利子率と人口成長率の大小関係で論じた点が，ラーナー，ボーウェン＝デービス＝コップ，モディリアーニと異なる点であるといえよう。

9.2.3　税と国債 ── リカードの等価定理 ──

家計が政府の財政政策に対して極度な合理性をもっているものと想定するならば，興味深い国債負担論へと行き着く。それはリカードの等価定理(中

立命題), バローの中立命題に代表される考え方である[11]。

　直感的には，同額の政府支出を税で調達する場合と国債で調達する場合とでは，個人の消費・貯蓄行動，企業の投資に対して異なる影響を与えるものと考えられる。ところがリカードの等価定理は，同じ額の政府支出を政府が定額税で調達しようと国債で調達しようと，家計の行動，家計の予算制約式は変化しないので，政府支出財源として定額税，国債の選択は無差別であることを主張している。以上のことを簡単な2期間モデルで確認してみよう。

ケース1　政府が定額税で政府支出政策をおこなう場合

　t 期において若年期を迎えている個人は，労働を供給し，労働所得 w_t を得る。その労働所得を消費 c_{1t}，貯蓄 s_t，定額税 T_t の支払いに充当する。政府は，その定額税 T_t を財源として，その期の政府支出 G_t をおこなう。以上から若年期の個人の予算制約式，政府の予算制約式は下の2つの式で表される。

　　　若年期の個人の予算制約式　　$c_{1t} = w_t - s_t - T_t$
　　　政府の予算制約式　　　　　　$T_t = G_t$

　$(t+1)$ 期に老年期を迎えるその個人は退職し，貯蓄の元利合計 $(1+r_{t+1})s_t$ を得る一方で，それらを老年期の消費 c_{2t+1}，定額税 T_{t+1} 支払いに充当する。政府は，その定額税 T_{t+1} を財源として，その期の政府支出 G_{t+1} をおこなう。以上から老年期の個人の予算制約式，政府の予算制約式は，下の2つの式で表される。

　　　老年期の個人の予算制約式　　$c_{2t+1} = (1+r_{t+1})s_t - T_{t+1}$
　　　政府の予算制約式　　　　　　$T_{t+1} = G_{t+1}$

若年期と老年期の個人の予算制約式から，個人の生涯予算制約式を得る。

　　　個人の生涯予算制約式　　$c_{1t} + \dfrac{c_{2t+1}}{1+r_{t+1}} = w_t - T_t - \dfrac{T_{t+1}}{1+r_{t+1}}$

　上の2つの政府の予算制約式 $T_t = G_t$ と $T_{t+1} = G_{t+1}$ を，個人の生涯予算制約式に代入すると，

---

[11] Barro, R. J. (1974)

9.2 国債の負担

$$c_{1t} + \frac{c_{2t+1}}{1+r_{t+1}} = w_t - G_t - \frac{G_{t+1}}{1+r_{t+1}} \tag{9.11}$$

を得る.この個人の生涯予算制約式(9.11)が,定額税で政府支出政策をおこなうときの,個人の生涯予算制約式である.

ケース 2　政府が国債で政府支出政策をおこなうケース

若年期では個人は労働を供給し,労働所得 w_t を得る.その労働所得を消費 c_{1t}, 貯蓄 s_t に充当し,さらに次期に償還される国債 B_t を購入する.政府は個人が購入した国債 B_t を財源として,その期の政府支出 G_t をおこなう.以上から若年期の個人の予算制約式,政府の予算制約式は下の2つの式で表される.

若年期の個人の予算制約式　$c_{1t} = w_t - s_t - B_t$

政府の予算制約式　　　　$B_t = G_t$

老年期には,その個人は退職し,貯蓄の元利合計 $(1+r_{t+1})s_t$, 国債の元利合計 $(1+r_{t+1})B_t$ を得る一方で,それらを老年期の消費 c_{2t+1}, 定額税 T_{t+1} 支払いに充当する.その定額税 T_{t+1} を財源として,政府は国債の元利償還,その期の政府支出 G_{t+1} をおこなう.以上から老年期の個人の予算制約式,政府の予算制約式は下の2つの式で表される.

老年期の個人の予算制約式　$c_{2t+1} = (1+r_{t+1})s_t + (1+r_{t+1})B_t - T_{t+1}$

政府の予算制約式　　　　$T_{t+1} = (1+r_{t+1})B_t + G_{t+1}$

若年期と老年期の個人の予算制約式から,個人の生涯予算制約式を得る.

個人の生涯予算制約式　$c_{1t} + \dfrac{c_{2t+1}}{1+r_{t+1}} = w_t - \dfrac{T_{t+1}}{1+r_{t+1}}$

上で示した2つの政府の予算制約式のうち $T_{t+1} = (1+r_{t+1})B_t + G_{t+1}$ を,個人の生涯予算制約式に代入すると,下の個人の生涯予算制約式を得る.

個人の生涯予算制約式　$c_{1t} + \dfrac{c_{2t+1}}{1+r_{t+1}} = w_t - B_t - \dfrac{G_{t+1}}{1+r_{t+1}}$

この個人の生涯予算制約式に,もう一方の政府の予算制約式 $B_t = G_t$ を代入すると次の式を得る.

$$c_{1t} + \frac{c_{2t+1}}{1+r_{t+1}} = w_t - G_t - \frac{G_{t+1}}{1+r_{t+1}} \qquad (9.12)$$

この個人の生涯予算制約式(9.12)が，国債で政府支出政策をおこなうときの，個人の生涯予算制約式である．

式(9.11)と(9.12)の2つの式を比較してみよう．両者はまったく同じ式である．家計の効用最大化を考えるならば，家計は式(9.11)あるいは(9.12)を制約条件として，今期の消費 c_{1t} と来期の消費 c_{2t+1} からなる効用関数の下で，自身の効用を最大にする今期と来期の消費を選択する．ところが生涯予算制約式(9.11)と(9.12)は同一の生涯予算制約式であるため，定額税で政府支出をおこなう場合，国債で政府支出をおこなう場合のどちらでも，最適な消費点は同一となる．

もちろんリカードの等価定理は，ある1世代が生存する範囲内で国債が発行されかつ償還される，そして政府が定額税を徴収していることが重要である．この範囲内で政府が定額税で政府支出をおこなおうと，国債で政府支出をおこなおうと，家計の行動，生涯予算制約式にはまったく影響を与えず，最適な消費水準にも影響を与えないのである．

9.2.4　国債発行の無効性と課税平準化論

9.2.3のリカードの等価定理は，ある1世代に焦点をあてたケースであった．しかし実際は複数世代が社会に存在している．国債負担が生じるか否かも，少なくとも2世代の枠組みで考えるべきといった主張も生じてくる．そこに着目したのが，バローであった．簡単な2期間世代重複モデルをイメージしながら，バローの強調点を説明しよう．

政府が t 世代の個人（親世代）に対して，国債発行をした上で減税政策を実施したものとする．そして政府は子世代である $(t+1)$ 世代に対して，増税政策を実施するものとしよう．すると親世代である t 世代は減税政策の恩恵をうける一方，子世代が増税という負担を受け入れるため，親世代には国債発行による負担が発生しない．それが発生するのは，子世代である $(t+1)$ 世代となる．ただし，もしここで親世代が子世代の経済状況を深く考慮し，子世

9.2 国債の負担

代の消費の減少を望まないような利他的な個人であるならば，何をするだろうか？

それは親世代から子世代への遺産受け渡しである．つまり親世代が子世代の負担する増税額を正しく予想し，減税政策で手にした減税分を自身の消費のために使わず，遺産としてすべて子世代に与えるならば，子世代の国債償還にともなう負担は，その遺産によって完全に相殺される．この場合，政府の減税政策には効力がなく，また子世代の国債負担も発生しない．これをバローの中立命題と呼んでいる．しかしバローの中立命題が成立するためには，理論的には下のような様々な条件が必要である．

- 政府は経済活動に歪みを与えない定額税を徴収する
- 民間貯蓄の利子率と国債の利子率が等しい
- 資本市場は完全で，個人は借入制約に直面していない
- 個人には生存期間の不確実性がなく，若年期・老年期の2期間生存する

家計が政府の財政政策を合理的に把握し，また自身の子世代のことまで視野に入れる個人である場合，政府の財政政策そのものが機能しないことをバローの中立命題は示唆している．このバローの中立命題は，家計の合理的な行動が財政政策の効果を左右するという点で意義深い．どの程度，家計が財政運営，財政政策に対して合理的にふるまう経済主体であるかに依存して，財政政策あるいは財政の伝統的な機能である経済安定化機能の効力が左右されるのである．

9.2.3を踏まえると，リカードの等価定理が成立しない場合，国債発行を通じて新たな財政政策のために一定額の財源調達をおこなう場合と，その額を税で調達する場合とでは無差別ではなくなる．一方，この9.2.4での説明からバローの中立命題が成立しない場合，国債発行による今期の減税政策は経済に影響をもたらすことになる．

経済企画庁(2000)「平成12年度年次経済報告　新しい世の中が始まる」では，1957年度から1973年度，1974年度から1998年度までの2つの推計期間において，リカードの等価定理がどの程度成り立っているのかを推計している．その推計結果によれば，どちらの期間についても等価定理が厳密に

成り立っているとは言えないと結論づけている。この推計結果を踏まえるならば、税金と国債が無差別であるとは言い切れず、新たな政府支出を国債で調達する場合、税で調達する場合とでは、個人消費に与える影響が異なるものと解釈できる。ただし1974年度から1998年度の方が、等価定理が成立しやすい可能性も示唆されている。

それではリカードの等価定理やバローの中立命題が成立しない状況で、政府はどのようにして必要な政府支出額を調達したらよいだろうか。経済に歪みをもたらす税を使わざるを得ない状況下では、できるだけ課税による死荷重を小さく抑えながら財源を調達する一方で、税で必要な政府支出額を調達できなければ、その分を国債発行でまかなう。あるいは経済に歪みをもたらす税を使う中で、ある税の税率を今期は低く（今期は減税）、来期は高くする（来期の増税）よりも、今期も来期も一定の税率を維持した方が、死荷重の面から望ましい。このような考え方を**課税の平準化**と呼ぶ。

例えば、5章でも説明されている物品税の最適課税論においては、物品税の課税にともなう死荷重は、税率 t の二乗（t^2）、需要の価格弾力性（ε_d）、消費額（E）に比例して増加することが知られている。つまり

$$死荷重 = \frac{1}{2}t^2 \varepsilon_d E$$

で表される。この文脈を踏まえ、次のような例を考えよう。今期も来期も物品税率が5%であるとする。すると他の事情が一定であるならば、今期と来期の死荷重は $25\varepsilon_d E$ で表される。一方、今期の物品税率を減税政策の一環として2%とし、来期の物品税率を増税政策として8%とする場合を考えよう[12]。他の事情が一定であれば、この場合の今期と来期の死荷重は $34\varepsilon_d E$ で表される。このように今期の税率を減税し、来期の税率を引き上げるよりも、今期も来期も一定率の税率を維持した方が効率的なのである。課税の平準化といった観点からは、国債発行で今期の減税、来期に国債の償還のために増税といった政策をおこなうより、今期も来期も税率を一定にしつつ、必要な税収を確保すべきという点が重要なのである。

---

[12] この場合、今期と来期の2期間平均の税率は5%となる。

9.3 年　金

9.3.1 公的年金の必要性

　第2次世界大戦後，日本の平均寿命は大きな伸びを見せている。個人が退職をしてから平均寿命程度生存するものと考えるならば，少なくとも20年から25年程度の生活を，どのような所得に依存するかが重要となる。退職後の数十年にわたる生活を支える有力な所得の1つが公的年金である。そもそも，なぜ政府が公的年金を供給するのだろうか。その理由として，ここでは以下の2つを紹介しておこう。

　第1に，個人が必ずしも長期的視野をもって合理的な消費・貯蓄選択をしているとは限らないからである。もし個人が将来より現在を重視するという意味で近視眼的であるならば，貯蓄を通じた将来の消費に興味をもたなくなるであろう。将来の生活のための貯蓄が十分ではない個人は，将来，無貯蓄状態に陥ってしまうといった所得リスクを背負う。これは個人の選択が招くリスクとはいえ，このような個人に政府が生活保護給付をもって対応するならば，計画的な無貯蓄者を増やすことになりかねず，真に生活保護給付が必要な個人への生活保護給付が阻害されかねない。そこで政府が**温情主義**といった観点から個人に強制加入の公的年金サービスを供給し，個人の老後における無貯蓄といったリスクに備えをさせている。

　第2に，市場で私的年金を長期的かつ安定的に供給することは難しいとされるためである。例えば保険会社が，現在だけではなく将来の物価上昇率を織り込み私的年金給付額を調整し，加入者が死亡するまでの間，安定的に私的年金を給付することには困難がつきまとう。また私的年金の場合，逆選択問題も発生する可能性がある。すなわち自身の生存確率が長いと判断する個人ほど，自身の所得保障のために私的年金に加入しようとする。逆に自身の生存確率が短いと判断する個人ほど，私的年金への加入を見送るものと考えられる。そのため生存確率の長い個人だけ（リスクの高い個人だけ）がその私的年金に加入し，私的年金保険そのものが持続可能ではなくなってしまう。このような私的年金の失敗が存在するため，民間に代わって政府が公的年金を供給しているものと解釈できる。

積立方式と賦課方式

　それでは政府はどのような財政方式を用いて，公的年金を供給することができるか。ここでは2期間世代重複モデルをイメージしながら説明をしよう。
　大別するならば年金方式は積立方式，そして賦課方式の2つに区分される。
　積立方式は私的貯蓄の代替として位置づけられる。若年期において個人は公的年金保険料を政府に支払う。政府はその保険料を公的に運用し，その個人が老年期を迎え，年金受給者となった時点より，公的運用した保険料を公的年金として給付する。つまり個人が私的貯蓄をする代わりに，公的年金保険料を政府に支払い，政府がその保険料を運用しているに過ぎない。もちろん個人の生存確率は異なり，短命な個人，長命な個人が存在する。そのため短命な個人であるならば，公的年金保険料を政府に支払うだけで，公的年金の給付を受けられなくなる。このような背景から積立方式の場合，短命な個人によって支払われた公的年金保険料が，長命な個人への公的年金給付として移転する現象（公的世代内移転）が生じる。
　一方，**賦課方式**では若年期を迎えている個人が，政府に公的年金保険料を支払う。政府はその公的年金保険料を，老年期を迎え，年金受給者となっている個人に対して公的年金として給付する。つまり賦課方式は公的世代間移転すなわち世代間の所得再分配であり，若年期を迎えている個人が賦課方式の公的年金を介し，老年期の個人を経済的に支えている。賦課方式においても公的年金保険料を支払うのみで，公的年金給付を受取ることのできない短命な個人も存在する。しかし賦課方式においては，上で述べた積立方式で生じうる短命な個人から長命な個人への公的世代内移転は生じない。

公的年金制度の仕組み

　日本の公的年金制度の場合，図9.4のような構造となっている。それが示しているように，日本の公的年金制度は1階部分と2階部分の2つから構成される。まず現役世代（20歳以上）はすべて国民年金の被保険者となる。そして年金受給年齢に達すると，基礎年金の給付を受ける（1階部分）。そして民間企業に勤める人，公務員らは，厚生年金保険に加入し，基礎年金の上乗せといった形で報酬比例年金の給付を受ける（2階部分）。日本の公的年金制

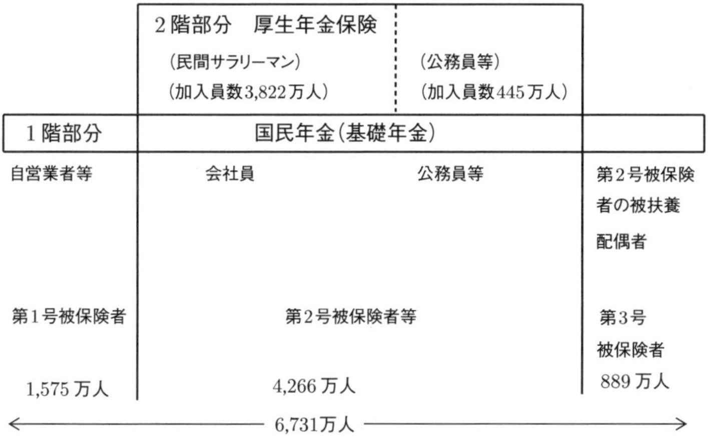

9.3 年金

	2階部分　厚生年金保険		
	(民間サラリーマン) (加入員数3,822万人)	(公務員等) (加入員数445万人)	
1階部分	国民年金(基礎年金)		
自営業者等	会社員	公務員等	第2号被保険者の被扶養配偶者
第1号被保険者	第2号被保険者等		第3号被保険者
1,575万人	4,266万人		889万人

← 6,731万人 →

出所：厚生労働省ウェブサイト
(https://www.mhlw.go.jp/stf/seisakunitsuite/bunya/nenkin/nenkin/zaisei01/index.html，2018年9月8日閲覧)及び厚生労働省年金局(2017)「平成28年度厚生年金保険・国民年金事業の概況」より筆者作成
注：2015年10月より被用者年金一元化法が施行され，それまで厚生年金と共済年金に分けられていた年金制度が，厚生年金に統一された。

図9.4　公的年金制度の仕組み

度は，「世代と世代の助け合い・支え合い」という言葉に代表されるように，年金積立金や税金が充当されるものの，主に現在働いている現役世代により支払われる公的年金保険料が，年金受給者(高齢者)の年金給付として充当されるため，賦課方式の公的年金制度の形式をとっている。

図9.4における**第1号被保険者**は，例えば自営業者や大学生等が該当し，原則20歳から60歳まで，毎月定額の保険料(2018年度は毎月16,340円)を自身で納入しなければいけない。そして65歳から死亡するまでの間，基礎年金(老齢基礎年金)が支給される。20歳から60歳に至るまでの40年間全期間において保険料を納めた個人の場合，2018年4月からの満額支給額は779,300円であり，厚生労働省(2018)「平成30年度の年金額改定について」によれば，その月額は64,941円となる。

第2号被保険者は厚生年金に加入する会社員や公務員等である。毎月の定額の保険料については労使折半で，会社員の場合，2017年9月以降の厚生年金保険料率は18.300％(そのうち半分の9.150％は会社が負担)であり，国家公務員の場合，2017年9月から2018年8月までの保険料率が17.986％で

組合員負担分が8.993%，2018年9月からの保険料率が18.300%で組合員負担分が9.150%となる。厚生労働省(2018)「平成30年度の年金額改定について」によれば，夫婦二人分の老齢基礎年金を含む標準的な年金額(夫は平均的収入で40年間就業，妻はその期間すべて専業主婦であった場合)は，月額平均で221,277円である。

第3号被保険者は専業主婦等であり，その配偶者である第2号被保険者が加入している被用者年金制度(例えば厚生年金)の保険者が集めた保険料等の一部を基礎年金拠出金として毎年拠出していることから，第3号被保険者個人は自身で保険料を負担する必要がない。65歳から死亡するまでの間，基礎年金(老齢基礎年金)が支給される点では第1号被保険者と同様である。

9.3.2　積立方式と賦課方式の差異──2期間世代重複モデルでの説明

9.3.2では2期間世代重複モデルを用い，積立方式の公的年金政策と賦課方式の公的年金政策の特徴を説明する。まず人口成長率については，一定率 $n>0$ の割合で増加するものと仮定する。t期における労働力人口を L_t，$(t+1)$期における労働力人口を L_{t+1} と書くならば，$L_{t+1}=(1+n)L_t$ が成立する。

若年期にあたる t 期 t 世代の個人は労働を非弾力的に供給し，労働所得 w_t を得る一方で，消費 c_{1t}，貯蓄 s_t を行い，期にかかわらず定額の公的年金保険料 Q を支払うものと仮定する。老年期を迎えた $(t+1)$ 期 t 世代は，貯蓄の元利合計 $(1+r_{t+1})s_t$，そして(1人当たりの)賦課方式の公的年金給付を Λ_{t+1} とおくならば $\Lambda_{t+1}=(1+n)Q$ を，(1人当たりの)積立方式の公的年金給付を Γ_{t+1} とおくならば，$\Gamma_{t+1}=(1+r_{t+1})Q$ を手にし，それらを老年期の消費 c_{2t+1} に充てる。

賦課方式の公的年金政策は，老年期を迎えた t 世代が若年期を迎えている $(t+1)$ 世代からの公的年金保険料を公的年金として受け取る。そして積立方式の公的年金政策は，老年期を迎えている t 世代が，政府によって運用された t 世代自身による公的年金保険料を公的年金として受け取る。これより賦課方式の公的年金政策は公的世代間移転，積立方式の公的年金政策は公的世代内移転と位置づけられる。以上から積立方式の公的年金政策の場合，t 世代の個人の予算制約式は下の2つの式で表される。

9.3 年　金

$$c_{1t} = w_t - s_t - Q$$
$$c_{2t+1} = (1 + r_{t+1})s_t + \Gamma_{t+1}$$

上の2つの式と，積立方式で成立する$\Gamma_{t+1} = (1 + r_{t+1})Q$の関係を利用することにより，個人の生涯予算制約式は次の式(9.13)として得られる。

$$c_{1t} + \frac{1}{1 + r_{t+1}} c_{2t+1} = w_t \tag{9.13}$$

この生涯予算制約式(9.13)は，今期の消費と来期の消費の割引現在価値が労働所得に等しいことを意味している。さらに式(9.13)には積立方式の公的年金保険料，公的年金給付が一切存在しない。定額の公的年金保険料に基づく積立方式の公的年金政策は，生涯消費にまったく影響を与えない。これは積立方式の公的年金政策が公的貯蓄として，個人貯蓄を完全に代替しているためである。積立方式の公的年金保険料分だけ個人が私的貯蓄を減らしているに過ぎず，公的貯蓄と私的貯蓄を合計した総貯蓄は，積立方式の公的年金政策がなかった場合の私的貯蓄の合計と等しいことを意味している。なお積立方式の公的年金政策における個人の生涯予算制約式を図示したものが，図9.5の中央の実線である。

一方，賦課方式の公的年金政策の場合，t世代の個人の予算制約式は下の2つの式で表される。

$$c_{1t} = w_t - s_t - Q$$
$$c_{2t+1} = (1 + r_{t+1})s_t + \Lambda_{t+1}$$

上の2つの式と，賦課方式で成立する$\Lambda_{t+1} = (1 + n)Q$の関係を利用することにより，個人の生涯予算制約式は次の式(9.14)として得られる。

$$c_{1t} + \frac{1}{1 + r_{t+1}} c_{2t+1} = w_t + \frac{n - r_{t+1}}{1 + r_{t+1}} Q \tag{9.14}$$

生涯予算制約式(9.14)から，個人の今期の消費と来期の消費の割引現在価値は，労働所得だけではなく公的年金保険料，人口成長率と利子率の大小によって左右される。賦課方式の公的年金政策における個人の生涯予算制約式は，人口成長率と利子率の大小関係に応じて下のとおり，そして図9.5のとおり3つに場合分けができる。

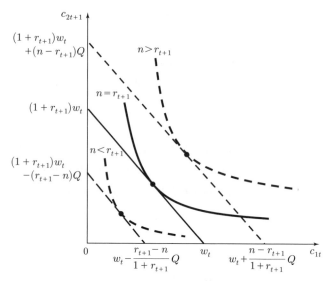

図 9.5　生涯予算制約線（積立方式と賦課方式）と最適消費点[13]

・人口成長率が利子率よりも大きい場合（図 9.5　右側の破線）

　この場合，賦課方式の公的年金財源を支える次世代が多く，賦課方式による公的年金給付の収益率も高まるものと考えられる．図 9.5 が示すように，賦課方式の公的年金政策が存在しないとき，あるいは積立方式の公的年金政策と比べ（図 9.5 の中央の実線），この場合の最適消費点は右上にあるため，今期と来期の消費が増加する．つまりこの場合における賦課方式の公的年金政策は，積立方式の公的年金政策よりも有利な状態といえる．

・人口成長率が利子率よりも小さい場合（図 9.5　左側の破線）

　この場合，賦課方式の公的年金財源を支える次世代が少なく，賦課方式の公的年金給付の収益率も小さくなるものと考えられる．図 9.5 が示すように，賦課方式の公的年金政策が存在しないとき，あるいは積立方式の公的年金政策と比べ（図 9.5 の中央の実線），この場合の最適消費点は左下にあるため，

---

[13] 利子率が人口成長率よりも大きいケースでは，$(1+r_{t+1})w_t > (r_{t+1}-n)Q$ そして $w_t > \dfrac{r_{t+1}-n}{1+r_{t+1}}Q$ が成立しているものとする．

今期と来期の消費が減少する。つまりこの場合における賦課方式の公的年金政策は，積立方式の公的年金政策よりも不利な状態といえる。

・人口成長率が利子率と等しい場合（図9.5　中央の実線）
　この場合，個人の生涯予算制約式が積立方式の公的年金政策での生涯予算制約式と同じ生涯予算制約式となる。そのため賦課方式の公的年金政策は，生涯消費に影響を与えない。言うまでもなく人口成長率と利子率が等しい場合，積立方式の公的年金政策と賦課方式の公的年金政策は無差別である。

9.3.3　公的年金の経済効果

本項では具体的な効用関数を設定し，公的年金政策の経済効果を導く。まず t 世代の個人の効用関数を，コブ＝ダグラス型の効用関数とする。

$$u_t = c_{1t}^\alpha c_{2t+1}^\beta, \quad \alpha + \beta = 1, \alpha > 0, \beta > 0 \tag{9.15}$$

積立方式の公的年金政策における個人の予算制約式，政府の予算制約式，生涯予算制約式(9.13)は，次の4つの式である。

$$c_{1t} = w_t - s_t - Q \tag{9.16}$$

$$c_{2t+1} = (1+r_{t+1})s_t + \Gamma_{t+1} \tag{9.17}$$

$$\Gamma_{t+1} = (1+r_{t+1})Q$$

$$c_{1t} + \frac{1}{1+r_{t+1}} c_{2t+1} = w_t$$

式(9.16)と(9.17)を式(9.15)に代入すれば，

$$u_t = [w_t - s_t - Q]^\alpha [(1+r_{t+1})s_t + \Gamma_{t+1}]^\beta \tag{9.18}$$

と表される。今，貯蓄 s_t 以外の変数を固定し，式(9.18)を貯蓄 s_t について偏微分し，式を整理するならば

$$c_{2t+1} = \frac{\beta}{\alpha}(1+r_{t+1})c_{1t} \tag{9.19}$$

を得る。この式(9.19)を生涯予算制約式(9.13)に代入すると，t 期における最適な消費水準（t 期の消費関数）として

$$c_{1t} = \alpha w_t \tag{9.20}$$

を得る。また，この式(9.20)を式(9.19)に代入すると，$(t+1)$ 期の最適な消

費水準((t+1)期の消費関数)として

$$c_{2t+1} = \beta(1+r_{t+1})w_t \quad (9.21)$$

を得る。最適な貯蓄水準(貯蓄関数)は式(9.16)と(9.20)から

$$s_t = \beta w_t - Q \quad (9.22)$$

である。式(9.20)と(9.21)から，積立方式の公的年金保険料 Q の負担が増加した場合，どのような効果を消費に与えるかが次のように求められる。

$$\frac{\partial c_{1t}}{\partial Q} = \frac{\partial c_{2t+1}}{\partial Q} = 0 \quad (9.23)$$

式(9.20)や(9.21)から明らかなように，積立方式の公的年金政策は個人の最適な消費に影響を与えない。その理由は式(9.22)から明らかとなる。式(9.22)から

$$\frac{\partial s_t}{\partial Q} = -1 \quad (9.24)$$

を得る。上の(9.24)から，積立方式の公的年金保険料の1単位の増加は，貯蓄を1単位犠牲にしている。これは積立方式の公的年金保険料と貯蓄が完全代替であることを意味している。つまり積立方式の公的年金保険料の増加分だけ民間貯蓄が減少するため，積立方式の公的年金保険料の増加は，今期および来期の消費にまったく影響を与えないのである。

次に賦課方式の公的年金政策における t 期と $(t+1)$ 期の消費関数と貯蓄関数を求めてみよう。効用関数は積立方式の場合と同じコブ＝ダグラス型効用関数(9.15)を使う。個人の予算制約式，政府の予算制約式そして生涯予算制約式(9.14)は，下の4つの式である。

$$c_{1t} = w_t - s_t - Q \quad (9.25)$$
$$c_{2t+1} = (1+r_{t+1})s_t + \Lambda_{t+1} \quad (9.26)$$
$$\Lambda_{t+1} = (1+n)Q$$
$$c_{1t} + \frac{1}{1+r_{t+1}}c_{2t+1} = w_t + \frac{n-r_{t+1}}{1+r_{t+1}}Q$$

式(9.25)と(9.26)を効用関数(9.15)に代入すれば，

$$u_t = [w_t - s_t - Q]^\alpha [(1+r_{t+1})s_t + \Lambda_{t+1}]^\beta \quad (9.27)$$

と表される。式(9.27)を貯蓄 s_t について偏微分し，式を整理すると

9.3 年　金

$$c_{2t+1} = \frac{\beta}{\alpha}(1+r_{t+1})c_{1t} \qquad (9.28)$$

を得る．式(9.28)を生涯予算制約式に代入すると，t期における最適な消費水準(t期の消費関数)として

$$c_{1t} = \alpha w_t + \frac{n - r_{t+1}}{1 + r_{t+1}} \alpha Q \qquad (9.29)$$

を得る．また式(9.29)を式(9.28)に代入すると，$(t+1)$期の最適な消費水準($(t+1)$期の消費関数)として

$$c_{2t+1} = \beta(1+r_{t+1})w_t + \beta(n - r_{t+1})Q \qquad (9.30)$$

を得る．最適な貯蓄水準(貯蓄関数)は式(9.25)と(9.29)から

$$s_t = \beta w_t - \frac{1}{1+r_{t+1}}[\alpha(1+n) + \beta(1+r_{t+1})]Q \qquad (9.31)$$

である．式(9.29)，(9.30)，(9.31)から，賦課方式の公的年金保険料Qの負担が増加した場合の消費，貯蓄に与える効果は下のようになる．

$$\frac{\partial c_{1t}}{\partial Q} = \frac{\alpha(n - r_{t+1})}{1 + r_{t+1}} \qquad (9.32)$$

$$\frac{\partial c_{2t+1}}{\partial Q} = \beta(n - r_{t+1}) \qquad (9.33)$$

$$\frac{\partial s_t}{\partial Q} = -\frac{1}{1+r_{t+1}}[\alpha(1+n) + \beta(1+r_{t+1})] < 0 \qquad (9.34)$$

まず，式(9.34)から，賦課方式の公的年金保険料の増加は，若年期の子世代から老年期の親世代への公的移転を増やしていることに他ならない．そのため子世代の貯蓄を犠牲にするものと解釈できる．貯蓄が減少するならば，民間投資が阻害され，その経済の資本蓄積も減少するものと考えられる．

また，式(9.32)，(9.33)から，賦課方式の公的年金政策の場合，人口成長率と利子率の大小関係が，今期の消費と来期の消費にとって重要である．上の計算結果から，人口成長率が利子率よりも大きいならば(小さいならば)，賦課方式の公的年金保険料の増加は，現在と将来の消費を増やす(減らす)ことが明らかである．

人口成長率が利子率よりも大きい場合，それは賦課方式の公的年金からの

収益率が大きいことを意味する。政府が賦課方式の公的年金の保険料を上げるならば，貯蓄は阻害される。しかし公的年金からの収益率が大きいことをうけ，個人は将来の消費だけではなく，現在の消費まで高めるような状態になっているものと解釈できる。

逆に人口成長率が利子率よりも小さい場合，それは賦課方式の公的年金からの収益率が小さいことを意味する。政府が賦課方式の公的年金の保険料を上げるならば，やはり先と同様，貯蓄は阻害される。しかも公的年金からの収益率が小さいことをうけ，個人は将来の消費を減らすだけではなく，現在の消費まで減らすような状態になっているものと解釈できる。

ただし，人口成長率が利子率と等しい場合，賦課方式の公的年金政策は積立方式の公的年金政策と同値であることがわかる。このときに限り賦課方式の公的年金保険料の増加は，t期と$(t+1)$期の消費に影響を与えず，賦課方式の公的年金保険料と貯蓄は完全代替の関係に帰着する。

演習問題

1. 国内の資本蓄積が過少なとき，政府が内国債を発行することによる経済効果を説明しなさい。逆に国内の資本蓄積が過多なとき，政府が内国債を発行することによる経済効果もあわせて説明しなさい。
2. 積立方式の公的年金政策をおこなっている社会がある。ただし私的貯蓄に対する利子率r_{t+1}と，公的年金保険料の運用利率R_{t+1}が異なっているものとする。2期間世代重複モデルを用い，以下の2つを求めなさい。
   (1) 政府が積立方式の公的年金政策を実施していない場合の個人の生涯予算制約式
   (2) 政府が積立方式の公的年金政策を実施している場合の個人の生涯予算制約式
   次に，(1)の場合の生涯消費よりも，(2)の場合の生涯消費が大きくなるための条件を説明しなさい。
3. ある社会では物品税率の増税を検討している。そして必要な増税幅は5%であるとする。さらに次の2つの増税策を検討している。
   (1) 今期に5%の増税をする
   (2) 毎期1%ずつ，5期間にわたり物品税率を上げてゆく

税が与える死荷重の観点から，上のどちらが増税策として望ましいかを説明しなさい。

4. 賦課方式の公的年金を受け取る親世代が，自身の消費だけではなく，子世代の効用からも効用を得ている利他的な親世代としよう。そして親世代は子世代に遺産を与えるものとする。このとき賦課方式の公的年金政策が経済に対して影響を与えないケースについて説明しなさい。

10
人口の高齢化と少子化

　政府は人口の高齢化・少子化に関する政策を作り，その政策実現のため各種施策を示し，具体的な事業をもって対応している。人口の高齢化・少子化は，現役世代だけではなく，将来世代にまでその影響が及ぶ長期的な課題でもある。そこでこの章では人口の高齢化・少子化の現状について概観する。そして9章での説明，2期間世代重複モデルを前提として，人口の変化と公的年金政策，少子化の背景などを分析し，世代会計の基本的な説明をおこなう。

10.1　進行する高齢化と少子化

　国立社会保障・人口問題研究所(2017)「日本の将来推計人口(平成29年推計)」を踏まえ，2015年，2040年そして2065年の人口ピラミッドを図10.1, 10.2, 10.3のように描くことができる。

　2015年，2040年そして2065年と人口ピラミッドを見てゆくと，人口構成が逆ピラミッドの方向へと変化してゆくことがわかる。2015年の場合，いわゆる団塊世代とその子供世代である団塊ジュニア世代の数が多いことが見てとれる。そして2015年に比べ2040年には，0歳から14歳の年少人口のうち，広い年齢層で人口が500,000人を下回るなど，年少人口の減少が進むであろうこともわかる。そしてその動きはさらに加速し，2065年には人口構成が逆ピラミッドに近い形をとるところにまで至る。また図10.4から日

10.1 進行する高齢化と少子化

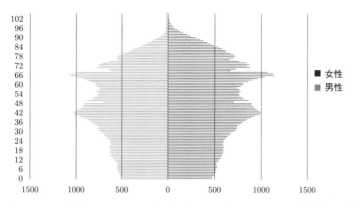

出所：国立社会保障・人口問題研究所(2017)「日本の将来推計人口(平成29年推計)」より筆者作成

図 10.1　人口ピラミッド 2015 年（単位 1,000 人）

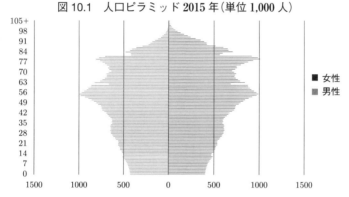

出所：国立社会保障・人口問題研究所(2017)「日本の将来推計人口(平成29年推計)」より筆者作成

図 10.2　人口ピラミッド 2040 年（単位 1,000 人）

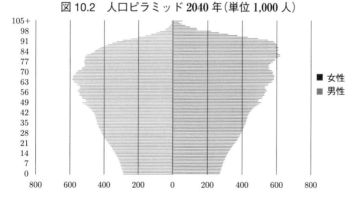

出所：国立社会保障・人口問題研究所(2017)「日本の将来推計人口(平成29年推計)」より筆者作成

図 10.3　人口ピラミッド 2065 年（単位 1,000 人）

本の総人口は増加傾向にあったものの近年，減少傾向に転じ，65歳以上の老年人口が0歳から14歳の年少人口を上回るなど，少子化と高齢化の動きが加速していることがわかる。図10.5から，これから50年かけて人口総数は減少，特に15歳から64歳の生産年齢人口の比較的大きな減少，年少人口と老年人口の比較的緩やかな減少をともなっての人口総数の減少が生じるであろうこともわかる。

図10.4や図10.5で図示した総人口の推移については，複数の仮定の下で推計がなされている。それは死亡率仮定（長期の平均寿命）として男84.95年，女91.35年とする死亡中位仮定の下で，3つの長期の合計特殊出生率を想定し，総人口を推計している。

・長期の合計特殊出生率を1.44とする中位仮定
・長期の合計特殊出生率を1.65とする高位仮定
・長期の合計特殊出生率を1.25とする低位仮定

その結果は以下の表10.1のようにまとめられる。

長期の合計特殊出生率が低位から高位までのどの仮定であっても，日本の総人口は2060年には1億人を割り込み，2065年には低位仮定で8,213万人まで落ち込む。さらに0歳から14歳までの年少人口，15歳から64歳までの生産年齢人口，65歳以上の老年人口に区分した人口推計は以下の表10.2～10.4のとおりである。

表10.2の年少人口の場合，年少人口が減少することに変わりがない。ただし出生率仮定が高位推計の場合，2065年において年少人口が1,159万人と1,000万人を維持するものの，中位推計や低位推計では年少人口が1,000万人を割り込み，低位推計では700万人を割り込む。表10.3の生産年齢人口の場合，低位推計から高位推計に至るまで，2065年において約4,100万人から約4,900万人と幅があるものの，総人口に占める生産年齢人口の割合は50％を維持できる。しかし2015年と比較すると，生産年齢人口は最大で約3,500万人減少する。

国立社会保障・人口問題研究所（2017）「日本の将来推計人口（平成29年推計）」でも示しているように，そして表10.4が示すように老年人口の推移については，50年の推計期間を通じて同一である。ただし総人口に占める老

10.1 進行する高齢化と少子化

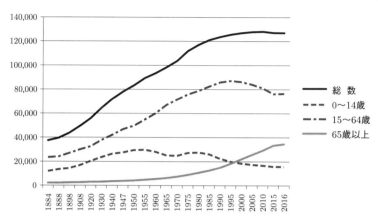

出所：国立社会保障・人口問題研究所(2018)「人口統計資料集 2018 年版」より筆者作成
図 10.4　人口総数，年齢 3 区分別総人口（単位 1,000 人）

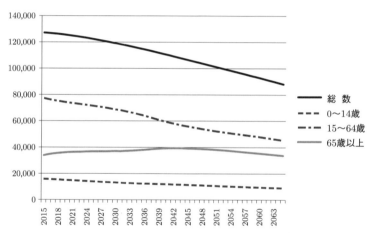

出所：国立社会保障・人口問題研究所(2017)「日本の将来推計人口（平成 29 年推計）」より筆者作成
図 10.5　人口総数，年齢 3 区分別総人口（単位 1,000 人）

年人口の割合については，どのケースでも増加し，出生率仮定が低位仮定ならば，その割合が 2065 年には 41.2％となる。

厚生労働省(2018)「平成 29 年(2017)人口動態統計（確定数）の概況」では合計特殊出生率を発表している。表 10.5 では 1971 年から 2016 年まで 5 年おきの出生数と合計特殊出生率，そして 2017 年のそれを紹介している。合

表 10.1　出生率仮定ごとの総人口の推移

	出生率仮定		
	中位仮定	高位仮定	低位仮定
2015 年（平成 27 年）	12,709 万人	12,709 万人	12,709 万人
2040 年	11,092 万人	11,374 万人	10,833 万人
2060 年	9,284 万人	9,877 万人	8,763 万人
2065 年	8,808 万人	9,490 万人	8,213 万人

出所：国立社会保障・人口問題研究所(2017)「日本の将来推計人口(平成 29 年推計)」より筆者作成

表 10.2　出生率仮定ごとの年少人口の推移
　　　　総人口(将来推計人口)に占める割合

	出生率仮定		
	中位仮定	高位仮定	低位仮定
2015 年（平成 27 年）	1,595 万人 12.5%	1,595 万人 12.5%	1,595 万人 12.5%
2040 年	1,194 万人 10.8%	1,372 万人 12.1%	1,027 万人 9.5%
2060 年	951 万人 10.2%	1,195 万人 12.1%	750 万人 8.6%
2065 年	898 万人 10.2%	1,159 万人 12.2%	684 万人 8.3%

出所：国立社会保障・人口問題研究所(2017)「日本の将来推計人口(平成 29 年推計)」より筆者作成

計特殊出生率については 1974 年の 2.05 を最後に，2 を割り込む状態が続いている。その後，2005 年の 1.26 で底をうち，2012 年以降は 1.4 を上回り，2017 年には 1996 年と同じ 1.43 となっている。しかし表 10.5 の出生数を見てみると，1971 年時点では約 200 万人だった出生数が，それから 45 年たち 97.6 万人と半減していることには変わらない。ただし厚生労働省(2018)「平成 29 年(2017)人口動態統計月報年計(概数)の概況」での国際比較によれば，表 10.6 でも示しているように，日本の合計特殊出生率は韓国，シンガポール，イタリアを上回る。しかし日本の合計特殊出生率は，アメリカやヨーロッパ

10.2 人口の変化と公的年金

表 10.3 出生率仮定ごとの生産年齢人口の推移
総人口（将来推計人口）に占める割合

	出生率仮定		
	中位仮定	高位仮定	低位仮定
2015 年 （平成 27 年）	7,728 万人 60.8%	7,728 万人 60.8%	7,728 万人 60.8%
2040 年	5,978 万人 53.9%	6,081 万人 53.5%	5,885 万人 54.3%
2060 年	4,793 万人 51.6%	5,142 万人 52.1%	4,472 万人 51.0%
2065 年	4,529 万人 51.4%	4,950 万人 52.2%	4,147 万人 50.5%

出所：国立社会保障・人口問題研究所(2017)「日本の将来推計人口（平成 29 年推計）」より筆者作成

諸国に比べると低い値であり，少子化の状態にあることには変わりがないと言えよう。

10.2 人口の変化と公的年金

日本の少子化と高齢化，総人口の減少が際立っていることは，10.1 節で示した表から把握できる。このように少子化と高齢化，総人口の減少が経済にもたらす影響は様々な場面で現れる。例えば 9 章で説明した公的年金である。9 章では 2 期間世代重複モデルを使い，若年期の個人が定額の公的年金保険料 Q を政府に支払い，積立方式の公的年金を受け取る場合，賦課方式の公的年金を受け取る場合の 2 通りについて説明をおこなった。以下では，そこで用いた個人の効用関数（コブ＝ダグラス型の効用関数），個人の予算制約式，政府の予算制約式を，そのまま利用し，それらを表 10.7 としてまとめている[1]。

9 章で説明したとおり，積立方式あるいは賦課方式の公的年金政策を反映した 2 期間世代重複モデルを使い，個人の効用最大化問題を解くならば，表

---

[1] 数式の記号，式の導出は 9 章と同一である。必要に応じて参照されたい。

表10.4 出生率仮定ごとの老年人口の推移
　　　　総人口(将来推計人口)に占める割合

	出生率仮定		
	中位仮定	高位仮定	低位仮定
2015年 (平成27年)	3,387万人 26.6%	3,387万人 26.6%	3,387万人 26.6%
2040年	3,921万人 35.3%	3,921万人 34.5%	3,921万人 36.2%
2060年	3,540万人 38.1%	3,540万人 35.8%	3,540万人 40.4%
2065年	3,381万人 38.4%	3,381万人 35.6%	3,381万人 41.2%

出所:国立社会保障・人口問題研究所(2017)「日本の将来推計人口(平成29年推計)」より筆者作成

表10.5 出生数と合計特殊出生率(1971年から2016年まで5年おき)

年次	出生数(人)	合計特殊出生率
1971年	2,000,973	2.16
1976年	1,832,617	1.85
1981年	1,529,455	1.74
1986年	1,382,946	1.72
1991年	1,223,245	1.53
1996年	1,206,555	1.43
2001年	1,170,662	1.33
2006年	1,092,674	1.32
2011年	1,050,806	1.39
2016年	976,978	1.44
2017年	946,065	1.43

出所:厚生労働省(2018)「平成29年(2017)人口動態統計(確定数)の概況」より筆者作成

10.7が示すt期の消費関数,(t+1)期の消費関数を得る。そしてt期の消費関数あるいは(t+1)期の消費関数と,個人の予算制約式のどちらか一方を用いることにより,積立方式あるいは賦課方式の公的年金政策における貯蓄水準(貯蓄関数)を求められる。積立方式による公的年金政策の場合,貯蓄関数は

$$s_t = \beta w_t - Q \tag{10.1}$$

10.2 人口の変化と公的年金

表 10.6 合計特殊出生率(他国との比較)

	合計特殊出生率
日本	1.43
韓国	1.17
シンガポール	1.20
アメリカ	1.82
フランス	1.92
ドイツ	1.60
イタリア	1.34
スウェーデン	1.85
イギリス	1.79

出所：厚生労働省(2018)「平成 29 年(2017)人口動態統計月報年計(概数)の概況」より筆者作成
注 日本の値は 2017 年，それ以外の国の値は 2016 年。日本，フランス，ドイツ，イギリスの値は暫定値。

表 10.7 公的年金政策を含む 2 期間世代重複モデル

	積立方式	賦課方式
効用関数	$u_t = c_{1t}^{\alpha} c_{2t+1}^{\beta}$ $\alpha + \beta = 1, \alpha > 0, \beta > 0$	$u_t = c_{1t}^{\alpha} c_{2t+1}^{\beta}$ $\alpha + \beta = 1, \alpha > 0, \beta > 0$
個人の予算制約式	$c_{1t} = w_t - s_t - Q$ $c_{2t+1} = (1+r_{t+1})s_t + \Gamma_{t+1}$	$c_{1t} = w_t - s_t - Q$ $c_{2t+1} = (1+r_{t+1})s_t + \Lambda_{t+1}$
(1 人当たりの)政府の予算制約式	$\Gamma_{t+1} = (1+r_{t+1})Q$	$\Lambda_{t+1} = (1+n)Q$
t 期の消費関数	$c_{1t} = \alpha w_t$	$c_{1t} = \alpha w_t + \dfrac{n - r_{t+1}}{1 + r_{t+1}} \alpha Q$
$(t+1)$ 期の消費関数	$c_{2t+1} = \beta(1+r_{t+1})w_t$	$c_{2t+1} = \beta(1+r_{t+1})w_t$ $+ \beta(n - r_{t+1})Q$

である。積立方式の公的年金政策の場合，定額の保険料は t 期における消費，$(t+1)$ 期の消費とは独立である。式(10.1)から保険料 1 単位の増加は，ちょうど貯蓄 1 単位を犠牲にすることがわかる[2]。なお積立方式の公的年金政策は人口成長率から独立していて，それは t 期と$(t+1)$ 期の消費，貯蓄に影響を与えない。

---

[2] 9 章で述べたとおり，式(10.1)を保険料 Q について偏微分すれば，このことを容易に確かめられる。

一方，賦課方式の公的年金政策の場合も，積立方式の公的年金政策の場合と同様の手順を踏むことで，貯蓄関数が下のとおり得られる．

$$s_t = \beta w_t - \frac{1}{1+r_{t+1}}[\alpha(1+n) + \beta(1+r_{t+1})]Q \tag{10.2}$$

　9章でも示したとおり，賦課方式の公的年金政策の場合，定額の保険料 Q は t 期における消費，$(t+1)$ 期の消費に影響を与え，その影響は人口成長率と利子率の大小関係に左右される．そして式(10.2)から定額の保険料 Q は，貯蓄にも影響を与えることがわかる．すなわち

$$\frac{\partial s_t}{\partial Q} = -\frac{1}{1+r_{t+1}}[\alpha(1+n) + \beta(1+r_{t+1})] < 0 \tag{10.3}$$

である．式(10.3)から，賦課方式の公的年金政策において保険料を高めることは，(他の事情を一定にするならば)貯蓄を引き下げることになる．このように定額の公的年金保険料の変化が貯蓄に与える経済効果については，積立方式と賦課方式の公的年金政策とで異なることがわかる．

　さらに積立方式の公的年金政策とは異なり，賦課方式の公的年金政策における t 期と $(t+1)$ 期の消費そして貯蓄は，以下の式(10.4)から(10.6)のとおり，人口成長率の影響を受ける．

$$\frac{\partial c_{1t}}{\partial n} = \frac{1}{1+r_{t+1}}\alpha Q > 0 \tag{10.4}$$

$$\frac{\partial c_{2t+1}}{\partial n} = \beta Q > 0 \tag{10.5}$$

$$\frac{\partial s_t}{\partial n} = -\frac{\alpha Q}{1+r_{t+1}} < 0 \tag{10.6}$$

　もし人口成長率が増加する場合，それは賦課方式の公的年金を支える個人が増える，そして公的年金の収益率が増えることを意味する．そのため t 期の個人(若年期の個人)は，賦課方式の公的年金保険料を負担するものの，将来の公的年金給付が増えることを受け，式(10.4)と(10.6)が示すように，貯蓄を減らしつつも消費を高める．そして式(10.5)が示すように，$(t+1)$ 期においては人口成長率が増加し，公的年金給付額が増えるため，やはり消費が拡大する．人口成長率が増加する場合，賦課方式の公的年金政策には消費の

10.2 人口の変化と公的年金

増加，貯蓄の減少といった経済効果が期待される。

逆に人口成長率が低下する場合，賦課方式による公的年金政策の経済効果(10.4)から(10.6)はすべて逆になる。人口成長率の低下は，賦課方式の公的年金を支える個人が減り，そして公的年金の収益率が減ることを意味する。この公的年金の収益率低下を受け，個人は消費を抑制する。個人には将来に向けてt期における消費を抑制し，できるだけ貯蓄をしようとするインセンティブが生じる。そのため貯蓄が増加するものと考えられる。そして老年期に手にする公的年金給付が減少することからも，$(t+1)$期の消費が減少する。人口成長率の減少に直面する社会において，賦課方式の公的年金制度を維持することは，民間消費の減少，貯蓄の増加というマクロの経済効果をもたらすのである。

日本の公的年金制度は積立金の保有，活用を通じて，将来の年金受給世代に対して一定額の公的年金給付を確保するシステムを有しながらも，基本的には現役世代の保険料負担によって，老年世代を支えている賦課方式で運営されている。そのため少子化と高齢化の同時進行は，日本の公的年金の受給と負担に大きな歪みを与えることになる。そこで国は少なくとも5年ごとに，その時点で得られる人口や経済といったデータを踏まえ，公的年金制度，年金財政の健全性を，「国民年金及び厚生年金の財政の現況及び見通し」いわゆる**財政検証**として実施，その結果を公表している。直近では2015年9月に「平成26年財政検証結果レポート」を公表している。

日本の公的年金制度(国民年金・厚生年金)の場合，2004年(平成16年)よりも前においては5年に1度，人口や将来の経済情勢等の社会経済の変動を踏まえ，現在の給付水準を維持するとした場合，将来，必要となる保険料(率)を計算(財政再計算)し，そして財政再計算に沿う形で制度の改正をおこなってきた。しかし少子化と高齢化の同時進行，社会経済の変化によって，公的年金の受給と負担もめまぐるしく変わってゆく可能性をうけ，2004年(平成16年)に国民年金，厚生年金制度を大きく改正した(平成16年改正)。その主な改正内容は，表10.8のとおりである。

まず表10.8の1つ目についてである。平成16年改正においては，保険料(率)水準の引き上げ過程，保険料水準，その上限を法律に明記した。少子化

表 10.8　平成 16 年改正の主な内容

・保険料(率)水準の固定
・基礎年金国庫負担 2 分の 1 への引き上げ
・積立金の活用
・財源の範囲内で給付水準を自動調整する仕組み(マクロ経済スライド)の導入
・給付水準の下限

出所：厚生労働省年金局数理課(2015)「平成 26 年財政検証結果レポート─「国民年金及び厚生年金に係る財政の現況及び見通し」(詳細版)─」より筆者作成

と高齢化の同時進行によって，賦課方式の公的年金の場合，際限のない保険料負担の引き上げが予想される。そこで国民年金は 2005 年 4 月から，厚生年金は 2004 年 10 月から段階的に毎年，保険料を引き上げ，2017 年度以降の保険料水準を固定した。

　次に 2 つ目についてである。基礎年金の国庫負担割合については，2009 年度以降，基礎年金給付費に対する国庫負担の割合を 2 分の 1 とすることが決まった。2012 年には社会保障と税の一体改革に関する関連法案が成立し，消費税率の引き上げ分は全額，社会保障の充実，安定化に使われることとなり，基礎年金給付に対する国庫負担の恒久財源の確保へと至った。

　3 つ目の積立金の活用についてである。平成 16 年改正より前の財政再計算(平成 11 年財政再計算)では，その時点から将来に至るすべての期間において，年金財政の均衡(給付と負担の均衡)を考える永久均衡方式が採用されていたため，進行する高齢化やその他不確実性に対応するためにも，一定の積立金水準の確保が必要とされた。しかし平成 16 年改正では，その時点ですでに生まれている世代が年金の受給を終えるであろう期間を概ね 100 年とし，その期間内で年金財政の均衡を計算するといった有限均衡方式を採用した。つまり平成 16 年改正における財政均衡期間については，有限期間(その期間は概ね 100 年)となった点が大きな改正点である。積立金については，その財政均衡期間内で元本と積立金運用収益を活用し，財政均衡期間終了時には年金給付費 1 年分程度の積立金を保有し，後世代の給付に用いることとしている。

　4 つ目のマクロ経済スライドについてである。すでに述べたとおり，平成 16 年改正では保険料(率)が固定され，基礎年金の国庫負担割合が 2 分の 1

10.2 人口の変化と公的年金

へと引き上げられ，積立金も財政均衡期間(概ね100年)の中での活用が定められた．しかしその財政均衡期間の中にあっても，年金受給者の増加，年金財政を支える現役世代の数は低下してゆくことが予想される．保険料(率)が固定された以上，年金給付額を調整し年金財政の均衡を維持する必要がある．そこで平成16年改正では，年金給付額の調整方法として，賃金・物価の伸びによる年金給付額の伸びから，スライド調整率を引き，年金額を改訂してゆくといった方法を導入した(マクロ経済スライドによるスライド調整率)．なおスライド調整率は，公的年金の被保険者数の変動率と平均余命の伸び率に基づいて設定される．平成30年度のスライド調整率は，「公的年金被保険者数の変動率(平成26〜28年度の平均)(0.0%)×平均余命の伸び率(定率)(−0.3%)」より−0.3%である．名目手取り賃金変動率がマイナス，物価変動率がプラスとなる場合，新規裁定年金(年金を受給し始める際の年金額)と既裁定年金(受給中の年金額)の両者において，スライドなしとすることになっている．平成30年の年金額においては，名目手取り賃金変動率が−0.4%，物価変動率が0.5%であるため，スライド調整率は適用されていない．

　5つ目の給付水準の下限である．少子化と高齢化を受けて，年金財政の均衡のため給付水準を際限なく引き下げることは，年金加入者及び受給者にとって望ましくない．そこで，その時点の現役世代の賞与を含む平均手取り収入額に対する，公的年金を受け取り始めるときの年金額の比率である**所得代替率**を利用し，給付水準の下限を定めた．平成16年改正では，厚生年金の標準的な年金額の所得代替率を50%とした．所得代替率は今後低下してゆくことが予想されているが，平成26年財政検証では，2014年度(平成26年度)の所得代替率が62.7%であり，2110年度までの概ね100年間においては，年金財政の均衡も保たれるものと説明されている．万が一，急激な少子化や経済変動が生じる中で年金給付水準を調整し，年金財政の均衡を保つことによって，所得代替率が50%を下回る場合も想定される．その場合，その時点で給付水準の調整を終了することについて検討し，年金の給付と負担に関する必要な措置を講じることとなっている．

　平成26年財政検証結果レポートでは，所得代替率について複数の将来見通しを示している．そこでは全要素生産性上昇率，労働力率，物価上昇率，

賃金上昇率，運用利回りについて場合分けをし，所得代替率の将来見通しを推計している。ただし人口の前提が中位推計(出生中位，死亡中位)，将来の経済状況の仮定として，女性や高齢者の労働市場への参加が進むケース(表10.9)，女性や高齢者の労働市場への参加が進まないケース(表10.10)の2つ，全要素生産性上昇率については0.5%から1.8%までの範囲を設けている。そして経済前提として物価上昇率を0.6%から2.0%，賃金上昇率(実質)を0.7%から2.3%，運用利回り(将来の実質長期金利と国内外の株式等への分散投資する際の効果を足したもの)を1.7%から3.4%と想定した上で，将来の所得代替率を推計している。表10.9そして表10.10が示すように，その所得代替率の見通しは，8つの値として示されている。

しかし表10.9からもわかるように，女性や高齢者の労働市場への参加が

表10.9 所得代替率の見通し
（女性や高齢者の労働市場への参加が進むケース）

	全要素生産性上昇率	物価上昇率	賃金上昇率（実質）	運用利回り（実質）	所得代替率
ケースA	1.8%	2.0%	2.3%	3.4%	50.9%
ケースB	1.6%	1.8%	2.1%	3.3%	50.9%
ケースC	1.4%	1.6%	1.8%	3.2%	51.0%
ケースD	1.2%	1.4%	1.6%	3.1%	50.8%
ケースE	1.0%	1.2%	1.3%	3.0%	50.6%

出所：厚生労働省年金局数理課(2015)「平成26年財政検証結果レポート―「国民年金及び厚生年金に係る財政の現況及び見通し」（詳細版）―」より筆者作成

表10.10 所得代替率の見通し
（女性や高齢者の労働市場への参加が進まないケース）[3]

	全要素生産性上昇率	物価上昇率	賃金上昇率（実質）	運用利回り（実質）	所得代替率
ケースF	1.0%	1.2%	1.3%	2.8%	45.7% (50.0%)
ケースG	0.7%	0.9%	1.0%	2.2%	42.0% (50.0%)
ケースH	0.5%	0.6%	0.7%	1.7%	35%～37% (50.0%)

出所：厚生労働省年金局数理課(2015)「平成26年財政検証結果レポート―「国民年金及び厚生年金に係る財政の現況及び見通し」（詳細版）―」より筆者作成

進み，経済状況が好転しているケースであっても，所得代替率は限りなく50％に近づいている状況である。一方，女性や高齢者の労働市場への参加が進まず，経済状況の大きな好転が見込まれないケース（表10.10）では，ケースFからケースHが示しているように，すべてのケースにおいて所得代替率が50％を下回る。特に厳しいケースはケースHで，所得代替率が50％を割り込み，積立金が枯渇（2055年）した後に完全な賦課方式に移行し，仮に公的年金保険料と国庫負担のみで対応する場合の所得代替率が35％から37％といった結果である。

表10.9や表10.10は，アベノミクスに含まれる幅広い経済政策（女性や高齢者を中心とした幅広い世代による労働供給の拡大，日本銀行による非伝統的な金融政策など）が賃金上昇，物価上昇，持続的な経済成長へと結びつかない限り，平成16年改正で定められた最低限の所得代替率水準50％を維持し，公的年金を安定的に国民へ提供し続けられないことを示唆しているといえよう。

10.3 少子化の背景

それではなぜ少子化，低い人口成長率の状態が続いているのだろうか。現在の日本のような少子化，低い人口成長率の背景として，どのような事柄を考えられるのだろうか。この点を見極めなければ，的確な人口対策（少子化対策）ができない。そして現役世代が老年世代を支えるといった公的年金制度をはじめとし，人口成長率や次世代に依存する諸制度の維持可能性も低くなる。そこで9章で用いた2期間世代重複モデルに子供の数を反映させ，どのような事柄が少子化の背景となっているかを，モデル分析から考えてみよう。

t世代の個人の効用関数を，コブ＝ダグラス型の効用関数(10.7)で表す。

---

[3] 所得代替率が50％を下回る場合，給付水準の調整が50％で終了し，その後の給付と負担について措置が講じられるため，ケースFからケースHの所得代替率のカッコ内には50.0％と記載している。なお表10.9そして表10.10の推計など詳細については，厚生労働省年金局数理課(2015)「平成26年財政検証結果レポート―「国民年金及び厚生年金に係る財政の現況及び見通し」（詳細版）―」を参照のこと。

$$u_t = c_{1t}^{\alpha} c_{2t+1}^{\beta} n_t^{\gamma}, \quad \alpha+\beta+\gamma=1, \quad \alpha>0, \beta>0, \gamma>0 \quad (10.7)$$

9章及び先の表10.7での効用関数との違いは,t世代の個人がt期における子供の数n_tからも効用を得る点である。なぜ子供を産み育てるのかといった点については,経済モデルにおいて複数の理由がある。例えば子供の労働力を期待できるからといった理由である。この場合,親はより多くの子供を産み育て,できるだけ早い時期に子供を労働市場へ送り出そうとするだろう。次に自身の経済的扶養を子供に期待できるからといった理由である。この場合,子供は政府による社会保障サービスを代替するような位置づけとなる。最後に子供の存在そのものを考慮する,子供がほしいから,子供が好きだからといった理由である。上の効用関数の場合,最後の理由を反映した効用関数と解釈できる。

ある社会にいる個人は,若年期であるt期に子育てのための時間hを割きつつ労働を行い,労働所得w_tを得る。そして消費c_{1t}と貯蓄s_tをするだけではなく,子育てに必要な支出pn_tをおこなう。ただしpは子育てに必要な費用,n_tはt期における子供の数,子育てのための時間がhn_t,労働時間が$1-hn_t$である。そして老年期である$(t+1)$期には退職をし,貯蓄の元利合計$(1+r_{t+1})s_t$を消費c_{2t+1}にすべて充てる。個人の予算制約式と生涯予算制約式は,下の3つの式である。

$$c_{1t} = (1-hn_t)w_t - s_t - pn_t \quad (10.8)$$

$$c_{2t+1} = (1+r_{t+1})s_t \quad (10.9)$$

$$c_{1t} + \frac{1}{1+r_{t+1}} c_{2t+1} + pn_t = w_t(1-hn_t) \quad (10.10)$$

式(10.8)と(10.9)を式(10.7)に代入すれば,

$$u_t = [(1-hn_t)w_t - s_t - pn_t]^{\alpha} [(1+r_{t+1})s_t]^{\beta} n_t^{\gamma} \quad (10.11)$$

となる。今,貯蓄s_t,子供の数n_t以外の変数を固定する。まず式(10.11)を貯蓄s_tについてのみ偏微分し,式を整理すると

$$c_{2t+1} = \frac{\beta}{\alpha}(1+r_{t+1})c_{1t} \quad (10.12)$$

を得る。次に式(10.11)を子供の数n_tについてのみ偏微分し,式を整理すると

10.3 少子化の背景

$$n_t = \frac{\gamma}{\alpha(w_t h + p)} c_{1t} \tag{10.13}$$

を得る。式(10.12)と(10.13)を式(10.10)に代入すると，t期における最適な消費水準(t期の消費関数)として

$$c_{1t} = \alpha w_t \tag{10.14}$$

を得る。また，式(10.14)を式(10.12)に代入すると，$(t+1)$期の最適な消費水準($(t+1)$期の消費関数)として

$$c_{2t+1} = \beta(1+r_{t+1}) w_t \tag{10.15}$$

を得る。最後に式(10.14)を式(10.13)に代入すると，最適な子供の数として

$$n_t = \frac{\gamma}{w_t h + p} w_t \tag{10.16}$$

を得る。式(10.16)から最適な子供の数は，複数の変数に依存している。

まず子育ての費用 p についてである。他の事情を一定とするならば，子育ての費用 p の変化は，最適な子供の数に対して，次の式(10.17)のような影響を与える。

$$\frac{\partial n_t}{\partial p} = -\frac{\gamma}{(w_t h + p)^2} w_t < 0 \tag{10.17}$$

これは子育ての費用が1単位増加(減少)すると，子供の数が減少(増加)することを意味している。子育ての費用が高ければ，子供を産み育てることを躊躇する現象を反映しているものと考えられる。

次に子育てのための時間 h についてである。他の事情を一定とするならば，子育てのための時間 h の変化は，最適な子供の数に対して，次の式(10.18)のような影響を与える。

$$\frac{\partial n_t}{\partial h} = -\frac{\gamma}{(w_t h + p)^2} w_t^2 < 0 \tag{10.18}$$

これは子育てのための時間が1単位増加(減少)すると，子供の数が減少(増加)することを意味している。子育てにかける時間が多く必要であればあるほど，その分だけ労働供給を犠牲にしなければいけなくなるため，子供を産み育てることを躊躇する現象を反映しているものと考えられる。

最後に労働所得 w_t についてである。他の事情を一定とするならば，労働

所得 w_t の変化は，最適な子供の数に対して，次の式(10.19)のような影響を与える。

$$\frac{\partial n_t}{\partial w_t} = \frac{\gamma p}{(w_t h + p)^2} > 0 \qquad (10.19)$$

これは労働所得が1単位増加(減少)すると，子供の数が増加(減少)することを意味している。労働所得が増加するならば，その分，子育ての費用も十分にまかなうことができ，より多くの子供を産み育てる経済的余地が生まれ，子供の数も増加するといった現象を反映しているものと考えられる。

以上は2期間世代重複モデルの分析の範囲内であるものの，子供の数を高めるためには子育ての費用の低下，子育てのための時間の短縮(労働を犠牲にしない子育て)，所得の向上といった三要素が必要なことがわかる。逆に高い子育ての費用，子育てのための時間が長時間化する(労働を犠牲にする子育て)，伸び悩む所得が少子化の大きな背景として浮かび上がる。

実際，内閣府(2017)『平成29年版少子化社会対策白書』では，妻の年齢50歳未満の初婚どうしの夫婦に調査した理想的な子供の数として，平均理想子供数が発表されている。その値は低下傾向にあり，2015年(平成27年)では2.32人となっている。そして夫婦が実際にもつつもりの子供の数である平均予定子供数も発表されているが，その値は2015年(平成27年)では2.01人で，平均理想子供数，平均予定子供数ともに過去最低の値と説明されている。さらに予定子供数が理想子供数を下回る初婚どうしの夫婦に対して，理想の子供数をもたない理由を発表している(表10.11)。

表10.11から，「子育てや教育にお金がかかりすぎるから」が，理想の子どもの数をもたない理由として高い値(56.3%)をとっている。これは先の2期間世代重複モデルでの分析でも確認した，子育ての費用が高ければ子供の数が少なくなるといった結果(10.17)と関連する結果である。また子育てのための時間が高まるほど，子供の数が減るといった結果(10.18)は，「自分の仕事(勤めや家業)に差し支えるから」に関連しているものと考えられよう。表10.11より，この数値は15.2%であるものの，低くはない数値として位置している。

2016年6月に安倍内閣において「ニッポン一億総活躍プラン」が閣議決

定された．そのプランでは少子高齢化を克服し，希望出生率1.8の実現，若年世代の雇用の安定，保育サービスの多様化と充実，働き方の改革，教育費負担の緩和等の対策を打ち出している．これは上で分析したモデルでの少子化の背景，子育ての費用の軽減，労働を犠牲にしない子育て，所得向上に結びつく取り組みと位置づけられよう．

10.4　世代会計の考え方

　少子化と高齢化のうち，高齢化は社会保障支出を高める要因の1つとして働く．少子化は将来の生産年齢人口を引き下げ，賦課方式の公的年金制度の担い手や租税収入の減少を通じて，公的年金制度の維持可能性を危うくし，財政赤字解消の妨げとなる．高齢化問題，少子化問題，公的年金制度，財政赤字といったように，個別の問題としてそれぞれを検討し，必要な対策を打ち出し実行することは大切である．その一方で，公的年金制度や財政赤字，年金保険料負担や税負担を世代別に考慮した視点も，今後の日本の財政運営にとって必要である．そこで現在世代（基準となる年次に生きているゼロ歳から最高齢までの世代）が，将来世代（基準となる年次より後に生まれる世代）

表10.11　理想の子供の数を持たない理由（％）

理由	％
子育てや教育にお金がかかりすぎるから	56.3
自分の仕事（勤めや家業）に差し支えるから	15.2
家が狭いから	11.3
高年齢で生むのはいやだから	39.8
欲しいけれどもできないから	23.5
健康上の理由から	16.4
これ以上，育児の心理的，肉体的負担に耐えられないから	17.6
夫の家事・育児への協力が得られないから	10.0
一番末の子が夫の定年退職までに成人してほしいから	7.3
夫が望まないから	8.1
子供がのびのび育つ社会環境ではないから	6.0
自分や夫婦の生活を大切にしたいから	5.9

出所：内閣府（2017）『平成29年版少子化社会対策白書』より筆者作成

に残す財政負担を評価するための手法として，アウバックらが世代会計を開発した[4]。世代会計においては，以下が主要な分析事項となる。

まず現在世代のうちゼロ歳世代の生涯純受益(政府から受け取るゼロ歳世代の生涯にわたる社会保障サービス・教育などの受益から，税・保険料からなる政府収入つまり負担の差)あるいは生涯純負担を割引現在価値で求める。次に将来世代のそれを，やはり割引現在価値で求め，両者を比較する。さらに，例えば出生率の変化，増税や支出削減といった財政改革の実施など社会経済や政策変更が生じた場合を想定する。そのような各種想定において，計測基準となる年次に生きている各年齢層の生涯純受益(あるいは生涯純負担)が，どのように変化するかを把握する。

個別の世代における生涯純受益(あるいは生涯純負担)は，以下の式(10.20)で把握できる。

生涯における社会保障・教育など移転給付の割引現在価値
　－生涯における税・保険料負担の割引現在価値
＝生涯純受益(割引現在価値表示)　　　　　　　　　　(10.20)

生涯における税・保険料負担の割引現在価値
　－生涯における社会保障・教育など移転給付の割引現在価値
＝生涯純負担(割引現在価値表示)　　　　　　　　　　(10.21)

この式(10.20)あるいは式(10.21)がゼロあるいはほぼゼロであるならば，その世代における生涯における受益と負担は均衡状態にある。しかし例えば式(10.20)の値が正(負)となる場合は，その世代は受益超過(負担超過)の状態であり，受益と負担に関して不均衡が生じているものと解釈できる。そしてある世代では大幅受益超過，別の世代では大幅な負担超過であるならば，世代間の不均衡，不公平が生じているものと解釈できる。

次に，現時点から将来にわたる政府の予算制約式(10.22)を考える。

---

[4] Auerbach, A. J., J. Gokhale and L. J. Kotlikoff(1991)

10.4 世代会計の考え方

　　割引現在価値で表示した現在世代の税・保険料負担
　　　＋割引現在価値で表示した将来世代の税・保険料負担
　　＝割引現在価値で表示した現在世代の社会保障・教育などの移転給付
　　　＋割引現在価値で表示した将来世代の社会保障・教育などの移転給付
　　　＋割引現在価値で表した社会保障・教育など以外の政府支出
　　　＋基準年の政府債務残高　　　　　　　　　　　　　　(10.22)

式(10.22)は次のように書き換えられる[5]。

　　割引現在価値で表示した現在世代の純負担額
　　＝割引現在価値で表した社会保障・教育など以外の政府支出
　　　＋基準年の政府債務残高
　　　－割引現在価値で表示した将来世代の純負担額　　　(10.23)

　式(10.23)は重要な視点を与えてくれる。もし現在世代が将来世代に対して負担のつけ回しをするならば，右辺第3項の値が大きくなる一方，他の事情が一定ならば，左辺の値は小さくなり，現在世代の負担は軽くなるものと考えられる。一方，現在世代が将来世代の負担を軽くするために財政再建を選択し，高い負担を受け入れるならば，式(10.23)の左辺の値が大きくなる。その場合，他の事情が一定ならば，右辺第3項の値が小さくなり，将来世代の負担は小さくなるものと考えられる。言うまでもなく社会保障・教育以外の政府支出を削減するなどといった選択により，現在世代の負担は低くなるものと考えられる。さらに式(10.23)は，次のように書き換えられる[6]。

　　割引現在価値で表示した将来世代の純負担額
　　＝割引現在価値で表した社会保障・教育など以外の政府支出
　　　＋基準年の政府債務残高
　　　＋割引現在価値で表示した現在世代の純受益額　　　(10.24)

---

　[5] 式(10.23)の左辺あるいは右辺にある純負担額とは，現在世代，将来世代のいずれの場合でも「税・保険料負担―社会保障・教育などの移転給付」を意味している。
　[6] 式(10.24)の右辺第3項の純受益額は，「社会保障・教育などの移転給付―税・保険料負担」を意味している。

式(10.24)の右辺第3項についてである。もし現在世代が社会保障からの手厚い給付や教育支援を選択するならば，そして他の事情が一定ならば，それは将来世代の純負担額を高める結果になる。現在世代が受益として手にする社会保障や教育といったサービスは，将来世代が手にするものではない。しかし現在の社会保障・教育サービスの度合いは，将来世代の負担に跳ね返ることが式(10.24)から示唆される。

北浦(2016)では，複数の出生率(合計特殊出生率1.35から2.07の範囲)，複数の財政再建プラン(例えば経済財政諮問会議での財政・経済の中長期試算の前提に従うプランなど)に基づく世代会計分析をおこなっている。現在の政策継続を前提とした場合，基準年次におけるゼロ歳世代は，合計特殊出生率が1.35の下で1,318万円の受益超過，将来世代は4,249万円の負担超過となっている。そして2114年度末の公的債務残高対GDP比が4,117%と発散するため，財政の維持可能性はほぼない状態で，現在の政策継続は難しい点を指摘している。その一方で，2114年度末の公的債務残高対GDP比を60%までに収束できる財政再建ケースがあることなどを含め，多角的な分析を展開している。

言うまでもなく世代会計分析からは，世代毎の生涯純受益(純負担)額が明白となるため，その扱いについては不用意な世代間対立に結びつけない利用法が望まれる。もし世代会計による分析の結果，世代毎で著しい不公平が生じているならば，どのような対応策が必要か(どの世代にどれだけの負担や，どのようなサービスの抑制を求めるのかなど)といった政策形成のために世代会計を使う姿勢が求められる。政府が現在世代と将来世代の利害調整をするための1つの道具として，世代会計を有効な形で積極的に利用する必要があろう。

演習問題

1. 世代会計の説明の中で，現時点から将来にわたる政府の予算制約式として，下の式(10.24)を紹介した。

    割引現在価値で表示した将来世代の純負担額
    ＝割引現在価値で表した社会保障・教育など以外の政府支出
    ＋基準年の政府債務残高
    ＋割引現在価値で表示した現在世代の純受益額

    割引現在価値で表示した将来世代の純負担額を削減したい場合，政府はどのような対応をとることができるだろうか。説明しなさい。

2. 定額の保険料と定額の給付からなる積立方式の公的年金政策と賦課方式の公的年金政策は，貯蓄にどのような効果をもたらすだろうか。2期間世代重複モデルを想定しながら説明しなさい。

3. 定額の保険料と定額の給付からなる積立方式の公的年金政策と賦課方式の公的年金政策のうち，どちらの方式が人口の変化から影響を受けない制度であるかを，2期間世代重複モデルを想定しながら説明しなさい。

4. 財政赤字問題の解決，社会保障サービスからの受益と税・保険料負担の不均衡の解決を，世代会計からの情報に頼らず，投票や議会・議員に委ねる場合に予想される問題点を説明しなさい。その上で財政赤字問題，社会保障サービスからの受益と税・保険料負担の不均衡を解決するために，世代会計や政府が要請される理由を考え，説明しなさい。

11
社会資本と人的資本

　社会資本及び人的資本の構築は，現在だけではなく将来の経済成長にも結びつき，それらへの政府による関わりも認められる。そこでこの章では，日本の社会資本，人的資本の構築に必要となる教育に焦点をあて，社会資本や教育の現状，政治過程を反映した社会資本の供給メカニズム，生産関数を用いて社会資本や人的資本の経済的な影響(経済成長への影響)を説明する。

11.1　社会資本

11.1.1　社会資本と公共事業予算

　個人，企業，政府が消費，投資といった経済活動をおこなう場合，私的財から公共財まで多くの財に依存している。そのうち例えば道路，橋，港湾などといった財は，公共財に区分されることを3章で説明した。また一般に道路，橋，港湾などは社会資本と呼ばれたりもするが，内閣府(2018)『日本の社会資本2017』では，表11.1のようなかたちで社会資本を18部門に区分している[1]。

　ここで社会資本の整備や維持管理にかかる投資を行政投資(公共投資)と呼

---

[1] ただし，鉄道(鉄道建設・運輸施設整備支援機構等)と鉄道(地下鉄等)，文教施設(学校施設・学術施設)と文教施設(社会教育施設・社会体育施設・文化施設)，農林漁業(農業)，農林漁業(林業)，農林漁業(漁業)は，鉄道，文教施設，農林漁業とそれぞれ1つの部門と数える。

11.1 社会資本

表 11.1　社会資本

道路，港湾，航空，鉄道(鉄道建設・運輸施設整備支援機構等)，鉄道(地下鉄等)，公共賃貸住宅，下水道，廃棄物処理，水道，都市公園，文教施設(学校施設・学術施設)，文教施設(社会教育施設・社会体育施設・文化施設)，治水，治山，海岸，農林漁業(農業)，農林漁業(林業)，農林漁業(漁業)，郵便，国有林，工業用水道，庁舎

出所：内閣府(2018)『日本の社会資本 2017』より筆者作成

ぶことにしよう。すると社会資本は行政投資の累積(ストック)として位置づけられ，行政投資は，その年度における社会資本の変化分(前年度と比較して，どれだけ社会資本が整備されたか)と解釈できるため，フローといった位置づけができる。

　国の公共事業(予算を通じた社会資本の整備)については，公共事業関係費として計上される。2018年度一般会計予算額 97 兆 7,128 億円のうち公共事業関係費として 5 兆 9,789 億円，一般会計歳出総額に占めるその割合は 6.1 ％である。その内訳は表 11.2 のとおりであり，そこからわかるように道路そして防災・安全交付金の占める割合が高い。また国の公共事業関係費は複数の省が関係している。2018 年度公共事業関係費では，国土交通省関係分が 5 兆 1,828 億円，農林水産省関係分が 6,860 億円，厚生労働省関係分が 179 億円，経済産業省関係分が 22 億円，環境省関係分が 484 億円，内閣府関係分が 416 億円である。

　毎年の公共事業関係費といった予算を通じて，社会資本が蓄積されていくわけであるが，内閣府(2018)『日本の社会資本 2017』では，表 11.1 で区分した社会資本について表 11.3 で示しているように粗資本ストック，純資本ストック，生産的資本ストックに分け，その価値を推計している。特に表 11.4 では粗資本ストック，純資本ストックの推計値と社会資本の減価率について示している。粗資本ストックの平均額が 44 兆円である一方，純資本ストックの平均額が 29 兆円である。社会資本の減価率は社会資本によって高低があるものの，廃棄物処理や航空といったように 60 ％台の減価率となっている社会資本，40 ％を上回る減価率となっている社会資本もあるように，社会資本の価値の減少は決して低くない。今後，さらに社会資本の老朽化が

表 11.2 2018年度公共事業関係費・公共事業関係費総額に占める割合

	額(百万円)	割合(%)
治水	757,386	12.7
治山	59,736	1.0
海岸	27,749	0.5
道路	1,667,694	27.9
港湾	232,754	3.9
空港	78,498	1.3
都市幹線鉄道	24,676	0.4
新幹線	75,450	1.3
住宅対策	150,529	2.5
水道	17,570	0.3
廃棄物処理	40,822	0.7
国営公園等	28,031	0.5
農業農村	321,054	5.4
森林整備	120,313	2.0
水産基盤	70,000	1.2
社会資本整備総合交付金	888,572	14.9
防災・安全交付金	1,111,736	18.6
農山漁村地域整備交付金	91,650	1.5
地方創生整備	39,068	0.7
その他	101,670	1.7
災害復旧等	73,989	1.2

出所:財務省(2017)「平成30年度国土交通省・公共事業関係予算のポイント」より筆者作成
注:割合は小数点第2位を四捨五入している。

表 11.3 ストックの種類と定義

粗資本ストック	現存する固定資産について,評価時点で新品として調達する価格で評価した値
純資本ストック	粗資本ストックから供用年数の経過に応じた減価(物理的減耗,陳腐化等による価値の減少)を控除した値
生産的資本ストック	粗資本ストックから供用年数の経過に応じた効率性の低下(サービスを生み出す能力量の低下)を控除した値

出所:内閣府(2018)『日本の社会資本2017』より筆者作成

進むことから,その減価率が高くなり,どのような財源から,どの社会資本を優先的に整備,更新してゆくべきかを考えなければいけない。

表 11.4 粗資本ストック，純資本ストック推計額と減価率(2014 年度)

種類	粗資本ストック (兆円)	純資本ストック (兆円)	減価率 (%)
道路	337	239	29
港湾	27	16	40
航空	5	2	60
鉄道建設・運輸施設整備支援機構等	8	4	50
地下鉄等	11	6	45
公共賃貸住宅	51	30	41
下水道	98	76	22
廃棄物処理	16	6	63
水道	58	44	24
都市公園	14	8	43
文教施設(学校施設・学術施設)	61	33	46
文教施設(社会教育施設・社会体育施設・文化施設)	17	9	47
治水	97	79	19
治山	13	7	46
海岸	8	5	38
農林漁業(農業)	73	40	45
農林漁業(林業)	12	7	42
農林漁業(漁業)	13	8	38
郵便	1.1	0.6	45
国有林	6	3	50
工業用水道	4	3	25
庁舎	27	15	44
平均	44	29	—

出所：内閣府(2018)『日本の社会資本 2017』より筆者作成

11.1.2 社会資本の供給メカニズム —— 政治過程を反映したメカニズム

　表 11.1 で示したように，社会資本として区分される財・サービスには公共財として区分される財・サービスが多い．また 3 章で説明したように，公共財が存在する社会では市場の失敗が生じ，市場メカニズムを介して公共財が最適に供給されない．特に純粋公共財の場合，非排除性と非競合性を兼ね備えていて，非排除性という点から公共財利用者に対して，その費用負担を求めることも困難である．そこで 3 章では公共財の供給条件としてサミュエルソン条件，公共財の供給メカニズムとしてリンダール均衡，クラーク＝グローブズ・メカニズムを説明した．しかしリンダール均衡のように，個人が

自発的に公共財の費用負担を政府に表明する手法を介し，公共財の最適供給量が決定される場合，個人が偽りの費用負担を表明する場合を排除できない。

　もちろん社会資本を含む公共財の供給メカニズムを考えるにあたり，考慮すべき視点がまだ残されている。それは，どのような公共財を優先的に整備・供給したらよいかについては，その社会を構成する個人間，あるいは世代間で選好の差異が生じうるという点である。例えば社会資本について考えてみよう。子育てを中心とする世代は，文教施設の充実に高い選好を示すかもしれない。しかし子育てを終えた世代は，文教施設に対してそれほど高い選好を示さず，別の社会資本に対して高い選好を示すかもしれない。このような個人の選好を把握するために政治過程を活用し，その政治過程を通じて社会として必要な社会資本が決定・供給されるといった，政治経済学的な供給メカニズムを考えることもできる。そこでこの 11.1.2 では，政治過程を反映した公共財供給モデルを説明する。

　まず，ボーエンによる個人の投票を考慮した公共財供給モデルを説明する[2]。ボーエンは公共財供給量を決定するにあたり，複数の前提を課している。まず公共財の供給量は投票（単純多数決）で決定される。投票は2つの選択肢をめぐっておこなわれる。投票者各人は自身の効用を最大にするような私的財と公共財の量を選択するため，投票時に選択肢となる公共財供給量は，投票者各人が最適と考える公共財供給量である。各投票者の公共財費用負担率は事前に，どの投票者も同じ負担比率で決定されている。各投票者は，公共財の供給量が増加するにつれて効用が増え，ある供給量で効用が最大となり，その供給量を超えると逆に効用が減るといった単峰型の選好（図 11.1 のような形の選好）をもっているとする。

　以上を踏まえ，まず公共財の量 G_1 と G_2 について投票をする。すると個人1が G_1，個人2から個人5が G_2 に投票し，G_2 が選ばれる。次に G_2 と G_3 について投票する。個人1と個人2が G_2，個人3から個人5が G_3 に投票し，G_3 が選ばれる。次に G_3 と G_4 について投票する。個人1から個人3によって G_3 が選ばれる。最後に G_3 と G_5 について投票する。この場合もや

---

[2] Bowen, H. R. (1943)

11.1 社会資本

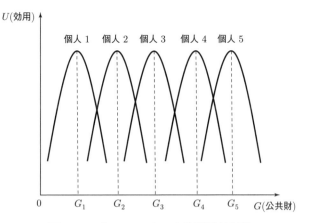

図 11.1　ボーエンによる中位投票者定理

はり G_3 が選ばれる。よって投票の結果選ばれる公共財の量は G_3 となる。最も少ない公共財の供給量を希望する個人1から順に個人を配置すると，投票の結果選ばれる G_3 を選好する個人3は中央に位置する中位投票者である。この中位投票者である個人3の公共財供給量が投票の結果，その社会での公共財の供給量として選ばれる。これを**中位投票者定理**と呼ぶ。

3章では公共財の最適供給に関して，サミュエルソン条件を説明した。この中位投票者定理で決定される G_3 が，サミュエルソン条件を満たすような効率的な公共財供給量であるとは限らない。上の例において投票の結果選ばれた G_3 は，個人3の効用を最大化する公共財の量でもある。個人3の私的財と公共財の限界代替率を MRS_3，私的財と公共財に関する限界変形率を MRT と表すならば，各投票者の公共財費用負担比率が同じであるため，

$$MRS_3 = \frac{1}{5} MRT \qquad (11.1)$$

が成立し，式(11.1)を満たすように公共財が供給される。しかし個人3以外の個人において「限界代替率＝限界変形率」が成立するとは限らない。個人1，個人2，個人4，個人5の私的財と公共財の限界代替率を MRS_i，$i = 1, 2, 4, 5$ と表すならば，

$$MRS_1 + MRS_2 + MRS_4 + MRS_5 = \frac{4}{5}MRT \qquad (11.2)$$

が成立するとは限らない。仮に式(11.2)が成立し，式(11.1)と足し合わせるならば，

$$MRS_1 + MRS_2 + MRS_3 + MRS_4 + MRS_5 = MRT \qquad (11.3)$$

となる(サミュエルソン条件)。しかし必ずしも式(11.2)が成立する保証はないため，中位投票者定理では式(11.3)が成立するとは限らない。このことは投票の結果で決まった供給量 G_3 が，サミュエルソン条件を満たす効率的な供給量であるとは限らないことを意味している。

次にダウンズによる二大政党モデルを説明しよう[3]。財政再建を先送りし，社会資本整備を含む財政政策を重視する政党 A，緊縮的な予算編成や増税に基づく財政再建を重視する政党 B があるとしよう。そして政党 A，政党 B は，図11.2のような個人の選好を把握しているものとする。図11.2より，どちらの政党も財政再建，財政政策を強く訴えても，支持率が低いということを把握している。そこで政党 A は財政政策一辺倒の姿勢を緩和する，政党 B は財政再建の度合いを緩和するといったように政策変更をおこなう。そしてできるだけ多くの支持を得られるように行動する。するとどちらの政党も図11.2の中央に位置する中道政策に近づき，社会資本整備あるいは財政再建を強く重視する政策は実現されにくくなる。いうまでもなく，この二大政党モデルでは，各政党が政策に対する個人の選好を完全に把握していることを前提としている。もし各政党が政策に対する個人の選好を完全に把握できないなら，政策が中道政策へと収束するとは言い切れない。また中道政策に近いところで決定した政策の組み合わせ(より緩やかな財政再建，適度な社会資本整備)において実現される公共財の量については，それが効率的な公共財の量であるとは限らない。

中位投票者定理，二大政党モデルのいずれも，個人の投票という行動を通じて公共財の供給量，その社会で採択すべき政策が決まる。しかし投票が保証されている民主的な環境においても，投票で公共財の供給量，政策が決ま

---

[3] Downs, A. (1957)

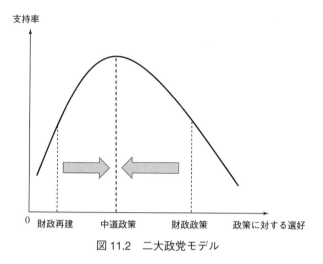

図 11.2 二大政党モデル

らない場合もありうる．例えばある社会に若年世代の個人 1，中年世代の個人 2，老年世代の個人 3 がいて，その社会で整備すべき社会資本を投票で決めるとする．個人 1 から個人 3 までの選好は，表 11.5 で表されるとしよう．個人 1 から個人 3 は，表 11.5 のそれぞれの選好順位を投票用紙に記入する．しかし表 11.5 から，どの社会資本を整備したらよいか政府は一意に決定できない．それぞれの社会資本に対する個人 1 から個人 3 の選好は，まったく異なるからである．このような状態を投票のパラドックスと呼ぶ．これは，個人 1 から個人 3 の選好を社会で決定するために，投票による単純多数決を採用しても，その選好が決定しない場合があることを示唆している．もちろん個人の選好の順序によっては，投票のパラドックスが成立しない場合がある．

11.1.3 公共サービスと経済成長

社会資本そのもの，あるいは公共財としての社会資本を介してのサービスについては，3 章で紹介した公共財供給メカニズムだけではなく，政治過程を反映した供給メカニズムを考える余地があった．

さらに社会資本そのもの，あるいは公共財としての社会資本については，民間の資本ストックと同様，どの程度，それらが経済成長に寄与しているの

表11.5　個人1から個人3の選好

	文教施設	公共賃貸住宅	地下鉄
個人1(若年世代)	1	2	3
個人2(中年世代)	2	3	1
個人3(老年世代)	3	1	2

かといった長期的な問題として捉えることもできる。民間が自身の経済活動のために資本ストックだけではなく，政府が供給した社会資本，公共財としての社会資本を介してのサービスもあわせて使うことにより，経済の生産性は一層高まるものと考えられる。

　マクロ経済学では，ソロー型の生産関数がよく使われる[4]。図11.3が示すように，最もシンプルなソロー型の生産関数では，t期における資本K_tと労働L_tが生産要素として投入され，生産物Y_tが産出される。これがソロー型の生産関数$Y_t = F(K_t, L_t)$として定式化される。

　上のシンプルなソロー型の生産関数では，技術進歩などによる生産性の向上，教育や学習効果といった要素が，個人のもつ知識・能力・技術といった人的資本に結びつき，生産性の向上に寄与するといった点を反映しきれない。また社会資本，公共財としての社会資本を介したサービスが生産に寄与するといった点も反映しきれない。

　そこでバローは公共財を通じたサービス(公共サービス)に注目し，図11.4のように民間の資本ストック，労働だけではなく，公共財を通じたサービスも生産物に影響を与えるといったモデルを提唱した[5]。

　バローによる考え方で重要な点は，税を財源とするフローとしての公共サービス(例えば保健衛生サービス，警察サービスなど)の供給によって生産量が左右される点である。公共サービスが増加するならば，生産量に対して正の影響が生じ，生産物の増加，経済成長率の増加に結びつくものと考えられる。しかし公共サービスを供給するために税率を高めることは，常に生産物，

---

[4] 経済成長モデル(外生的経済成長モデルと内生的経済成長モデル)に関する詳細な説明は，例えば三野(2013)を参照のこと。

[5] Barro, R. J. (1990)

11.1 社会資本

図 11.3 ソロー型生産関数

経済成長率を高めるとは限らない。以下では公共サービスを含むバローのモデルを説明する。

t 期における集計化された生産物を Y_t, 集計化された民間の資本ストックを K_t, 集計化された労働力人口を L_t(ただし常に一定とする), フローとしての公共サービスを G_t, 技術水準を反映した正の定数を A とする。

今, 同質的な企業数が n だけあり, そのうちのある企業 i の t 期における生産物を Y_{it}, 民間の資本ストックを K_{it}, 労働力人口を L_{it} と表す。このとき企業 i の生産関数は, 下のコブ＝ダグラス型生産関数(11.4)で表されるとする。

$$Y_{it} = AK_{it}^\alpha (L_{it}G_t)^{1-\alpha}$$
$$= AK_{it}^\alpha L_{it}^{1-\alpha} G_t^{1-\alpha}, \quad 0<\alpha<1 \quad (11.4)$$

ただし, α は民間の資本ストックのシェアである。そして政府は生産物総額に税率 τ の税を課し, 公共サービス供給のためにすべて支出している。政府の予算制約式は次の式(11.5)である。

$$G_t = \tau Y_t \quad (11.5)$$

税引き後の生産関数をもとに, 企業 i の利潤最大化条件を求める。利潤を π, t 期の利子率を r_t, t 期の賃金率を w_t と表すならば, 利潤は

$$\pi = (1-\tau)AK_{it}^\alpha L_{it}^{1-\alpha} G_t^{1-\alpha} - r_t K_{it} - w_t L_{it} \quad (11.6)$$

で表される。式(11.6)を利子率についてのみ偏微分し,

$$k_{it} = \frac{K_{it}}{L_{it}}$$

であることを考慮するならば, 利潤最大化条件として

$$r_t = (1-\tau)A\alpha k_{it}^{\alpha-1} G_t^{1-\alpha} \quad (11.7)$$

を得る。式(11.7)は民間の資本ストックに関する限界生産性でもある。なお,

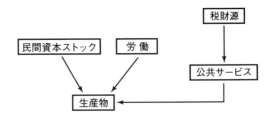

図11.4 バローによる公共サービスを含めた生産関数

この社会では同質的な企業から構成され,次の関係が成立する。

$$k_{it} = \frac{K_{it}}{L_{it}} = \frac{nK_{it}}{nL_{it}} = \frac{K_t}{L_t} = k_t$$

$$nY_{it} = Y_t$$

つまり,$k_{it}=k_t$ であるので,式(11.7)は

$$r_t = (1-\tau)A\alpha k_t^{\alpha-1}G_t^{1-\alpha} \tag{11.8}$$

のように書き直される。また企業 i の生産関数(11.4)の両辺に企業数 n をかけ,式を整理すると

$$Y_t = AL_t k_t^{\alpha} G_t^{1-\alpha}, \quad 0<\alpha<1 \tag{11.9}$$

を得る。式(11.5)に(11.9)を代入,整理すると次式を得る。

$$G_t = (\tau AL_t)^{\frac{1}{\alpha}} k_t \tag{11.10}$$

式(11.10)を(11.8)に代入,整理すると次式を得る。

$$r_t = (1-\tau)\alpha A^{\frac{1}{\alpha}} (\tau L_t)^{\frac{1-\alpha}{\alpha}} \tag{11.11}$$

今,来期の民間の資本ストック K_{t+1} と今期の資本ストック K_t の差 $(K_{t+1}-K_t)$ が,今期の粗投資 I_t に等しいものとする。そして粗投資のために,今期の税引き後の生産物総額のうち一定割合 $s(0<s<1$ を満たす)が貯蓄に振り分けられるとする。つまり次の式(11.12)が成立しているものとする。

$$K_{t+1} - K_t = s(1-\tau)Y_t \tag{11.12}$$

式(11.12)の両辺を K_t で割り,生産関数(11.9)を代入し,さらに式(11.10)を代入して整理すると,

$$\frac{K_{t+1}-K_t}{K_t} = s(1-\tau)A^{\frac{1}{\alpha}}(\tau L_t)^{\frac{1-\alpha}{\alpha}} \tag{11.13}$$

を得る。式(11.13)が民間の資本ストックで測った経済成長率で,次のよう

11.1 社会資本

に γ_k で表す。

$$\frac{K_{t+1}-K_t}{K_t} \equiv \gamma_k$$

政府が生産物総額に対する税率を変化させた場合，経済成長率は，どのように変化するだろうか。式(11.13)を税率 τ で偏微分すると，

$$\frac{\partial \gamma_k}{\partial \tau} = sA^{\frac{1}{\alpha}}(\tau L_t)^{\frac{1-\alpha}{\alpha}}(\tau\alpha)^{-1}[(1-\alpha)-\tau] \qquad (11.14)$$

を得る。式(11.14)から，政府が生産物総額に対する税率を高めた場合，経済成長率は常に増加するとは限らない。もし税率 τ が $(1-\alpha)$ よりも低ければ(高ければ)，増税は経済成長率を高める(阻害する)。もし税率 τ が $(1-\alpha)$ と等しいならば，そのとき経済成長率は最大となる。これらは図11.5のように描かれる[6]。

図11.5の税率 $(1-\alpha)$ より左側の領域では，政府が税率を高めて公共サービスの供給を増加させると経済成長率も増加する。この背景としては，まず公共サービス供給のための税率が相対的に低い状態にある。そして税負担がもたらす経済成長率に対する負の効果より，公共サービス供給による経済成長率に対する正の効果が大きい状態にあると解釈できる。一方，税率 $(1-\alpha)$ より右側の領域では，政府が税率をさらに高めると経済成長率が減少する。この背景としては，すでに公共サービス供給のための税率が相対的に高い状態にある。そして公共サービス供給による経済成長率への正の効果より，税負担がもたらす経済成長率に対する負の効果が大きい状態にあると解釈できる。

ここで説明したバローによる公共サービスを含むモデルの含意は何か？まず公共サービスの供給を高めることが，経済成長率の観点から常に正当化されるわけではない点である。図11.5からも明らかなように，公共サービスの供給によって経済成長率が押し上げられる領域がある。伝統的な財政の役割である経済安定化機能は，図11.5の税率 $(1-\alpha)$ よりも左側の領域において，部分的に成立するといった解釈も可能である。しかし税率を高めすぎ

---

[6] 図11.5のように経済成長率が，滑らかな曲線として描かれるための条件を，読者は各自で確認されたい。

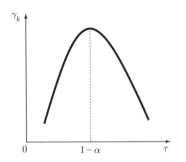

図 11.5 公共サービスと経済成長率

ると公共サービスの供給は経済成長率を阻害するため,政府は公共サービスの供給量と経済成長率を最大にする税率を見極める必要がある。

次に図 11.5 から,税率を低い水準から高めることによって,経済成長率は高まる。しかし増税は今期の税引き後の生産物総額を低くし,その期における生産物総額に負の影響を与えるであろう。その一方で,増税分だけ公共サービスの供給がより進み,将来の生産,経済成長率にも寄与するものと考えられる。このように将来においては,より多くの公共サービス,より高い経済成長率を享受できるものの,現在においては公共サービス供給のための増税といった負担が不可避である。このように将来の公共サービスや経済成長率と,現在の増税といったトレードオフが生じることも考慮する必要がある。

11.2 人 的 資 本

11.2.1 人的資本構築のための教育予算

11.1 節では社会資本をとりあげたが,その社会資本,(民間の)資本ストックを活用してゆく経済主体は個人,企業,政府である。社会資本や資本ストックを効率的にかつ経済成長に寄与する形で活用するためには,知識,能力,技術といった人的資本が,それを活用する側に求められる。特に個人のもつ知識,能力,技術といった人的資本は,資本ストックが設備投資を介して蓄積されていくように,学校などを通じて供給される教育サービスによって高

11.2 人的資本

められる。そして実際，国や地方は教育分野への予算を計上し，教育サービスを提供している。

そもそも教育サービスには，教育を受ける個人が得る私的便益と，教育を受けた個人を介して社会にもたらされる社会的便益の2つがある。そのため教育サービスを私的に供給すると，その供給量は社会的に必要な供給量よりも少なくなることから，政府によるピグー補助金といったような市場介入が必要とされる。このように教育サービスが外部経済（教育の社会的便益）をもたらすため，公的に教育サービスが供給されるといった説明がある。

しかし教育サービスが公的に供給される他の理由は，2章でも言及したように，親世代の所得分配の高低にもあるといえよう。教育サービスが私的に供給される場合，高所得家計と低所得家計との間で，子供が受けられる教育サービスに著しい差を与えることになりかねない。親の所得水準は子供にとって所与であり，その所得の高低に応じて子供が受ける教育サービスに著しく大きな差が生じることは，機会の平等といった原則から乖離してゆくものと考えられる。親世代の所得分配の高低に応じて，子世代が教育サービスを受ける機会を阻害されないよう，国や地方が公費で教育サービス費用を負担し，公的に教育サービスを等しく供給する。また借入制約にある家計に対しては，公的な奨学金を貸し付けるなど，教育サービスの外部性以外の観点からも，政府が教育サービスに関与する余地がある[7]。

その教育に関する予算については，2018年度一般会計予算額97兆7,128億円のうち文教及び科学振興費として5兆3,646億円，一般会計歳出総額に占めるその割合は5.5%といった状態である。文教及び科学振興費は図11.6が示すように，文教関係費(75.5%)と科学技術振興費(24.5%)に分けられる。文教関係費は，公立の義務教育諸学校の教職員の給与費について都道府県，指定都市が負担した経費の3分の1を国が負担する「義務教育費国庫負担金」が1兆5,228億円(28.4%)で最も大きい。国立大学，大学共同利用機関が継

---

[7] その他，民間が市場を通じて，ある財・サービスを供給可能であるものの，その財・サービスが外部経済や所得再分配効果を大きくもたらす場合，あえて政府が個々の経済主体の選好に干渉し，その財・サービスの提供と利用促進をする場合がある。このような財・サービスは価値財と呼ばれるが，教育サービス（特に義務教育）を価値財ととらえることもできる。

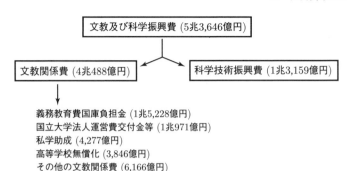

出所:財務省(2017)「平成30年度文教・科学技術予算のポイント」より筆者作成
図11.6 2018年度文教及び科学振興費

続的かつ安定的に教育研究活動を実施するための経費である「国立大学法人運営費交付金等」が1兆971億円(20.5%)で,科学技術振興費1兆3,159億円(24.5%)である。これら3つを合わせると3兆9,358億円となり,その割合は73.4%にのぼる。また文教関係費として高等学校等における教育費に代表される経済的な負担軽減,教育の機会均等を目的とした高等学校無償化,私立大学や幼稚園から高等学校を含む私立高等学校等への経常的な経費の補助等に代表される私学助成がある。

もちろん国だけではなく地方公共団体も学校教育,社会教育,教育行政のために経費を支出し,授業料などの収入を得ている。文部科学省による平成28年度(平成27会計年度)地方教育費調査では,複数の結果の概要を公表しているが,その1つに文部科学省(2017)「平成28年度地方教育費調査(平成27会計年度)確定値の公表」がある。それによれば地方教育費総額が16兆1,968億円であり,その内訳は表11.6のとおりである。

表11.6からわかるように,地方教育費の大半が学校教育費であり,下の表11.7が示すように,その学校教育費の財源は都道府県支出金[8],市町村支出金[9]に大きく依存していることがわかる。また国からの国庫補助金,地方債にも依存していることがわかる。

---

[8] 都道府県が地方税,地方交付税,授業料,入学料,検定料等から成る自らの収入から都道府県立の学校,社会教育施設,教育委員会事務局のために支出した経費や市町村に対する補助を指す。ただし教育委員会以外の部局からの補助を含む。

11.2 人的資本

表 11.6 地方教育費の内訳(単位 億円)

学校教育費 公立の幼稚園，幼保連携型認定こども園，小学校，中学校，特別支援学校，高等学校(全日制・定時制・通信制課程)，中等教育学校，専修学校，各種学校及び高等専門学校における学校教育活動のために支出した経費	136,263
社会教育費 地方公共団体が条例により設置し，教育委員会が所管する社会教育施設の経費及び教育委員会がおこなった社会教育活動のために支出した経費(体育・文化関係，文化財保護を含む)	16,141
教育行政費 教育委員会事務局(所管の教育研究所等を含む)の一般行政事務及び教育委員会の運営のために支出した経費	9,564
地方教育費総額	161,968

出所：文部科学省(2017)「平成 28 年度地方教育費調査(平成 27 会計年度)確定値の公表」より筆者作成

表 11.7 地方教育費の財源内訳(単位 億円)

	国庫補助金	都道府県支出金	市町村支出金	地方債	寄附金
学校教育費	18,256	78,408	31,663	7,920	15
社会教育費	702	1,830	12,058	1,508	44
教育行政費	158	2,837	6,508	56	5
地方教育費総額	19,116	83,075	50,229	9,483	64

出所：文部科学省(2017)「平成 28 年度地方教育費調査(平成 27 会計年度)確定値の公表」より筆者作成

このように教育については国だけではなく，地方も財源負担をしていることが見てとれる。また平成 28 年度(平成 27 会計年度)地方教育費調査では，文部科学省(2017)「3. 文教費の概観」も公表していて，そこでは文教費[10]を「国が負担した教育費」，「地方が負担した教育費」として大別している。

---

[9] 市町村が地方税，地方交付税，授業料，入学料，検定料等から成る自らの収入から市町村立の学校，社会教育施設，教育委員会事務局のために支出した経費を指す。ただし教育委員会以外の部局からの支出を含む。

[10] 国，都道府県及び市町村の公財政から支出された教育費の総額であり，財源には授業料，入学金等及び公費に組み入れられた寄附金を含めている。また国立及び公立の大学・短大等の経費には，附属病院経費及び研究費を含めている。

平成27年度の場合，文教費総額が23兆1,026億円で，国が負担した教育費は10兆3,324億円(44.7%)，地方が負担した教育費は12兆7,702億円(55.3%)であり，国よりも地方の文教費負担がやや高い状態にある。

11.2.2 人的資本と経済成長

前項の11.1.3と同様，教育や学習効果といった要素が，個人のもつ知識，能力，技術といった人的資本を高め，その人的資本が経済成長に影響を与えるといった点を考えられる。民間の資本ストック，労働力を投入物とし，生産物が生産されるようなソロー型の生産関数では，個人のもつ知識，能力，技術といった人的資本を所与として扱っている。しかし政府が教育サービスを提供することによって人的資本が蓄積され，結果として，その社会における経済成長率に影響を与えるといった経路を加えることができる。

図11.7が示すように，政府は公教育であれ私立教育への支援といった形であれ，教育サービスを通じて人的資本の蓄積に働きかけができる。このようなプロセスから個人は，より高度な知識，技術，技能といったより高い人的資本を身につけた上で労働力を提供でき，長期的には経済成長率に影響を与えることになる。以下では人的資本を含む生産関数モデルを用い，この点について説明をする。

t期において機械や工場などに代表される資本ストック(以下では物的資本と呼ぶ)K_t，そして人的資本H_tがある。なお，その人的資本H_tは(モデルとして定式化していないが)教育サービスを通じて形成されているものと仮

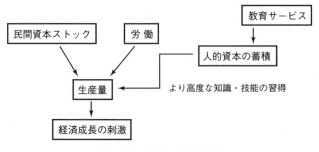

図11.7　教育と経済成長

11.2 人的資本

定する。(競争的な)企業は，物的資本と人的資本を投入し，生産物 Y_t を生産する。なお労働力人口 L_t は常に一定で，物的資本と人的資本は完全代替的な関係にある。

企業の生産関数は，コブ＝ダグラス型の生産関数 Y_t に従い生産をおこなうものとする。その生産関数 Y_t は，次の(11.15)で表されるものとする。

$$Y_t = AK_t^{\alpha} H_t^{1-\alpha}, \qquad 0 < \alpha < 1 \qquad (11.15)$$

ただし，$A>0$ は技術水準を反映した定数である。α は物的資本のシェアである。

次に企業の利潤最大化条件を求める。利潤を π と表し，t 期の利子率を r_t，t 期の賃金率を w_t とするなら，利潤は

$$\pi = AK_t^{\alpha} H_t^{1-\alpha} - r_t K_t - w_t H_t \qquad (11.16)$$

で表される。式(11.16)を利子率について偏微分すると，利潤最大化条件として

$$r_t = A\alpha K_t^{\alpha-1} H_t^{1-\alpha} \qquad (11.17)$$

を得る。これは物的資本の限界生産性でもある。一方，式(11.16)を人的資本について偏微分すると，利潤最大化条件として

$$w_t = A(1-\alpha) K_t^{\alpha} H_t^{-\alpha} \qquad (11.18)$$

を得る。これは人的資本の限界生産性でもある。

ここで，来期の物的資本 K_{t+1} と今期の物的資本 K_t の差 $(K_{t+1} - K_t)$ が今期の粗投資 I_t に等しいものとする。そして粗投資のために，生産物総額のうち一定割合 s（$0<s<1$ を満たす）が貯蓄に振り分けられるとする。つまり

$$K_{t+1} - K_t = sY_t$$

が成立しているものとする。この式の両辺を K_t で割り，さらに生産関数(11.15)を代入し，式を整理すると，

$$\frac{K_{t+1} - K_t}{K_t} = sAK_t^{\alpha-1} H_t^{1-\alpha}$$

を得る。これが物的資本で測った経済成長率で，それを次のように γ_k で表す。

$$\frac{K_{t+1} - K_t}{K_t} \equiv \gamma_k$$

他の事情を一定とし，教育サービスを介して t 期の人的資本 H_t が変化し

た場合，経済成長率 γ_k に与える効果は

$$\frac{\partial \gamma_k}{\partial H_t} = sA(1-\alpha)K_t^{\alpha-1}H_t^{-\alpha} > 0$$

である。つまり t 期の人的資本 H_t が増加するならば，経済成長率も高まる。人的資本を構築し，それを社会で蓄積してゆくことは，経済成長率に寄与するのである。さらに定常状態での経済成長率を γ_{ks} と表記すると

$$\gamma_{ks} = sAK^{\alpha-1}H^{1-\alpha}$$

である。定常状態では物的資本の限界生産性と，人的資本の限界生産性が常に等しく，物的資本(人的資本)から人的資本(物的資本)へといったような，資本の変更が起こらない状態に達しているものとする。よって期間にかかわらず，物的資本の限界生産性(11.17)と人的資本の限界生産性(11.18)が等しくなるので

$$A\alpha K^{\alpha-1}H^{1-\alpha} = A(1-\alpha)K^{\alpha}H^{-\alpha}$$

が成立している。この式を整理すると

$$\frac{H}{K} = \frac{1-\alpha}{\alpha}$$

を得る。これを γ_{ks} に代入すると，

$$\gamma_{ks} = sA\left(\frac{1-\alpha}{\alpha}\right)^{1-\alpha} \tag{11.19}$$

を得る。式(11.19)が物的資本で評価した定常状態での経済成長率を表す式で，長期的な経済成長率と解釈できる。物的資本と人的資本の2つがある場合，式(11.19)が示すように，長期的には一定率の経済成長率を見込める。

経済成長率にまで影響を与える人的資本を構築するためには，その人的資本が構築される場，それを高める機会が重要である。そのため政府は，教育サービスの外部性，教育を受ける機会の平等，教育を受ける側が直面する借入制約などの資本市場の不完全性などといった点を考慮し，公教育といった形で人的資本の構築に関わることができるのである。

演習問題

1. この章では，社会資本を含む公共財の供給メカニズムを考えるにあたり，中位投票者定理や二大政党モデルを紹介した。公共財の供給メカニズムを考えるにあたり，なぜ中位投票者定理や二大政党モデルが提唱されたのだろうか。その理由を考え，説明しなさい。

2. バローによる公共サービスを含む生産関数に基づく社会で，政府が生産物に対する課税を公共サービスの供給のために利用する場合を考える。生産物に対する当初の税率が低い場合，税率の増加は経済成長率を高める。逆に生産物に対する当初の税率が高い場合，税率の増加は経済成長率を低めてしまう。その理由を考え，説明しなさい。

3. 教育サービスについては民間だけではなく，政府もそれを供給している。政府が教育サービスを供給する場合の根拠を考え，説明しなさい。

4. 社会において人的資本の構築，その蓄積が進むと，企業の生産や経済成長率に対して，どのような影響が生じるだろうか。説明しなさい。

終章

財政論を学ぶということ —— 結びに代えて

(1) 財政は「民主主義の学校」
── 「主権者」,「生活者」,「社会人」のリテラシー ──

　財政論には実に様々なテーマが取り上げられ,その内容もかなり複雑であることに,読者は驚かれたと思います。税財政制度の「実際」を知り,税・財政活動の具体的な規模・内容を示す「統計」を読み解き,政府の行動の根拠となる「理論」を理解し,そして税・財政に求められる「政策」の課題を学ぶ。これらを総合的に習得することが必要になるからです。学生諸君が単位取得だけを目的とするなら,財政論はきわめて労多く,効率の悪い科目だと感じたとしても不思議ではありません。

　しかし,財政論が取り扱うテーマは私たちの生活にとってきわめて身近なものです。財政論を学ぶことは,私達国民にとって基礎的な素養を身に着ける機会であることを意味します。国家・政府による税財政活動は政治,経済,社会の各システムと密接につながり,国民生活のすみずみにまで影響を与えます。私達国民は,その中にあって,政治的には「主権者」として,経済的には「生活者」として,社会的には「集団の一員」として生きています。財政論は,この三つの役割を担う私達国民の不可欠な知識,情報を理解する科目なのです。

　財政論が近・現代国家の形成,発展と共に,社会科学の重要な領域となったのは,この現実を反映したものと言えるのです。20世紀初頭を代表する

(1) 財政は「民主主義の学校」──「主権者」、「生活者」、「社会人」のリテラシー──　　　275

　経済学者の一人であるシュンペーターは、近代国家の特徴を「租税（財政）国家の危機」として、既に一世紀も前に警告を発していました。「危機」とされる原因は、高度な知識、情報、技術社会の到来によって、国家や社会の意思決定が一部のエリート層（官僚やテクノクラート）に委ねられることで、その弊害が顕在化する点に求めたのです。

　民主国家にあって、一般国民の意向が国家・政府の意思決定にどの程度反映されるかは、その国民の意欲、能力、行動によって大きく左右されます。シュンペーターの強調する「危機」を克服するためには、一般国民がいかに税財政面での「リテラシー（読み解く力）」の向上に努めるか否かに大きくかかわっているのです。

　『「税（財政）」と「死」は、全ての人々にとって避けがたいものです』。この言葉は「強い米国の再生」を国民に訴え、税財政改革の必要性を説いた第40代大統領、ロナルド・レーガンのキャッチ・コピーです。「主権者」、「生活者」、「社会人」である国民に対して、税財政改革が身近な問題であり、関心を持ってその実現を支持してくださいという政治的なメッセージがここにあったのです。

　税財政の問題は、実際、人間にとって避けて通れません。誕生したその瞬間から人生を閉じるまで、税財政の負担・給付は常に身近に存在します。人生の各段階での選択において、私達の意思決定を大きく左右する要因であり、基本インフラになっているのです。

　税財政制度や政策を評価、判断するのは、究極的には私達国民です。しかし、正直なところ、私達がどの程度この役割を意識しているのか、あるいは能力を持っているのか大きな疑問があります。この無関心さを助長しているのは、日本では企業が個々人に代わって、税や社会保障の手続きをおこなう便利な制度が整っていることです。

　行政効率の面では、これらの制度は利点を持つのですが、「生活者」、「主権者」、「社会人」としての感覚、意識を麻痺させるという深刻な副作用があります。また、経済社会が終身雇用的な色彩をうすめ、流動化する状況で、行政サービスのネットワークから漏れる人々が増えている問題も指摘されています。

会社の源泉徴収や社会保障の加入，保険料徴収は「特別徴収」であり，本来的には私達個人が直接的に納入する「普通徴収」が原則なのです。わが国で「お任せ民主主義」的な意識が，国民の間で強い原因であるとも言われます。また，政治・行政面では，「知らしむべからず，依らしむべし」とする風土があり，政官のモラル・ハザードを生む原因であるという批判にもつながっています。

税財政は，「民主主義の学校」であると言われます。国民が税財政システムに実際に係わりあうことで，民主主義のイロハを学ぶ機会にすべきだとする考え方を表しています。その国の民主主義の成熟度，あるいは完成度は，「生活者」，「主権者」，「社会人」である国民の意識，知識，能力，次第であることを強調した言葉なのです。財政論を学ぶことは，まさにその国民としての基礎的なリテラシーを向上させるための絶好の機会であり，国民の履修すべき「必須科目」であるとさえ言えるのです。

(2) 財政の二つの「公共(Public)性」
―「上からの公共性」と「下からの公共性」―

財政論を学ぶことは，もちろん，個人レベルの問題にとどまるものではありません。政治，経済，社会システムに関連する諸々の問題を理解するうえでも，大きな意義を持っています。『税財政制度は「国家の背骨」である』，といわれる理由もここにあります。税財政は国家のトータルなシステムをつなぐ結節的に置かれ，それを機動させる重要な役割を担っているからです。

民主国家にあっては，私達，国民が政治システムにおいても主役であるという建前になっています。しかし，現実には，税財政の意思決定という国家の最大の政治プロセスで，国民が直接的に参画する機会はほとんどありません。私達は総選挙で議員を選出し，国会で過半数を制する政治与党を決定する権利を持ちますが，実際の予算編成や制度改革の審議に加わることはできない「間接民主主義」システムの中に置かれているからです。

政権与党の組閣する内閣が政府・行政として国家運営の中核に据えられ，あたかも実態ある権威的な組織，機構の如くに税財政を含めて意思決定の実

(2) 財政の二つの「公共(Public)性」──「上からの公共性」と「下からの公共性」── 277

際上の主役を担います。財政学においては，常に国民・個人の「建前の主役」と国家・政府の「実際の主役」の関係をどのように論理的に結びつけるのか腐心してきました。言い方を換えれば，民主国家において，国家・政府の財政意思決定が，どれほど国民・個人の民意にそうものであるかが問われ続けてきたのです。

　ここで注意すべき点は，一口に財政論，財政学といっても，様々な切り口があり，唯一無二の学問体系があるわけではないという事実です。実際，わが国では，伝統的に，井藤・佐藤による「制度論的財政学」，「マルクス主義財政学」，そして「近代経済学的財政学」の三大学派分類法があり，互いに切磋琢磨を続けてきた歴史があります。「国民・個人」と「国家・政府」との関係を，政治，経済，社会システムの中にどのように落しこみ，手段としての財政にいかなる役割を与えるかは，各財政学派の立位置によって大きく異なっていたからです。

　わが国の財政学を三大学派に分けて整理することに対して，批判があります。もともとマルクス経済学と近代経済学とに分類するのは，戦後のわが国の学界の特殊事情によるものだとする見解が強いからです。確かに，制度論的財政学も含めて三大財政学派に分類するのは，日本的であるといえばその通りなのです。

　しかし，世界はいま資本主義と社会主義の二大体制下で，グローバル化の波にさらされ，大きな転換期にあるように見受けられます。中国に代表される社会主義型市場経済モデルが21世紀に入って急速に台頭し，世界の勢力図も大きく塗りかえられようとしています。財政論，財政学もこのような変容，変質の中で，原点に立ち戻って基本を考え直す時期にきていることも確かなのです。

　そもそも「財政」とは何を意味するのでしょうか。本書の第一章で述べた通り，財政は国家・政府がおこなう経済活動の総体，集積を意味します。しかし，この説明は単に事実関係について述べただけであって，誰が誰に対して，何を目的にして，政府が経済活動をおこなったかについては述べていません。国家・政府が，国民・個人との関係において，いかなる存在であるか明確に説明していないのです。

この問題に対するヒントは、「財政」の原語である「Public Finance」に隠されています。この翻訳者は福沢諭吉であり、明治政府が成立して間もない時期に案出した造語です。制度論的財政学のわが国の大家である佐藤進によれば、福沢諭吉はわが国の財政学の草創期の代表的研究者の一人に位置付けられます。「彼(福沢諭吉)らによって紹介された英米経済学のうち、財政とくに税制に関する所論が輸入されたのである。」と説明しています。

福沢諭吉によるこの「財政」という翻訳はまさに「輸入の産物」であることを示し、明治という歴史を体現した「時代の賜物」なのです。近代国家日本がその出発にあたって、帝国憲法下での明治新政府のめざす「政(まつりごと) = public」のための「財政管理 = finance」の実相をたくみに表現した名訳といえます。

この翻訳は、言うまでもなく「Public」を「国家・政府の」という意味で理解しています。国家・政府が国民・個人を超越した実態ある有機体的な組織として位置付けられ、権力的な強制力によって国民・個人の私権をも制限できる立場にあると想定されているのです。「国益(national interest)」が「私益(private interest)」と明確に区別され、財政は近代国家を実現するという国益を追求するための装置、手段として独自の地位を与えられていたのです。

勿論、この翻訳は間違いではありません。「オックスフォード英英辞典」をひけば、その最初の用例として「政府の(of government)」があげられています。北京大学の林双林教授によれば、中国でもこの翻訳は使われており、すっかり漢字圏で定着しているとのことです。

しかし、翻訳はその時代の世相、特徴を反映するものであり、時代と共に変化しうるものです。わが国でも、戦後に民主国家日本が実現し、今では「国民主権(あるいは主権在民)」がすっかり定着しています。原則的には国益といっても、それはあくまでも主権者である国民・個人との関係において認められるものであって、国家・政府が独断、独裁的に決定できるものではないのです。

改めて、「英英辞典」をひけば、「Public」の他の用例として、「一般国民の(of ordinary people)」、および、「皆のための(for everyone)」があげられています。最近、財政学と関連が深い領域で、「Public Economics」、「Public

Choice」,「New Public Management」などが,「公共経済学」,「公共選択論」,「新しい公共経営論」等と訳されています。これらの用例では,明らかに「Public」は,「政府」ではなく「一般国民」の意味で使われているのです。

「Public」の意味を国権の最高の発動形態としての有機体的な「国家・政府」のレベルで把えるのか,それとも国民主権の担い手としての「国民・個人」のレベルで把えるのかで,財政学のアプローチは大きく異なります。この「Public」の持つ二義的な意味あいは,古くから財政学では国家・政府が決定する「上からの公共性」と国民・個人が希求する「下からの公共性」として,明確に意識されていました。両者の間に起こりうる乖離,矛盾をどのように解釈し,いかに克服するかが,民主国家における財政論の基本問題として久しく問い続けられてきたのです。

(3) 多様な国家・政府像：共同利益型 vs. 自己利益型
　　──国家・社会・経済,そして個人の関係──

国家・政府と国民・個人の関係をどのような全体像の中で構造化するかは,社会科学全般における一大論点でした。国家・政府を類型する方法として,ブレトンによる有名な整理の仕方があります。この類型方法では,国家・政府の行動原理によって,まず「共同利益(common goods)」型と「自己利益(self-interest)」型に分けられます。前者は国家全体,あるいはそれを構成する社会的集団の共通の目標を追求する実態ある主体として政府を理解するのに対し,後者は個別的な利益を自己中心的に獲得しようとする「草刈り場」として国家・政府を把えます。

このブレトンの類型は,極端な表現をすれば,「国家・政府性善説」と「国家・政府性悪説」の二分法であるといえます。わが国の三大財政学派は,当然ながら,前者のカテゴリーに入ります。国民から租税を財源として徴収し,共同利用を前提とする公共サービスを供給する財政モデルとしては,「共同利益」を目的とする政府が一般的に想定されるのはその分析目的からして当然であったのです。

前者の共同利益型の国家・政府観は,さらに二つのタイプに分けられます。

一つは,「有機体(organicist)」モデルであり,いま一つは「慈悲深い専制君主(benevolent despot)」モデルと呼ばれます。この二つのタイプの相違点は,国家を複数の社会的集団からなる有機的な組織体とみなすのか,あるいは単なる個々人の集合体と見るのかの違いです。

表現をかえれば,国家・政府と国民・個人との間に,「社会的集団」,という中間媒体を入れて,財政活動を考察するか否かの分析上の相違です。ここで中間媒体としての「社会的集団」は,家族,親族,血族,民族等に始まり,言葉,知的水準,職業,思想・信条・宗教,等にまで,他とは明確に「識別された(identified)」グループとして定義されます。

最近になって,「多様性(diversity)」という言葉がしばしば強調されるようになっています。国家・社会を構成する「識別された」グループの区分が細分化する傾向にあることを示しています。集団化は,人間が単独では生きていけない「社会的動物」であることを意味し,個々の力によっては権利,権益を主張できない弱い立場からの脱却をめざす行為だとも理解できるのです。

この有機体型のモデルでは,国家は複数の異なる社会的集団からなる混成体として理解されます。社会的集団間の関係は必ずしも共存共栄的なものとは限らず,時には敵対的なものとして位置付けられることもあります。一般的には,多数派をしめる社会的集団が政府を樹立し,主としてその権益を守るために少数派を抑制,支配するケースが十分に起こりうるのです。

共同利益型の今一つのタイプは,「慈悲深い専制君主」モデルです。このタイプは,国家・政府と国民・個人をストレートな関係で結びつけます。個々人は選好,所得・資産等で差異を持つ経済単位であり,その他の特性で「識別される」ことはないのです。この点では,個々人は「社会的動物」としては活動せず,「経済的動物」として単独で生きる存在なのです。

もちろん,ここでの「慈悲深い専制君主」モデルでも,個々人を社会的集団的なグループ化して,分析するケースがまったくないわけではありません。稼得能力,貯蓄性向,世代別などの差異をモデルに取り込んで,各階・各層への税財政の影響分析を試みる例は,かなり沢山あります。しかし,そのような研究例でも,「識別された」社会的集団として,まとまって示威的な政治,

(3) 多様な国家・政府像:共同利益型vs.自己利益型——国家・社会・経済,そして個人の関係—— 281

経済行動をとるような想定は採用していないのです。

　「慈悲深い専制君主」モデルと名付けられている理由は，国家・政府が個々人の選好(効用)や経済的状況を完全に把握した上で，それぞれの意向を十分に斟酌しながら，全体的な意思決定を強制力を伴っておこなうという二面的な性格を持っているからです。国家・政府が，個々人間の意見の対立を克服でき，経済全体を整合的に運営できるという卓越した能力を備えていることを意味します。それは，利害調整におけるギリシャ神話流の「取り無しの神 (deus ex machina)」であり，意思決定・行動における「万能な計画者 (omniscient planner)」のごとき存在と想定しているのです。

　ブレトンの類型化におけるいま一つのカテゴリーは，先に触れた通り，「自己利益」型の国家・政府像です。このカテゴリーは，さらに二つの組織構造タイプと五つ個別モデルに分けられています。ここでは，財政意思決定に関係が深い「統制された組織構造」タイプに属する四つの国家・政府モデルを簡単に紹介することにします。

　「自己利益」型の国家・政府像は，一口で表現すれば，「性悪説」に従って行動する存在として描かれます。この典型的な見解は，財政学の関連領域としてもっと近い「公共選択学派」によって強調されています。公共選択学派は，国家・政府を旧約聖書に登場する「リヴァイアサン(Leviathan)」にたとえます。「巨大な一角海獣」のように暴れまわる危険な存在として，この立場からは国家・政府は警戒の対象になるのです。

　国家・政府が独占的な地位にあるため，自らの権益をほしいままに追求することで，政府が肥大化し，財政赤字が無原則に膨張する傾向にあることを強調します。この傾向に歯止めをかけるためには，憲法によって事前に抑制する「立憲財政主義」の導入が不可欠であるという主張を，「公共選択学派」は展開したのです。

　「完全に統制された組織体」として国家・政府を見るいま一つの独占モデルに，「強制モデル」があります。国民・個人の立場からみれば，国家を離れる自由はないか，あるにしても多大なコストを必要とします。このため，政策の企画，立案，執行をおこなう際，国家・政府は「強制力(coercion, compulsion)」に基づいて強行できると言うわけです。

このような見解は，わが国でも主張されたことがあります。一橋大学の財政学研究の先導者であった井藤半弥の「強制」獲得経済説がこれにあたります。国家・政府はそもそも強制獲得権を持つ存在であって，その事自体を問題にするのは財政学の課題ではないとしたのです。

しかし，民主国家にあって，「リヴァイアサン・モデル」や「強制モデル」が完全に現実的なものであるとするのには無理があります。この非現実的な想定を回避するためのいま一つの「自己利益型」の国家・政府像は，いわゆる「捕獲モデル（capture model）」として知られるものです。この捕獲モデルは，「官僚」によるものと「利益団体」によるものとに分類されます。

「官僚による捕獲モデル（bureaucratic capture model）」では，政権与党が公約にもとづき政策を実行しようとする場合，それを具体化する政策の企画，立案，実施まで官僚が実質的に差配し，主導するという見方を取ります。「依頼者（principal）」である政党，政治家よりも，「代理人（agent）」である官僚が優位な立場にあるため，主客が転倒するというわけです。これが，国家・政府の意思決定が官僚の自己利益追求的な行動で捕獲されるという意味なのです。

いま一つの「利益団体による捕獲モデル（interest group capture model）」は，政治家，官僚等が選挙の際の支持母体である利益団体によって捕獲されるという見方を取ります。利益団体は選挙の支持の見返りに，予算編成や執行の段階で「レントを獲得（rent seeking）」すべく圧力をかけ，自己の有利な意思決定を求めるというわけです。利益団体が「依頼者（principal）」の代表のような立場にたって，「代理人（agent）」である政治家，官僚に恣意的で，一方的な自己利益の実現を迫る構図で，問題が把えられているのです。

これまで整理してきた「共同利益」および「自己利益」型の国家・政府像は，それぞれ完璧なものではないにしろ，現実の財政システムで起こりうる諸問題の一面の真理を描くものです。政治を舞台にする財政意思決定は，共同利益を巡る「上からの公共性」と「下からの公共性」の調整の場であると同時に，「自己利益」を巡る諸集団，個々人，の捕獲競争の場でもあるのです。

(4) わが国の三つの財政学
――制度論，マルクス主義そして近代経済学――

　財政はもともと「Public Finance」の訳語であることからもわかるように，その主たる関心は「共同利益」の側面に向けられてきました。実際，先に触れたわが国の三大財政学派のそれぞれの特徴を見ても，全て「共同利益」に関する「公共性」の問題が，中心的な研究課題に据えられています。

　それぞれの学派の基本的枠組，思考方法は大きく異なりますが，いずれも財政，財政学の本質を理解するうえで有益な視点を私達に与えてくれます。本書は近代経済学的財政学の立場で説明していますが，より広い視野で税財政問題を理解するために制度論的財政学，マルクス主義財政学の考え方もごく簡単にここで紹介し，まとめにしたいと思います。なお，以下での各学派の記述においては，多くの先行文献によっていますが，本書の性格から個々の引用については触れていません。財政学の「共有財産」としての価値を持つものと理解してください。

4.1　制度論的財政学：「家父長」型国家・政府観
――「上からの社会的改良」と「下からの社会的改良」――

　制度論的財政学は，その名の通り，現行の国家・政府体制を前提にして，税財政制度の実際の説明やその改正のあり方について精緻に実務上の検討を加えることを中心的な課題にしています。この学派は，ドイツの正統派財政学の伝統を強く受け継いでおり，国家・政府の「統治の学」としての性格を色濃く持っているのです。先のブレトンの国家・政府の類型にそって言えば，共同利益型の有機体モデルの一種です。

　制度論的財政学の問題意識を理解するため，その代表的・典型的な「財政」観の紹介から始めることにします。この学派は，国家の骨格をなす政治システム，経済システム，社会システムとの関係において，財政を次のように位置付けます。

　政治システムは被支配，支配の人間関係であり，「強制」によって経済，社会を統合する領域と見做します。この政治システムでは，財政チャンネル

を通して経済システムを機能させるために公共サービスが供給され，その対価として「租税」が徴収されます。政治システムはさらに社会システムにも公共サービスを供給し，その代償として社会システムから「忠誠」を得ることを期待します。つまり，国家の意思決定の装置としての政治システムを介して，財政が経済，社会の両システムをトータル・システムとして統合していく役割を担うと理解しているのです。

この理解の仕方は，ゲマインシャフト的な情緒的連帯をベースとする共同体的な人間関係を持ち込むことで，私家計の延長線上でわかりやすく財政の役割を説く点でメリットを持っています。いわば，国家・個人を家族的な関係で見立て，国家・政府は「家父長的(パターナリイスティック)」な立場で主導する権威ある存在として認定しているのです。

ここでの説明は，ドイツの正統派財政学を主導したワグナーによるものであり，「国家社会主義」と呼ばれる立場を示しています。二つの「公共性」との関連で言えば，国家・政府が「上からの公共性」を決定しうる実在的な組織・機構として作働していると考えています。「下からの公共性」は，既に社会システムとの「忠誠」関係の下で，担保されていると暗黙のうちに仮定されているのです。

もちろん，この学派でも，「上からの公共性」と区別されるべき「下からの公共性」が存在しうると考える人々もいました。ブレンターノに代表される「労働組合的自助主義」の立場です。これは，ドイツの新歴史学派における社会科学方法論争で，ワグナーの「右派」に対比された「左派」の議論です。なおこの社会科学方法論争では，公共性が「社会的改良」という言葉で表わされています。ワグナーが社会的集団間の対立を克服して既に国家の権威を確立した状態を前提にして「上からの社会的改良」を強調したのに対し，ブレンターノはその前提を外して草の根の労働者レベルによる自助的な「下からの社会的改良」の積み上げを重視したのです。

わが国の制度論的財政学の著名な研究者の中には，最近自らの研究領域に結びつけて「財政社会学」と名前をかえようとする動きもあります。財政と社会システムの関係を強調して，単なる制度論的な実務，実践的な論考をこえて社会と個人の問題にまで深彫りしようとする意欲のあらわれです。その

体系化は未だ完成されたとはいえませんが，その動向には目が離せません。

4.2 マルクス主義財政学：階級対立型国家・政府観
——「権力的公共性」と「市民的公共性」——

マルクス主義財政学は，制度論と同じく共同利益型の有機体モデルの一種であるという点では共通しているのですが，その国家・政府観はまったく異なります。国家を構成する社会的集団の関係が，融和型ではなく，対立型で把えられており，政府は支配権を確立した社会的集団の利益を追求する司令塔として機能すると想定されているのです。

マルクス主義財政学は，その原初形態としては，国家を「労働者階級」と「資本家階級」の二つの階級によって「分断された」対立型社会であるという事実認識から出発します。国家・政府は，両階級の利害調整をするような仲介役ではありません。資本主義であるか，社会主義であるかによって，まったく正反対の役割が政府に与えられることになるのです。

国家・政府の持つこの異なる役割は，経済，社会の両システムを機能させるための財政に対しても影響を与えます。この点は「財政の二重性」と呼ばれ，マルクス主義財政学の中核的な概念として用いられてきたのです。身近な例で言えば，近代経済学的財政学では「純粋公共財」の典型とされる国防，警察でさえ，資本主義体制か社会主義体制かで，国民を守る安全装置にもなれば，それを抑圧する暴力的装置にもなりうるという意味です。「財政の二重性」は，その依って立つ政治，社会，経済システムの如何によって，その評価が根本的に変わることを強調しているのです。

以上の説明は，もちろん，原理的な解釈です。現実の世界に立ち戻れば，資本主義体制と社会主義体制は共存しており，そこでの実際の体制はステレオ・タイプのものとは著しく乖離しています。特に，21世紀に入って加速する経済のグローバル化の中で，両体制を結びつける市場システムの拡大，進化は，それぞれの体制に対して共通の枠組みと政策課題を与えるようになってきました。もはや，純粋型としての資本主義体制も，社会主義体制も存在せずに，両者とも「混合体制」的な要素を強めてきたと言えるのです。

このような現実の変化を受けて，マルクス主義財政学も変容しつつあるよ

うに見受けられます。二律背反的な資本家階級と労働者階級で「分断される」プロトタイプの国家・社会観から，権力を持って政治を動かす「支配層」とそれに従う「市民層」という構図で問題を把え直そうとする動きがあります。

このような動きは，当然ながら「財政の二重性」の理解にも変化をもたらします。財政意思決定の当事者である国家・政府の判断とそれを受認する国民・個人の評価との差として，問題は再燃する形を取ります。「上からの公共性」と「下からの公共性」は，それぞれ「権力的公共性」と「市民的公共性」と呼び換えられ，後者を実現するための政策，施策が主要な検討課題になるのです。

現在では，マルクス主義財政学の呼称自体が，あまり使われないようになってきています。「民主主義財政学」，「批判的財政学」あるいは「新社会権の財政学」に改めようとする動きもあります。現代社会におけるこの学派の課題は，「人権」をキーワードにして，国家・政府による「権力的公共性」を批判，抑止する形で，国民・個人の「市民的公共性」を実現する政策提言をおこなうことになるのです。

4.3　近代経済学的財政学：消費者主権型国家・政府観
── 「社会厚生的公共性」と「消費者主権的公共性」──

近代経済学的財政学は，「共同利益」型の「慈悲深い専制君主」モデルに属します。他の二学派が国民・個人を社会的集団の構成員とみなして有機体モデルで財政を考察するのに対し，この学派はあくまでも国民・個人単位で分析を進めるアプローチを取ります。しかも，市場における経済的行為に関して，自主的な選択権が認められているという意味で，「消費者主権(consumers' sovereignty)」の原則で守られている存在です。

国家・政府は，原則的には，国民・個人の「代理人(エージェント)」であり，「依頼人(プリンシパル)」である国民・個人の意向に忠実に沿う存在として位置付けられます。「慈悲深い」という形容詞がつけられている理由は，この点にあります。財政意思決定にあって，「国民・個人ファースト」の立場がはっきりと打ち出されているからです。

ここでの国家・政府の最初の役割は，「市場の失敗」に対する処方箋を出

(4) わが国の三つの財政学——制度論，マルクス主義そして近代経済学—— 287

して，手当てすることです。本書の各章で取り扱ってきたテーマは，主にこの役割にあたります。失業やインフレが発生すれば経済安定政策を実施し，市場に障害や欠陥が起これば資源配分の効率化政策を推進することが，求められているのです。

この範囲のいわゆる「狭義」の市場の失敗問題に対しては，国民・個人から大きな反対が起こる可能性は高くありません。国家・政府による政策の遂行は，「国民・個人の誰も現状悪化(worse off)することなく，誰かが良化(better off)」する状態に結びつくからです。古くから国家・政府の基本機能として認められてきた「市場への介入」策です。

しかし，国家・政府の役割は，この範囲の問題に限定されません。「共同利益」型の国家・政府では，全ての国民・個人の利害にかかわる問題を解決する必要があるため，誰の満足，意向をどれだけ重視するのかという価値判断を避けることが出来ないのです。租税制度の改正や予算編成は，全ての国民・個人に「純粋公共財」としての意味を持ち，「否が応でも」受け入れざるを得ない「強制性」を伴うからです。例えば，国防の場合，より強化すべきであると考える人もいれば，そうでない人もいるかもしれません。予算が決定されれば，どちらの人にも不満が残りうる可能性はあるのです。

この主に個々人間の厚生面での財政意思決定には，「消費者主権的公共性」と「社会厚生的公共性」をどう両立させるのかという難問があります。国民・個人の数ほどの「消費者主権的公共性」があり，それらを「満場一致」的に一本化することは，ギリシャ，ローマの時代から不可能なのは歴史が教える通りです。

間接民主制を前提とする現在では，その財政意思決定は，国民・個人が総選挙で議員を選び，多数派を占める政権与党が主導権を発揮して国会で議決します。多数決原理によるこの決定方式でも，世論調査による支持率は過半数を超えることはそれほど多くありません。民主主義下でも，多数派による少数派への強制が起こりうるのであり，ブレトンの言う「専制君主」的要素がここにあるのです。

分析的な表現で言えば，近代経済学的財政学では，その意思決定のベースを「社会的厚生関数(social welfare function)」に求めます。誰の意向をど

れだけ尊重するかを総合的に指標化したものであり，これをもって「上からの公共性」が仮想的に確定されたと考えるわけです。「下からの公共性」に関して全国民・個人の合意が得られない限り，国家・政府によるこの「上からの公共性」，すなわち社会的厚生関数の導入は，常に誰かが不満を持っている（誰かの消費者主権的公共性を満たしていない）という意味で，独裁的要素を抱えているのです。

　本書全体を読まれた学生諸君は，財政論，財政学に対してどのような感想を持たれたでしょうか。財政論，財政学を大学等で学ばれる際に，講義の内容を国民の一人として深く理解するために，本書が少しでも役立れば，幸いです。

あとがき

　本書は当初，日高政浩氏と本間正明の共編で，仲間瑞樹氏，鈴木善充氏，入江啓彰氏を加えて執筆を進めていたところ，日高氏は2017年9月4日に急逝された。まだ現役の財政学者として学界を牽引すべき立場にあった日高氏の早すぎる逝去は，関係者にとって痛恨の極みであった。

　編集途上にあった本書を日高氏の功績を記念し，追悼する書として完成させるべく，日高氏と同じく本間正明に指導を受けた橋本恭之，岩本康志，加藤竜太，赤井伸郎が編集作業に加わった。各執筆者には引き続き原稿の改訂をお願いし，岩本がとりまとめ役となり，改訂の方針や各章の改善に資するコメントを橋本，加藤，赤井がおこなう体制をとった。岩本は日高氏が担当した章に加筆し，橋本は3つの章の改訂に共著者として参画した。

　長年，師弟あるいは同門の関係で公私にわたり深めてきた親交を偲び，本書を故日高政浩氏に捧げたい。

　　　　本間正明，橋本恭之，岩本康志，加藤竜太，赤井伸郎

読 書 案 内

　本書で扱った財政のトピックのみならず，一般に財政をより深く理解するためには理論，制度，政策といったように，幅広い分野の学習を必要とする。以下では本書を読み終え，財政のより深い学習に必要な財政制度，財政理論を補強したい読者，財政のより発展的なトピックを学習したい読者などを念頭に，本書で扱ったトピック別に読書案内を行う。

・より深く財政制度と予算を理解するために
　1章の内容の理解を通じて，以下の文献にあたることで日本の財政制度と予算について深い知識を得ることができるだろう。
① 宇波弘貴編(2017)『図説　日本の財政(平成29年度版)』東洋経済新報社。
② 小村武(2016)『予算と財政法(五訂版)』新日本法規。
　①は日本の財政についての解説本である。日本の財政制度と現状についての理解が深まる。②は日本の予算制度について詳細に述べられていて，制度についての辞書的な利用ができる。

・より深く市場の役割，市場の失敗，公共財，所得再分配を理解するために
　2章，3章，4章の内容は，ミクロ経済学，公共経済学，財政学の学習を通じて，より理解が深まるであろう。ミクロ経済学，公共経済学，財政学のテキストは多く出版されているが，以下のテキストを紹介する。
① 西村和雄(1995)『ミクロ経済学入門　第2版』岩波書店。
② 武隈愼一(2016)『新版ミクロ経済学』新世社。
③ 奥野正寛編(2008)『ミクロ経済学』東京大学出版会。
　①は初級程度のテキストで，数式の利用を極力抑え，消費者理論，生産者理論，完全競争市場，不完全競争市場，外部性，公共財などについて説明をしている。所得再分配の理解に必要な社会的厚生関数，効用可能性曲線などについても，図を中心とした説明を展開している。②で扱っているトピックは①と大きく変わりはない

ものの，初級程度のミクロ経済学，経済数学の学習を前提として読むべき初級から中級程度のテキストである。③は中級から上級程度のテキストで，市場均衡，不完全競争，公共財，外部性といった第2章，第3章と関連するトピックについて，数式を利用して詳細な説明が展開されている。

④ J. E. スティグリッツ(藪下史郎訳)(2003)
　『スティグリッツ公共経済学[第2版]上』東洋経済新報社。
⑤ 上村敏之(2011)『公共経済学入門』新世社。
⑥ 畑農鋭矢・林正義・吉田浩(2008)『財政学をつかむ』有斐閣。
⑦ 林正義・小川光・別所俊一郎(2010)『公共経済学』有斐閣。

　④はアメリカの制度や事例に基づいた初級程度のテキストであり，図や事例を織り交ぜながら，特に市場の役割，市場の失敗について，ミクロ経済学の理論をベースにしたクリアな説明を展開している。⑤と⑥は初級程度から中級程度への橋渡し的なテキストである。⑤は公共財，外部性，所得再分配といったトピックについて，図を介してより深い理解へと導いている。⑥は図と式を介した所得再分配に関する説明が詳しく，また財政に関するトピックが広範囲にわたって説明されている。⑦は中級程度のテキストであり，市場の役割，市場の失敗のみならず所得再分配の理解に必要な理論的なトピック，所得再分配の方法や問題点について詳細な説明を展開している。

・より深く租税理論を理解するために
　5章の内容は，ミクロ経済学，公共経済学の学習を通じて，より理解が深まるであろう。
① J. E. スティグリッツ(藪下史郎訳)(2004)
　『スティグリッツ公共経済学[第2版]下』東洋経済新報社。
② 井堀利宏(2005)『ゼミナール公共経済学入門』日本経済新聞出版社。
③ 林正寿(2008)『租税論』有斐閣。
④ 橋本恭之・鈴木善充(2012)『租税政策論』清文社。
⑤ 井堀利宏(2003)『課税の経済理論』岩波書店。

　①は基本的なミクロ経済学を理解すれば，読みこなすことができる。租税を経済学的にとらえる第一歩となるテキストである。②は公共経済学について理論編と現実編に分けた解説がなされているところに特徴がある。③は学部向けの専門科目としての租税論のテキストであり，統計学や数学の知識をほとんど必要とせずに読むことができる。④は日本の税制改革を理解する上で必要な理論と政策について述べられている。⑤は中級レベルのミクロ経済学を理解した上で課税理論についてステ

ップアップしたい人に向けたテキストである。

・より深く租税制度の現状と課題を理解するために
　6章の内容をより発展的に学習したい人に向けて以下のテキスト，文献を紹介する。文献に掲載されている参考文献にあたることで，より租税制度の現状と課題について理解が深まるだろう。
① 吉野維一郎(2017)『図説　日本の税制(平成29年度版)』財経詳報社。
② 橋本恭之(2014)『入門財政(第3版)』税務経理協会。
③ 森信茂樹(2010)『日本の税制　何が問題か』岩波書店。
　①は日本の税制についての解説本である。日本の税制と現状についての理解が深まる。②は財政学の基本的なテキストであるが，日本の税制と理論について類書より詳細に書かれているところに特徴がある。③は現在なされている税制改革の議論を理解する上で役に立つ文献である。

・より深く財政とマクロ経済のつながり，経済安定化を理解するために
　7章および8章の内容は，マクロ経済学を並行して学習することで，より理解が深まるであろう。マクロ経済学の標準的なテキストとしては，以下がある。両者とも初級から上級への橋渡しとなるレベルで，ミクロ的基礎付けを踏まえた丁寧な解説に特徴がある。
① 齊藤誠・岩本康志・太田聰一・柴田章久(2016)『マクロ経済学新版』有斐閣。
② 二神孝一・堀敬一(2017)『マクロ経済学　第2版』有斐閣。
③ 内閣府経済社会総合研究所国民経済計算部(2017)「国民経済計算推計手法解説書(年次推計編)平成23年基準版」。
④ 内閣府経済社会総合研究所国民経済計算部(2017)「2008SNAに対応した我が国国民経済計算について(平成23年基準版)」。
⑤ 中村洋一(2017)『GDP統計を知る　大きく変わった国民経済計算』一般財団法人日本統計協会。
　①は，マクロ経済学の理論について丁寧かつ詳細に解説している。また経済の実態把握に不可欠な経済統計に関する解説も充実している。②は，日本のデータや実証研究の成果が数多く紹介されている。
　またマクロ経済の基礎統計である「国民経済計算」については，内閣府が推計手法や概念を詳細に紹介した，いわば公式の解説書として③，④がある。③は推計方法全体について，④は最新の計算体系(2008SNA)をそれぞれ解説している。なお，この③と④および本文中で示したSNAのデータは，内閣府ウェブサイト内の「国

民経済計算(GDP統計)」から全て入手可能である。
　⑤は，国民経済計算体系の概念と新たな計算体系をコンパクトにまとめている。

・より深く2期間世代重複モデルを用いた国債・公的年金を理解するために
　9章の内容である国債，公的年金の理論的なトピックは，初級から中級程度のマクロ経済学で扱われるライフサイクルモデル，世代重複モデルに関する学習によって理解が深まるであろう。2期間世代重複モデルを軸とした説明を展開しているテキストとして，以下がある。
① 土居丈朗(2002)『入門　公共経済学』日本評論社。
② 井堀利宏(2008)『現代経済学入門　財政　第3版』岩波書店。
③ 井堀利宏(1996)『公共経済の理論』有斐閣。
　①と②は初級程度のミクロ経済学，マクロ経済学を踏まえたテキストである。生産部門を考慮しない2期間世代重複モデルを用い，国債，公的年金の経済分析，課題，経済分析結果に関する含意が，コンパクトに説明されている。③は生産部門を含む2期間世代重複モデルを用いた，中級から上級程度のテキストである。②と同様，国債と公的年金の経済分析を詳細に展開しているが，中級程度のミクロ経済学の理解(補償需要関数や支出関数など)を必要とする部分がある。

・より深く社会資本，人的資本，高齢化と少子化を理解するために
　10章，11章の内容は，それぞれの章で扱われる内容と関連する理論的な学習と，制度的な学習を並行することによって，その理解がより一層深まるであろう。社会資本，人的資本，少子高齢化に関するテキスト，文献は多く出版されているが，本書を読み終えた読者を念頭に，以下のものを紹介する。
① 赤井伸郎編(2017)『実践　財政学―基礎・理論・政策を学ぶ』有斐閣。
② 三野和雄(2013)『経済学教室2　マクロ経済学』培風館。
③ 小塩隆士(2002)『教育の経済分析』日本評論社。
④ 小塩隆士(2013)『社会保障の経済学[第4版]』日本評論社。
　①は最近の国・地方を含む日本財政に焦点をあて，様々なトピックが現状，歴史・理論，仕組み・政策・課題といった観点から説明されている。10章，11章と関連するトピックは，社会資本と公共事業，教育と政府の役割，少子高齢化と社会保障財政といった3つの章で扱われている。②は本シリーズの中の1冊である。外生的な経済成長モデルだけではなく，人的資本，技術革新などを含む経済成長モデルまで，丁寧に説明されている。③は様々な理論モデルを利用しながら，教育を施すことの意味，教育の経済効果，教育と経済成長などといった幅広いトピックを扱った

教育経済学の文献である。ミクロ経済学，マクロ経済学の基本的な学習を終えた読者で，理論的な面から教育について分析したい読者にとりふさわしい1冊である。④は公的年金，医療，介護，貧困・生活保護，少子化・子育て支援などといった社会保障全体に関するトピックを，理論と制度面から説明をしている。③と同様，ミクロ経済学，マクロ経済学の基本的な学習を終えた読者で，社会保障の全体像を経済学的に学習したい読者にとり，ふさわしい1冊である。

参 考 文 献

石弘光(1981)「課税所得捕捉率の業種間格差」『季刊現代経済』42号，72〜83頁．
井堀利宏・土居丈朗(2001)『財政読本(第6版)』東洋経済新報社．
井堀利宏(2003)『課税の経済理論』岩波書店．
浦井憲(2015)『経済学教室1 ミクロ経済学』培風館．
大竹文雄(2014)「軽減税率はなぜ人気なのか？」『大竹文雄の経済脳を鍛える(2014年7月18日)』日本経済研究センター．
貝塚啓明(1996)『財政学(第2版)』東京大学出版会．
北浦修敏(2016)「世代会計の分析—財政の維持可能性を踏まえて—」財務省財務総合政策研究所『フィナンシャル・レビュー』平成28年第1号，229〜265頁．
木下和夫監修・大阪大学財政研究会訳(1961)『財政理論 - 公共経済の研究 - Ⅰ・Ⅱ・Ⅲ』有斐閣(原著：Richard A. Musgrave(1959), *The Theory of Public Finance*, McGraw-Hill.)．
木下和夫監修・大阪大学財政研究会訳(1983)『財政学 - 理論・制度・政治 - Ⅰ・Ⅱ・Ⅲ』有斐閣(原著：Richard A. Musgrave and Peggy B. Musgrave(1980), *Public Finance in Theory and Practice*, McGraw-Hill.)．
木村雄一(2014)「N. カルドアと支出税：J. S. ミルとJ. K. ケインズを通じて」『一橋大学社会科学古典資料センター Study Series』第69号，5〜34頁．
小村武(2016)『予算と財政法(五訂版)』新日本法規．
佐藤主光(2011)『地方税改革の経済学』日本経済新聞出版社．
神野直彦(2002)『財政学』有斐閣．
立岡健二郎(2016)「事業所得の捕捉率を推計する：給与所得と事業所得の間の捕捉率格差は残存」『JRIレビュー』第5巻，50〜67頁．
時子山常三郎監訳(1963)『総合消費税』東洋経済新報社(原著：Nicholas Kaldor (1955), *Expenditure Tax*, Routledge.)．
内閣府経済社会総合研究所国民経済計算部(2017)「国民経済計算推計手法解説書(年次推計編)平成23年基準版」．
内閣府経済社会総合研究所国民経済計算部(2017)「2008SNAに対応した我が国国民経済計算について(平成23年基準版)」．
永田良・田中久稔(2012)『経済学教室3 経済数学』培風館．
中村洋一(1999)『SNA統計入門』日本経済新聞社．

中村洋一(2017)『GDP 統計を知る 大きく変わった国民経済計算』一般財団法人日本統計協会。
橋本恭之・鈴木善充(2012)『租税政策論』清文社。
林宏昭・橋本恭之(2014)『入門地方財政(第3版)』中央経済社。
本間正明(1982)『租税の経済理論』創文社。
本間正明・井堀利宏・跡田直澄・村山淳喜(1984)「所得税負担の業種間格差の実態――ミクロ的アプローチ」『季刊現代経済』第59号，14～25頁。
本間正明・橋本恭之(1985)「最適課税論」大阪大学財政研究会編『現代財政』第6章所収，167～218頁，創文社。
前田高志(2009)『地方財政 制度と基礎理論』八千代出版。
三野和雄(2013)『経済学教室2 マクロ経済学』培風館。
宮本佐知子(2010)「近年のわが国の相続動向とその示唆」『野村資本市場クオータリー』夏号。
森信茂樹(2007)『抜本的税制改革と消費税』大蔵財務協会。
藪下史郎訳(1996)『公共経済学(上・下)』東洋経済新報社。(原著：Joseph E. Stiglitz(1988), *Economics of Public Sector, Second Edition*, W. W. Norton & Company.)
Andreoni, J. (1988) "Privately Provided Public Goods in a Large Economy: The Limits of Altruism," *Journal of Public Economics*, Vol.35, No.1, pp.57-73.
Auerbach, A. J., J. Gokhale and L. J. Kotlikoff(1991) "Generational Accounts: A Meaningful Alternative to Deficit Accounting," in Bradford, D. (ed.), *Tax Policy and the Economy*, Vol.5, Cambridge, Massachusetts, The MIT Press.
Barro, R. J. (1974) "Are Government Bonds Net Wealth?" *Journal of Political Economy*, Vol.82, No.6, pp.1095-1117.
Barro, R. J. (1990) "Government Spending in a Simple Model of Endogeneous Growth," *Journal of Political Economy*, Vol.98, No.5, S103-S125.
Baumol, W. J. and W. E. Oates(1971) "The Use of Standards and Prices for Protection of the Environment," *The Swedish Journal of Economics*, Vol.73, No.1, pp.42-54.
Bowen, H. R. (1943) "The Interpretation of Voting in the Allocation of Economic Resources," *The Quarterly Journal of Economics*, Vol.58, No.1, pp.27-48.
Bowen, W. G., R. G. Davis and D. H. Kopf (1960) "The Public Debt: A Burden on Future Generations?" *The American Economic Review*, Vol.50, No.4, pp.701-706.
Clarke, E. H. (1971) "Multipart Pricing of Public Goods," *Public Choice*, Vol.11, Issue.1, pp.17-33.
Coase, R. H. (1960) "The Problem of Social Cost," The *Journal of Law and Economics*, Vol.3, pp.1-44.

Cooter, R. (1978) "Optimal Tax Schedules and Rates: Mirrlees and Ramsey," *The American Economic Review*, Vol.68, No.5, pp.756-768.
Diamond, P. A. (1965) "National Debt in a Neoclassical Growth Model," *The American Economic Review*, Vol.55, No.5, Part1, pp.1126-1150.
Diamond, P. A. (1998) "Optimal Income Taxation: An Example with a U-Shaped Pattern of Optimal Marginal Tax Rates," *The American Economic Review*, Vol. 88, No.1, pp.83-95.
Downs, A. (1957) *An Economic Theory of Democracy*, New York, HARPER & ROW PUBLISHERS. (古田精司監訳『民主主義の経済理論』成文堂, 1980年)
Groves, T. (1973) "Incentives in Teams," *Econometrica*, Vol.41, No.4, pp.617-631.
Harberger, A. C. (1962) "The Incidence of the Corporation Income Tax," *Journal of Political Economy*, Vol.70, No.3, pp.215-240.
Lerner, A. P. (1948) "The Burden of the National Debt," in Lloyd A. Metzler et al. (eds.), *Income, Employment and Public Policy*, Essays in Honor of Alvin H. Hansen, New York, W. W. Norton.
Lindahl, E. (1919) "Just Taxation-A Positive Solution," in Musgrave R. A. and A. T. Peacock (eds.), *Classics in the Theory of Public Finance*, London, Macmillan.
Mirrlees, J. A. (1971) "An Exploration in the Theory of Optimum Income Taxation," *The Review of Economic Studies*, Vol.38, No.2, pp.175-208.
Mirrlees, J. A. (2011) *Tax by Design : The Mirrlees Review*, Oxford University Press.
Modigliani, F. and R. Brumberg (1954) "Utility Analysis and the Consumption Function: An Interpretation of Cross-Section Data," in K. Kurihara (ed.), *Post Keynesian Economics,* New Brunswick, New Jersey, Rutgers University Press.
Musgrave, R. A. and T. Thin (1948) "Income Tax Progression, 1929-48," *Journal of Political Economy*, Vol.56, No.6, pp.498-514.
Pigou, A. C. (2013) *The Economics of Welfare (Palgrave Classics in Economics)*, London, Palgrave Macmillan UK.
Ramsey, F. P. (1927) "A Contribution to the Theory of Taxation," *The Economic Journal*, Vol.37, No.145, pp.47-61.
Sadka, E. (1976) "On Income Distribution, Incentive Effects and Optimal Income Taxation," *The Review of Economic Studies*, Vol.43, No.2, pp.261-267.
Saez, E. (2001) "Using Elasticities to Derive Optimal Income Tax Rates," *The Review of Economic Studies*, Vol. 68, No. 1, pp.205-229.
Samuelson, P. A. (1954) "The Pure Theory of Public Expenditure," *The Review of Economics and Statistics*, Vol.36, No.4, pp.387-389.
Seade, J. (1982) "On the Sign of the Optimum Marginal Income Tax," *The Review of Economic Studies*, Vol.49, No.4, pp.637-643.

参考資料

IMF(2018) "World Economic Outlook Database"
(https://www.imf.org/en/publications/weo, 2018年9月8日閲覧)
岩本康志(2007)「研究進む「最適税制」」「経済教室」日本経済新聞(5月4日朝刊)
経済企画庁(2000)「平成12年度年次経済報告　新しい世の中が始まる」
(http://www5.cao.go.jp/j-j/wp/wp-je00/wp-je00-000i1.html, 2018年9月8日閲覧)
厚生労働省年金局数理課(2015)「平成26年財政検証結果レポート―「国民年金及び厚生年金に係る財政の現況及び見通し」(詳細版)―」
(https://www.mhlw.go.jp/file/06-Seisakujouhou-12500000-Nenkinkyoku/report2014_all.pdf, 2018年9月8日閲覧)
厚生労働省年金局(2017)「平成28年度厚生年金保険・国民年金事業の概況」
(https://www.mhlw.go.jp/file/06-Seisakujouhou-12500000-Nenkinkyoku/H28.pdf, 2018年9月8日閲覧)
厚生労働省(2018)「平成30年度の年金額改定について」
(https://www.mhlw.go.jp/file/04-Houdouhappyou-12502000-Nenkinkyoku-Nenkinka/0000192296.pdf, 2018年9月8日閲覧)
厚生労働省(2018)「平成29年(2017)人口動態統計(確定数)の概況」
(https://www.mhlw.go.jp/toukei/saikin/hw/jinkou/kakutei17/dl/00_all.pdf, 2018年9月8日閲覧)
厚生労働省(2018)「平成29年(2017)人口動態統計月報年計(概数)の概況」
(https://www.mhlw.go.jp/toukei/saikin/hw/jinkou/geppo/nengai17/dl/gaikyou29.pdf, 2018年9月8日閲覧)
国立社会保障・人口問題研究所(2017)「日本の将来推計人口(平成29年推計)」「表1　出生中位(死亡中位)推計(2016年～2065年), 表1-9　男女年齢各歳別人口(総人口)」
(http://www.ipss.go.jp/pp-zenkoku/j/zenkoku2017/db_zenkoku2017/s_tables/1-9.htm, 2018年9月8日閲覧)
国立社会保障・人口問題研究所(2017)「日本の将来推計人口(平成29年推計)」
「表1　出生中位(死亡中位)推計(2016年～2065年), 表1-1　総数, 年齢3区分(0～14歳, 15歳～64歳, 65歳以上)別総人口及び年齢構造係数：出生中位(死亡中位)推計)」
(http://www.ipss.go.jp/pp-zenkoku/j/zenkoku2017/db_zenkoku2017/s_tables/1-1.htm, 2018年9月8日閲覧)
国立社会保障・人口問題研究所(2017)「日本の将来推計人口(平成29年推計)」
(http://www.ipss.go.jp/pp-zenkoku/j/zenkoku2017/pp29_gaiyou.pdf, 2018年9月8日閲覧)

参考文献

国立社会保障・人口問題研究所(2018)「人口統計資料集2018年版」「Ⅱ　年齢別人口，表2-5　年齢(3区分)別人口および増加率：1884年〜2016年」
(http://www.ipss.go.jp/syoushika/tohkei/Popular/P_Detail2018.asp?fname=T02-05.htm&title1=%87U%81D%94N%97%EE%95%CA%90l%8C%FB&title2=%95%5C%82Q%81%7C%82T+%94N%97%EE%81i%82R%8B%E6%95%AA%81j%95%CA%90l%8C%FB%82%A8%82%E6%82%D1%91%9D%89%C1%97%A6%81F1884%81%602015%94N，2018年9月8日閲覧)
財務省(2017)『特別会計ガイドブック(平成29年度版)』
(https://www.mof.go.jp/budget/topics/special_account/fy2017/index.html，2018年9月7日閲覧)
財務省(2017)「平成30年度国土交通省・公共事業関係予算のポイント」
(https://www.mof.go.jp/budget/budger_workflow/budget/fy2018/seifuan30/17.pdf，2018年9月8日閲覧)
財務省(2017)「平成30年度文教・科学技術予算のポイント」
(https://www.mof.go.jp/budget/budger_workflow/budget/fy2018/seifuan30/11.pdf，2018年9月8日閲覧)
財務省(2018)「国債等の保有者別内訳(平成30年3月末(速報))」
(https://www.mof.go.jp/jgbs/reference/appendix/breakdown.pdf，2018年9月8日閲覧)
財務総合政策研究所(2018)『財政金融統計月報(予算特集)』
政府税制調査会(1986)『税制の抜本的見直しについての答申(昭和61年10月)』
政府税制調査会(1997)「金融課税小委員会の中間報告(1997年12月)」
政府税制調査会(2014)「法人税の改革について(案)(2014年6月27日資料)」
政府税制調査会(2016)「経済社会の構造変化を踏まえた税制のあり方に関する中間報告(2016年11月14日資料)」
総務省(2008)「日本郵政公社民営化後の各機関の分類について」国民経済計算部会第1回財政・金融専門委員会配布資料3
(http://www.soumu.go.jp/main_sosiki/singi/toukei/sna/zaisei_1/zaisei_1.html，2018年9月8日閲覧)
総務省(2017a)「平成29年度　不交付団体の状況」
(http://www.soumu.go.jp/main_content/000497954.pdf，2018年9月7日閲覧)
総務省(2017b)『平成29年度版地方財政白書』
総務省(2017c)「公営企業への操出金」
(http://www.soumu.go.jp/main_content/000178065.pdf，2018年9月7日閲覧)
総務省(2018)「平成30年度地方財政計画の概要」
(http://www.soumu.go.jp/main_content/000531537.pdf，2018年9月7日閲覧)
内閣府(2017)『平成29年版少子化社会対策白書』
(http://www8.cao.go.jp/shoushi/shoushika/whitepaper/measures/

w-2017/29pdfhonpen/pdf/s1-4.pdf, 2018 年 9 月 8 日閲覧）
内閣府（2018）『経済財政運営と改革の基本方針 2018 について』経済財政諮問会議ホームページ
（http://www5.cao.go.jp/keizai-shimon/index.html, 2018 年 9 月 8 日閲覧）
内閣府（2018）『国民経済計算』
（https://www.esri.cao.go.jp/jp/sna/menu.html, 2018 年 9 月 8 日閲覧）
内閣府（2018）「中長期の経済財政に関する試算」（2018 年 1 月 23 日経済財政諮問会議提出）
内閣府（2018）『日本の社会資本 2017』
（http://www5.cao.go.jp/keizai2/ioj/docs/pdf/ioj2017.pdf, 2018 年 9 月 8 日閲覧）
日本経済再生本部（2017）「未来投資戦略 2017」（https://www.kantei.go.jp/jp/singi/keizaisaisei/pdf/miraitousi2017_t.pdf, 2018 年 9 月 7 日閲覧）
文部科学省（2017）「平成 28 年度（平成 27 会計年度）地方教育費調査　平成 28 年度地方教育費調査（平成 27 会計年度）確定値の公表」
（http://www.mext.go.jp/b_menu/toukei/001/005/__icsFiles/afieldfile/2017/12/06/1386887_1.pdf, 2018 年 9 月 8 日閲覧）
文部科学省（2017）「平成 28 年度（平成 27 会計年度）地方教育費調査　3. 文教費の概観」
（http://www.mext.go.jp/b_menu/toukei/001/005/__icsFiles/afieldfile/2017/12/06/1386887_4.pdf, 2018 年 9 月 8 日閲覧）

索　引

欧　文

GDP　167, 170, 193
GST 控除制度　156
IS バランス　181
PB　12
SNA　167
X 非効率性　52

あ　行

アカウント方式　150
赤字国債　2, 179
赤字法人　158
アダム・スミス　111
安全性の原則　24
遺産取得税方式　161
一物一価の法則　31
一般会計　6
一般会計予算　6
一般政府　168
医療費控除　146
インボイス方式　150
上からの公共性　276
上からの社会的改良　283
売り手独占　30
益税　153
応益原則　113
応能原則　114
大きな政府　26
温情主義　221

か　行

階級対立型政府・国家観　285
外形標準課税　114
概算要求　25
外部経済　48
外部性　48
外部費用　48
外部不経済　48
価格で加重された限界効用均等の法則　39
家計の効用最大化　37
課税単位　149
寡占　50
家父長型政府・国家観　283
可変費用　42
簡易課税制度　154
環境問題　188
間接税　139
完全競争均衡　31
完全競争市場　29
完全情報　49
簡素　117
完備市場　49
管理特別会計　14
基準財政収入額　22
基準財政需要額　21
帰属家賃　118
基礎的財政収支　12
規模の経済　51
逆弾力性命題　121
給与関係費　23
競合性　49, 67

行政投資　254
強制モデル　281
共同利益　279
ギリシャ危機　184
均衡生産量　57
均衡予算帰着　125
近代経済学的財政学　277
金融政策　198
金利政策　198
国　1
クラーク＝グローブズ・メカニズム　90
クラウディングアウト　181
クラブ財　69
グローバル化　188
クロヨン　149
経済安定化機能　3
経済的帰着　124
限界外部被害　58
限界外部費用　56
限界収入　42
限界税率累進性　115
限界代替率　38
限界費用　42, 69
限界費用価格形成原理　53
限界費用曲線　43
限界便益の総和　69
限界利潤　58
減価償却費　157
現実最終消費　172
減税　195
建設国債　2
建設地方債　22
権力の公共性　285
公営企業繰出金　23
公開性の原則　24
公共サービス　262
公共財　5
　——の限界費用　70
　——の需要曲線　70
公共事業関係費　7
公共事業費　9
公共選択学派　281

公債　2
公債費　23
厚生経済学の第1基本定理　35
厚生経済学の第2基本定理　36
公的総資本形成　172
公的年金制度　222, 241
公的部門　168
後転　124
交付税及び譲与税配付金特別会計　15
公平性　106, 113
　——の原則　112, 113
効用　30
効用可能性曲線　34
効用可能性フロンティア　34, 104
効用関数　37
効用最大化条件　31
効率性　106, 117
高齢化　187, 232
コースの定理　57
国債　2
　——の負担論　212
国債整理基金特別会計　15
国債費　11
国内総生産　167, 170
国民経済計算　1, 167
国民負担率　137
国家社会主義　284
国庫支出金　22
固定資産税　164

さ　行

財・サービス　29, 41, 128
最終消費支出　171
最少徴税費の原則　112, 113
財政　277
　——の二重性　285
財政赤字　179
財政錯覚　181
財政社会学　284
財政収支（SNAベース）　173
財政政策　190

索　引

最適課税論　120
最適消費税　121
最適反応関数　82
債務償還費　11
債務不履行　182
裁量的財政政策　3
差別的帰着　125
サミュエルソン条件　76
暫定予算　26
残余所得累進性　115
死荷重　127
自家消費　118
事業税　156
事業特別会計　14
資源配分機能　3, 5
自己利益　279
資産課税　160
支出税論　119
市場　29
　—の失敗　48
　—の普遍性　35
市場均衡　30, 46
市場均衡条件　32
市場性の有無　168
事前議決の原則　24
自然災害　188
下からの公共性　276
下からの社会的改良　283
自動安定化装置　3
ジニ係数　97
慈悲深い専制君主モデル　280
市民的公共性　285
社会厚生的公共性　286
社会資本　254
社会人　275
社会的限界費用　57
社会的厚生関数　102, 105
社会的需要曲線　70
社会的無差別曲線　103
社会保険料　2
社会保険料控除　146
社会保障　9, 96

社会保障関係費　7, 96
社会保障基金　1, 169
社会保障負担率　137
借換債　16
従価税　125
集合消費支出　171
十分性の原則　112
従量税　125
主権者　274
純貸出(+)/純借入(−)　175
純債務残高　12, 183
純粋公共財　49, 67
準線形効用関数　40
シュンペーター　275
純便益　45
準民間財　69
小規模宅地等の評価の特例　164
少子化　187, 232, 245
乗数効果　199
乗数モデル　191
譲渡所得　143
消費課税　140
消費可能曲線　73
消費関数　191
消費者主権型・政府観　286
消費者主権的公共性　286
消費者余剰　44
消費税　150
情報の非対称性　49
所得課税　141
所得控除　142
所得再分配　104
所得再分配機能　3, 4
所得再分配調査　96
所得・富等に課される経常税　175
人口ピラミッド　233
人的資本　266
垂直的公平　114
水平的公平　114
生活者　274
生活保護制度　109
税源選択の原則　112

生産可能性曲線　72
生産者余剰　46
生産・輸入品に課される税　175
制度論的財政学　277
正の外部性　6
政府関係機関　17
政府関係機関予算　6
政府最終消費支出　170
政府支出乗数　193
税負担累進性　115
政府による所有・支配　168
税目選択の原則　112
整理特別会計　15
世界金融危機　183
セカンド・ベスト　121
世代間の不公平　180
セルフメディケーション税制　146
ゼロ金利政策　199
潜在的な国民負担率　137
前転　124
総括原価主義　54
操業停止点　44
総合課税方式　142
総債務残高　183
相続税　161
総便益　45
総余剰　46
租税(財政)国家の危機　275
租税帰着　124
租税原則　111
租税設計の理論　118
租税の転嫁　124
租税負担率　137
ソフトな予算制約　53
損益分岐点　43

た　行

第1号被保険者　223
第1の配当　62
第3号被保険者　224
貸借対照表　177

第2号被保険者　223
第2の配当　62
ただ乗り問題　69
弾力性(可動性)の原則　112
小さな政府　111
地方交付税交付金　9
地方債　2
地方財政計画　18
地方譲与税　19
地方政府　1, 169
地方特例交付金　21
中位投票者定理　259
中央政府　1, 169
超過負担　127
帳簿方式　150
直接税　139
貯蓄投資差額　181
直間比率　139
積立方式　222
定額税　117
定額法　158
定率法　158
デフォルト　182
伝票方式　150
投資関数　197
統制された組織構造　281
等量消費　5
独占　50
独占的競争　50
特別会計予算　6, 13
特別交付税　21
特例国債　2

な　行

ナッシュ均衡　82
2期間世代重複モデル　209
二元的所得税論　123
年金　221
ノン・アフェクタシオンの原則　13, 25

索　引

は　行

ハーバーガーモデル　132
排除性　49, 67
配当所得　143
バランスシート　177
パレート改善　34
パレート効率性　32
パレート最適　32
バローの中立命題　216, 219
非課税項目　155
非競合性　5, 49
ピグー税　60
ピグー補助金　60
非排除性　5, 49, 67
費用逓減産業　6
ビルトイン・スタビライザー　3
ファースト・ベスト　120
フィスカル・ポリシー　3
付加価値税　150
賦課方式　222
不完全競争　50
不完全競争市場　48
不完全情報　50
複数税率　156
複占　50
普通交付税　21
普遍性の原則　113
プライス・テーカー　30
プライマリーバランス　12, 175
フリーライダー　69
文教・科学振興　9
分配特性に関する命題　122
平均可変費用　43
平均可変費用曲線　43
平均税率累進性　115
平均費用　43
平均費用価格形成原理　54
平均費用曲線　43
ヘイグ＝サイモンズ概念　118
便宜性の原則　112, 113
ベンサム型社会的厚生関数　102

防衛費　9
包括的所得税論　118
法人課税　131
法人擬制説　131
法人実在説　131
法人住民税　156
法人税の課題　159
法定相続分課税方式　161
ボーモル＝オーツ税　63
捕獲モデル　282
保険特別会計　14
補正予算　26
本予算　26

ま　行

マークアップ原理　132
マーリーズ　122
マルクス主義財政学　277
ミード報告　119
民主主義の学校　274
無差別曲線　37
明確性の原則　112, 113
明瞭性の原則　25
免税点制度　154

や　行

夜警国家　111
有機体モデル　280
融資特別会計　15
予算純計　18
予算制約式　37
予算制約線　37
予算単一の原則　25
予算編成　25

ら　行

ライフサイクル仮説　207
ラグランジュ関数　39, 74
ラグランジュ未定乗数　75

ラムゼー　121
ラムゼー・ルール　121
ランプサム・タックス　117
リーマンショック　183
リカードの等価定理　215
利子所得　143
利潤最大化条件　32
リスクプレミアム　182
利払費　11
臨時財政対策債　22
リンダール均衡　84

累進課税制度　4, 144
累進所得税　107
累進的所得税　110
労働組合的自助主義　284
ロールズ型社会的厚生関数　102
ローレンツ曲線　97

わ

ワグナーの9原則　112

著者代表紹介

本間 正明 (終章)
ほんま まさあき

大阪大学名誉教授
1944年生まれ。大阪大学経済学博士。
主な著書に、『租税の経済理論』（創文社），『日本財政の経済分析』（創文社），『コミュニティビジネスの時代』（共著，岩波書店），『公共経済学』（監修，東洋経済新報社），『医療と経済』（監修，大阪大学出版会）

岩本 康志 (4, 8章)
いわもと やすし

国立国会図書館調査及び立法考査局専門調査員
1961年生まれ。大阪大学経済学博士。
主な著書に『アセモグル／レイブソン／リスト マクロ経済学』（監訳，東洋経済新報社），『健康政策の経済分析』（共著，東京大学出版会），『マクロ経済学』（共著，有斐閣）。

著者紹介

入江 啓彰 (7, 8章)
いりえ ひろあき

近畿大学短期大学部准教授
1977年生まれ。関西学院大学博士（経済学）。
主な著書に『関西経済の構造分析』（共著，中央経済社）『医療と経済』（共著，大阪大学出版会）。

加藤 竜太 (終章)
かとう りゅうた

明治大学大学院ガバナンス研究科教授
1962年生まれ。PhD in Economics, University of Essex。近年の論文に，「The Future Prospect of the Long-term Care Insurance in Japan」（『Japan and the World Economy Vol 47』所収）など

鈴木 善充 (1, 5, 6章)
すずき よしみつ

近畿大学短期大学部准教授
1975年生まれ。関西大学博士（経済学）。
主な著書に，『租税政策論』（共著，清文社），『地方財政改革の検証』（共著，清文社）。

仲間 瑞樹 (2, 3, 9, 10, 11章)
なかま みずき

山口大学経済学部教授
1973年生まれ。大阪大学修士（経済学）。
主な著作に「消費遺産動機における資産バブルと課税政策」（『経済政策ジャーナル』所収）。

橋本 恭之 (1, 5, 6章)
はしもと きょうじ

関西大学経済学部教授
1960年生まれ。大阪大学博士（経済学）。
主な著書に，『日本財政の応用一般均衡分析』（清文社），『租税政策論』（共著，清文社），『地方財政改革の検証』（共著，清文社）。

日高 政浩 (4, 8章)
ひだか まさひろ

1962年―2017年。名古屋市立大学博士（経済学）。山口大学経済学部講師，大阪学院大学経済学部助教授，同教授を歴任。
主な著書に『医療と経済』（共編，大阪大学出版会），論文に「医療保険制度改革の財源問題と世代別生涯給付・負担への影響」（『フィナンシャル・レビュー』所収），「医療保障と世代間移転」（『社会保障と世代・公正』東京大学出版会，所収）等多数。

Ⓒ 本間正明・岩本康志

2019 年 4 月 10 日　初 版 発 行

経済学教室 8
財　政　論

著者代表　本 間 正 明
　　　　　岩 本 康 志
発 行 者　山 本　格

発行所　株式会社　培 風 館
東京都千代田区九段南 4-3-12・郵便番号 102-8260
電話 (03) 3262-5256 (代表)・振替 00140-7-44725

平文社印刷・牧製本

PRINTED IN JAPAN

ISBN 978-4-563-06258-3　C3333